한국사, 그들이 숨긴 진실

한국사, 그들이 숨긴 진실

초판 1쇄 발행 2009년 9월 4일   초판 26쇄 발행 2020년 6월 22일

지은이 이덕일   펴낸이 연준혁

기획 H2기획연대

편집 1본부본부장 배민수
편집 4부서부서장 김남철

펴낸곳 (주)위즈덤하우스   출판등록 2000년 5월 23일 제13-1071호
주소 경기도 고양시 일산동구 정발산로 43-20 센트럴프라자 6층
전화 031)936-4000   팩스 031)903-3891
전자우편 wisdom1@wisdomhouse.co.kr   홈페이지 www.wisdomhouse.co.kr

값 15,000원   ⓒ이덕일, 2009   사진 ⓒ권태균   ISBN 978-89-93119-11-4 03900

* 인쇄·제작 및 유통상의 파본 도서는 구입하신 서점에서 바꿔드립니다.
* 이 책의 전부 또는 일부 내용을 재사용하려면
  사전에 저작권자와 (주)위즈덤하우스의 동의를 받아야 합니다.

국립중앙도서관 출판시도서목록(CIP)

한국사, 그들이 숨긴 진실 : 이덕일의 한국사 4대 왜곡 바로잡기 /
이덕일 지음. -- 고양 : 위즈덤하우스, 2009
 p. ; cm

색인수록
ISBN 978-89-93119-11-4 03900 : ₩15000

한국사[韓國史]

911-KDC4
951.9-DDC21   CIP 2009002532

이덕일의 한국사 4대 왜곡 바로잡기

한국사, 그들이 숨긴 진실

이덕일 지음

위즈덤하우스

저자의 글

1

현재 중국 각 성省 박물관에 가 보면 큰 지도가 붙어 있다. 그 지도에는 예외 없이 만리장성의 동쪽 끝을 한반도 깊숙한 황해도까지 연결해놓았다. 만리장성이 황해도까지 연결되어 있었다면 북한 사람들은 굳이 만리장성을 구경하러 중국까지 갈 필요가 없다. 또 남한 사람들도 금강산 관광단처럼 만리장성 관광단을 조직하자고 제안해야 한다. 북한 지역에 만리장성이 있다는데 굳이 중국까지 갈 필요가 있겠는가? 그러나 유사有史 이래 수천 년간 한반도 내에서 만리장성을 구경했다는 사람은 없다. 그렇게 많은 글을 남겼던 조선의 문인들도 조선에서 만리장성을 보았다는 시나 기행문을 남기지 않았다. 그러나 중국의 공식 견해를 담고 있는『중국역사지도집(전8권)』은 만리장성을 한반도 내륙까지 그려놓고 있다.

중국이 이렇게 주장하는 근거는 한사군漢四郡에 있다. 중국 고대 한漢나라가 고조선을 멸망시키고 세웠다는 식민통치기구 한사군의 중심지가 낙랑군이다. 낙랑군은 평양에 있었고 나머지 군들도 대체로 한반도 북부에 있었다는 동북공정의 주장을 지도로 표시한 것이다. 『사기史記』「태강지리지太康地理志」에 "낙랑군 수성현에는 갈석산이 있는데 만리장성의 기점이다"라는 구절이 있다. 이 수성현이 황해도 수안遂安군이라면서 만리장성을 황해도까지 끌어들인 것이다. 수성현을 황해도 수안군이라고 처음 주장한 인물이 일제 식민사학자 이나바 이와기치[稻葉岩吉]다. 이는 중국 동북공정의 역사적 뿌리가 일제 식민사학임을 말해준다.

중국의 동북공정에 대한 국민적 분노가 높아가자 정부가 만든 기구가 '고구려연구재단'과 이를 계승한 '동북아역사재단'이다. 동북아역사재단 누리집(홈페이지)의 '올바른 역사'라는 항목은 고조선에 대해서 "기원전 3~2세기 준왕 대의 고조선과 위만조선은 평양을 도읍으로 하고 있었다"고 서술하고 있다. 고조선과 위만조선 도읍의 위치는 대단히 중요하다. 그곳에 낙랑군을 설치했다는 것이기 때문이다. 고조선과 위만조선의 도읍지가 평양이었다는 동북아역사재단의 기술은 낙랑군이 평양에 있었다고 주장하는 것과 같다. 또 실제로 그렇게 서술하고 있다. 이 논리에 따르면 평양을 비롯한 한반도 북부는 중국사의 영역이 된다. 이것이 사실이라면 중국 동북공정의 논리가 맞다. 그렇다면 우리는 '과거 한강 이북은 중국사의 영토였지만 지금은 아니다'라는 수세적 방어에 나서야 할 것이다.

이나바 이와기치가 만든 '낙랑군 수성현=황해도 수안설'의 문제점은 이미 여러 차례 지적되었다. 그러나 한국 주류 사학계는 이런 문제점을 외면한 채 해방 후에도 이를 정설로 받아들였고 그 결과가 동북아역사재단 누리집에 그대로 반영된 것이다. 이는 한국 주류 사학계의 뿌리도 일제 식민사학에서 자유롭지 못함을 말해준다. 중국 학자들은 중국의 국익을 위해 동북공정을 주장한다. 한국 학자들은 도대체 어느 나라를 위해 동북공정의 주장에 동조하는 것일까. 이들은 이런 사실이 실증으로 찾은 진실이라고 주장하지만 그 반대쪽의 실증이 더 많다.

그렇다면 '동북아역사재단'은 어떤 견해를 따라야 하는가? '낙랑군=평양 지역설', '한사군=한반도설'이 맞다고 생각하는 학자라면 동북아역사재단 같은 기구에 근무해서는 안 된다. 그 재단은 중국의 동북공정에 맞서라는 기구이지, 동북공정에 동조하라고 국민세금으로 운영하는 기구가 아니기 때문이다. 이는 학자 개인의 학문의 자유에 속하는 문제가 아니다. 만약 '낙랑군=평양 지역설'의 신봉자라면 개인 연구소를 차려 연구를 심화시키면 되는 것이다. 그러나 현실은 '낙랑군=평양 지역설'을 신봉하는 학자들이 '동북아역사재단' 같은 국가기관에서 국민들의 세금으로 동북공정에 동조하는 연구를 하는 반면 이와 반대 견해를 가진 학자들은 자신의 사재를 털어 연구하고 있는 형편이다.

2

 이른바 '『삼국사기』 초기기록 불신론'이란 것이 있다. 서기 3~4세기까지의 『삼국사기』 초기기록은 김부식이 조작한 가짜라는 것으로 현재 주류 사학계의 정설定說이다. 이 이론의 창안자 역시 일제 식민사학자 쓰다 소우키치[津田左右吉]다. 쓰다 소우키치의 한국 고대사관은 간단하다. 1910년대 남만주철도회사의 위촉을 받아 쓴 『조선역사지리』 등의 저서에서 쓰다는 고대 한반도 북부에는 낙랑군을 비롯한 한사군이 있었고 한강 남쪽에는 삼한三韓이라고 불린 78개의 소국들이 우글거리고 있었다고 서술했다. 그래야 한반도 남부에 고대판 조선총독부인 임나일본부를 존속시킬 수 있기 때문이었다.

 그런데 『삼국사기』는 이 시기 한반도 남부에 삼한이 아니라 신라와 백제라는 강력한 고대 국가가 존재하고 있었다고 서술할 뿐 임나일본부에 대해서는 한마디도 서술하지 않았다. 그래서 쓰다는 『삼국사기』 초기기록이 조작되었다는 이른바 '『삼국사기』 초기기록 불신론'을 창안해낸 것이다. 그러면서 "『삼국사기』 상대上代 부분을 역사적 사실의 기재로 인정하기 어렵다는 것은 동아시아의 역사를 연구하는 현대의 학자들 사이에서 이론이 없다"며 마치 여러 학자들의 지지를 받은 것처럼 과장했다. 『삼국사기』 초기기록 불신론과 임나일본부는 동전의 양면 같은 존재임에도 해방 후 한국 주류 사학계는 임나일본부는 부인하면서도 『삼국사기』 초기기록 불신론은 그대로 존속시켜 정설로 만들었다. 결과적으로 임나일본부는 사라지지 않은 것이다.

3

한국은 대학 내의 강단사학자들과 대학 바깥의 재야사학자들 사이에 역사인식을 두고 집단적 갈등을 겪고 있는 유일한 나라다. 재야사학자들은 강단사학자들을 일제 식민사학의 후예라고 비판해왔고 강단사학자들은 이들을 실증은 없이 주장만 있는 비전문가들이라고 비판해왔다. 같은 사史 자를 쓰지만 양 진영 사이에는 공통분모가 전혀 없다. 사史에 대한 양자의 출발선이 전혀 다른 탓이다. 어느 진영에 속하든 해방과 동시에 조선총독부 산하 조선사편수회에서 만든 한국사 인식체계, 곧 식민사학에 대한 종합적 검토와 비판이 수행되었어야 한다는 당위성을 부인하기는 힘들 것이다.

그러나 한국 사학계는 해방 이후 지금까지 한 번도 이런 연구를 진행한 적이 없다. 총론으로는 정체성론 비판이니 타율성론 비판이니 하는 식으로 식민사학을 비판했지만 '한사군=한반도설'과 『삼국사기』 초기기록 불신론'이 정설의 자리를 차지하고 있는 현실에서 보듯이 각론은 식민사학의 주장을 그대로 받아들였다. 일제 식민사학의 후예라는 비판은 상당 부분 한국 사학계 주류가 자초한 측면이 있는 것이다.

4

이 문제의 뿌리는 일제강점기에 국한되지 않는다. 이 문제를 이해하려면 한국 주류 사학계의 뿌리를 캐봐야 한다. 한국 사학계의 주류 이론은 두 가지 관점으로 구성되어 있다. 하나는 일제 식민사관이고 다른 하나는 조선 후기 노론老論사관이다. 이 두 사관의 뿌리는 같다. 조선 후기 내내 집권당이었던 노론의 상당수 인사는 일제의 대한제국 점령에 협력한 대가로 작위와 은사금을 받았고, 일제 때도 지배계층의 지위를 그대로 유지할 수 있었다. 이런 가문 출신 중 일부가 조선사편수회에 들어가 식민사관 전파에 일조했고 이들이 해방 이후에도 사학계 주류를 장악한 결과 노론사관과 식민사관이 한국사를 구성하는 주요 관점이 된 것이다.

율곡 이이가 십만양병설을 주장한 것처럼 조작하고, 효종의 북벌 정책에 가장 크게 반대했던 우암 송시열을 북벌의 화신처럼 서술하고, 노론 당론과는 상극일 수밖에 없는 실학의 이용후생학파(중상학파)를 노론이 주도한 것처럼 서술하고, 최근에는 정조독살의 혐의를 받는 노론 벽파가 정조의 우당友黨인 것처럼 주장했다. 조선 후기사를 노론의 시각으로 본 결과물들이다.

노론사관과 일제 식민사관으로 한국사를 바라보다 보니 해방 후 조선사편수회에서 만든 식민사학에 대한 종합적 검토와 비판이 수행되지 않았던 것이다. 이런 관점에서 나온 것이 '현대사 연구 금지론'이다. 1980년대까지 한국 사학계에는 '역사학자는 현대사를 연구하면 안 된다'는 전 세계에서 유례를 찾아볼 수 없는 반역사학反歷史學적 명제가 지배해왔다.

현대사는 객관성을 확보하기 어렵다는 명분이었지만 객관성은 역사학자의 양식과 연구 자세의 문제일 뿐 시기의 문제는 아니다. 한국 고대사가 일제 식민사학과 중국 동북공정의 거듭된 공격을 받는 것 자체가 고대사는 객관적으로 볼 수 있고 현대사는 비객관적으로 볼 수 있는 차원이 아니라는 사실을 잘 말해준다. 청동기시대에야 국가가 성립할 수 있다는 주장이 단군조선을 말살하기 위한 식민사학의 숨은 의도였던 것처럼 현대사 연구를 금지한 속내 역시 독립운동사를 말살하기 위한 것이었다. 1960년대까지만 해도 많은 독립운동가들이 생존해 있었다. 그러나 '현대사 연구 금지론'에 따라 역사학자들이 독립운동사를 외면하다 보니 대부분 불우한 환경에서 쓸쓸하게 죽어갔고 동시에 독립운동사의 1차 사료도 사라졌다. 지금은 독립운동사를 연구하려 해도 대부분 사망해 생생한 증언을 들을 방법이 없다.

5

이 네 가지 문제는 한 꿰미에 꿰어진다. '한사군=한반도설', '『삼국사기』 초기기록 불신론', '노론사관에 의한 조선 후기사 서술', '현대사 연구 금지론에 의한 독립운동사 말살'은 노론사관과 일제 식민사관이 해방 이후에도 한국사의 주류 이론으로 행세하면서 발생한 문제들이다. 두 사관의 소유자들이 한국 사학계의 주류를 형성하다 보니 국가에서 어떤 역사 관련 기구를 만들어도 결국은 이들이 차지하게 되어 있다. 동북공정에 맞서라고 만든 동북아역사재단 누리집에 동북공정을 사실상 지지하는 내용이 '올바른 역사'란 명목으로 버젓이 오르는 이상 현상이 필연적 귀결이 되는 구조라는 뜻이다. 이 문제는 이제 전혀 다른 인식구조를 가지고 접근해야 할 우리 사회의 담론으로 전환되어야 한다. 그간 한국 사회에서는 현상의 문제에 집착한 반면 현상을 발생시키는 본질은 상대적으로 무시되어왔다. 이 글은 바로 그런 본질에 관한 문제를 다루고 있다.

21세기를 살아가야 할 2세들이 앞으로도 식민사관과 노론사관으로 교육받아야 한다고 생각하는 사람은 거의 없을 것이다. 동북공정을 포함하는 식민사관은 침략사관이고 노론사관은 상대에게 닫힌 폐쇄사관으로 두 사관이 가진 침략적, 폐쇄적 성격은 현재 동북아의 화해와 평화 체제 구축에도 큰 장애가 되고 있다. 대한민국이 동북아의 진정한 평화 체제 구축의 선구가 되려면 그 시발점은 식민사관과 노론사관의 극복에 두는 것이 옳다. 단재 신채호는 "자기가 확신하는 것이 꼭 다 옳은 것이 아니지만 자기는 꼭 옳은 줄로 확신하는 것이라야 세상에 공포할 용기가 있는 것이다(『조선사연구초(1929년)』)"라고 말했다. 단재가 확신을 갖고 세상에 공포한 많은 논설들은 식민사관과 대척점에 있기에 현재 방치되어 있다. 몸은 해방되었지만 하직 해방되지 못한 역사관, 곧 정신도 해방될 때가 되었다고 생각하지 않는가? 커진 몸집에 맞는 큰 정신을 가진 성숙한 대한민국이 절실할 때다.

2009년 8월

천고遷固 이덕일 기記

차례

저자의 글 · 4

1부 | 한사군은 한반도 내에 존재했는가?

1 고조선과 한나라 간의 전쟁 · 19
다시 고조선 문제 · 19
국민세금으로 살아 있는 식민사관 · 24
한나라는 왜 고조선을 침략했을까? · 30

2 낙랑군은 평양에 있었는가? · 40
낙랑군 유적으로 조작된 고구려 유적 · 40
식민사학 청산 못한 대한민국의 비극 · 50
한사군은 민족사의 축복이었나? · 54

3 한사군은 어디에 있었는가? · 61
한사군의 위치 · 61
낙랑군의 명칭과 위치 · 65
위나라 관구검의 공격로와 퇴각로 · 70
낙랑군 수성현 갈석산 · 76
갈석산을 찾아서 · 85
창려현은 수성현인가? · 92
고조선의 수도 험독성은 어디 있었는가? · 97
장성의 끝 · 101

4 대방군은 황해도에 있었는가? · 110
현도군의 위치 · 110
대방군은 어디인가? · 112
대방군과 진번군 · 121
요동태수가 된 공손도 · 124

5 유물과 유적으로 살펴본 한사군 · 130
한반도에서 출토되는 중국계 유물 · 130
고구려로 온 중국인들 · 134
중국계 유적과 유물에 대한 북한 학계의 견해 · 143
북한에서 출토된 봉니 · 149
아직도 일제 연구만 인용하는 주류 사학계 · 156
임둔태수장 봉니가 출토된 요녕성 금서시 · 159

2부 | 『삼국사기』 초기기록은 조작되었는가?

6 『삼국사기』 초기기록 불신론 · 171
교과서에서 빠진 한사군 · 171
『삼국사기』 초기기록 불신론과 『국사 교과서』 · 174
고구려의 시조는 누구인가? · 178
백제의 시조는 누구인가? · 190
『삼국사기』와 「광개토대왕릉비문」 · 198
신라의 시조는 누구인가? · 204
『만주원류고』와 삼한의 위치 · 213
신라는 내물왕 때 건국되었는가? · 215

7 식민사관 뺨치는 한일역사공동연구위 · 220
한일역사공동연구위원회 · 220
쓰다 소우키치의 고민과 김부식 · 232

3부 | 노론사관은 어떻게 조선 후기사를 왜곡시켰는가?

8 노론 후예 학자들이 만든 신화들 · 241
십만양병설에 대한 네 가지 변조 · 241
유성룡은 십만양병을 반대했는가? · 250
송시열과 송준길은 북벌론자인가? · 255
상공업 중심 개혁론은 노론이 주도했는가? · 260
노론과 함께 사라진 남인 · 273

9 정조 독살설의 진실과 거짓 · 276
『정조어찰첩』은 정조 독살설을 부인하는 사료인가? · 276
어찰을 보내기 전의 정조와 심환지 · 281
어찰을 보낸 시기와 정조시대의 의리 · 289
정조와 심환지의 핫라인 가동 양상 · 294
정조의 와병과 죽음 · 299
정조의 급서와 독살설 · 303
즉위 당일 정조를 배신하다 · 307
노론 벽파 세계관의 재생산 구조 · 313

4부 | 독립군의 항일 무장투쟁은 존재하지 않았는가?

10 독립운동사 말살정책 · 317
대한제국 멸망에 앞장선 노론 · 317
사라진 무장투쟁사 · 325
삼부의 무장투쟁 · 329
해방 후 발생한 문제점 · 335
진정한 동북아 평화의 길 · 341

찾아보기 · 343

1부

한사군은 한반도 내에 존재했는가?

1. 고조선과 한나라 간의 전쟁

다시 고조선 문제

한국 주류 사학계의 문제점을 바로잡기 위해서는 출발점에 다시 설 수밖에 없다. 출발점부터가 잘못되었기 때문이다. 출발점에 다시 선다는 것은 두 가지를 의미한다. 하나는 일제 식민사학이 만든 고조선사를 검토하는 것이다. 현재 한국 주류 사학계의 고조선사에 관한 정설은 일제 식민사학이 만든 이론 그대로다. 따라서 일제 식민사학이 어떻게 고조선사를 만들어냈는지 사학사적으로 검토하는 작업을 거쳐야 한다. 다른 하나는 일제 식민사학이 만든 고조선상像의 베일을 걷어내고 원原 고조선상을 복원하는 것이다. 그간 고조선상은 두 가지 사관에 의해 왜곡되어왔다. 바로 중화사관과 일제 황국사관이다. 이 두 가지 사관으로 가려진 베일을 걷어내야 진정한 고조선상이 드러난다.

사실 고조선 문제를 처음부터 다시 논하는 것은 일종의 시간 낭비다. 지금은 내몽골 홍산紅山문화를 비롯한 고조선의 전사前史를 연구해야 할 시기이기 때문이다. 그러나 동북아역사재단의 누리집이 말해주듯이 현재 고조선사 자체가 일제 식민사관과 중화 패권주의사관의 덫에 걸려 한 발짝도 나가지 못하고 있기에 고조선 문제를 다시 논의할 수밖에 없는 것이다.

동북아역사재단은 고조선에 대해 "고조선은 청동기문화를 바탕으로 성립된 우리나라 최초의 국가로서, 중·근세에는 위만조선 이전의 조선만을 고조선이라 불렀으나, 최근에는 위만조선까지를 모두 포함하여 고조선이라 하고 있다"고 서술했다. 여기에서 문제가 되는 것은 "청동기문화를 바탕으로 성립된"이란 대목이다. 필자 등이 『고조선은 대륙의 지배자였다』에서 서술했듯이 청동기시대 때에야 고조선이 건국되었다고 주장하는 것은 결국 단군조선을 부인하는 논리로 귀결된다. 여기에서는 간단하게 요점만 두 가지로 정리해보자.

첫째, 청동기시대에야 국가가 건국될 수 있다는 것은 일제 식민사학이 만들어낸 이론이다. 다른 어떤 나라에서도 청동기시대에 국가가 건국되었다고 서술하지 않는다. 이집트 고왕국이나 중남미의 잉카·마야·아스텍 문명 등은 청동기시대에 성립된 국가들이 아니다. 그러나 광대한 지역을 통치했던 이 나라들이 국가가 아니라고 주장하는 역사학자들은 없다.

둘째, 2006년까지 사용된 고등학교『국사 교과서』는 "한반도에서는 기원전 10세기경에, 만주 지역에서는 이보다 앞서는 기원전 15~13세기경에 청동기시대가 전개되었다"고 기술했는데 이는 결국 단군조선의 실재를 부인하는 것이다. 고조선은 '단군조선, 기자조선, 위만조선'으로 분류되는데 일연은『삼국유사』에서 단군조선이 서기전 24세기에 건국되었다고 서술했다. 고등학교『국사 교과서』의 서술에 따르면 고조선은 만주에서 건국되었다고 해도 서기전 15~13세기 이전에는 건국될 수 없다. 서기전 24세기에 건국된 단군조선은 우리 역사에 존재하지 않는 것이다. 그런데 2007년부터 사용된『국사 교과서』의 해당 기술이 전향적으로 바뀌었다. 이는 필자를 비롯한 여러 학자들이 문제를 제기한 것에 대해 어느 정도 공감대가 형성되었기 때문이다. 2007년도에 발행한『국사 교과서』의 해당 부분을 살펴보자.

> 족장 사회에서 가장 먼저 국가로 발전한 것은 고조선이다.『삼국유사』와『동국통감』의 기록에 따르면 단군왕검이 고조선을 건국하였다(기원전 2333). 단군왕검은 당시 지배자의 칭호였다. 고조선은 요령 지방을 중심으로 성장하여 점차 인접한 족장 사회를 통합하면서 한반도까지 진출하였는데, 이와 같은 사실은 비파형 동검과 고인돌의 출토 분포로써 알 수 있다.
>
> — 고등학교『국사 교과서』, 2007년

원래 이 기술은 이렇게 되어 있었다.

족장 사회에서 가장 먼저 국가로 발전한 것은 고조선이었다. 『삼국유사』의 기록에 따르면 고조선은 단군왕검이 건국하였다고 한다(B.C. 2333). 단군왕검은 당시 지배자의 칭호였다. 고조선은 요령 지방을 중심으로 성장하여 점차 인접한 족장 사회들을 통합하면서 한반도까지 발전하였는데, 이와 같은 사실은 비파형 동검과 고인돌의 출토 분포로써 알 수 있다.

— 고등학교 『국사 교과서』, 2003년

전향적이라고 하지만 "『삼국유사』의 기록에 따르면 고조선은 단군왕검이 건국하였다고 한다(B.C. 2333)"고 되어 있던 부분이 "『삼국유사』와 『동국통감』의 기록에 따르면 단군왕검이 고조선을 건국하였다(기원전 2333)"고 바뀐 것뿐이다. 그런데 당시 『국사 교과서』가 전향적으로 바뀐 부분에 대한 신문보도는 비판 일색이었다. 이는 한국 신문 기자들의 문제이기도 하지만 더욱 근원적으로는 일제 식민사학에 기반을 두고 막강한 카르텔을 형성한 한국 주류 사학계의 권력지형 때문이다.

필자는 당초 이 문제는 시간이 해결해줄 것이라고 생각했다. 이른바 사학계의 태두라는 이병도가 생존해 있을 때나 그 제자들이 사학계의 학문권력을 장악하고 있을 때는 이 정설이 무너지지 않으리라고 보았으며, 그 제자의 제자, 또 그 제자의 제자들이 학계의 중추를 형성할 때가 되면 자연히 일제 식민사학의 영향력이 사라지지 않겠는가 싶었다. 이병도에서부터 약 3세대, 또는 4세대 정도 떨어진 학자들이 학계 중추를 형성하면 일제 식민사학의 논리가 저절로 소멸하리라고 여긴 것이다. 그러나 이는 필자의 커다란 착각이었다. 이병도에서부

이병도. 한국 사학계의 태두로 인정받고 있으나, 그의 이론은 일제 식민사학의 영향에서 벗어나지 못했다는 비판도 함께 제기되고 있다.

터 3~4세대 이후의 학자들이 학계의 중추가 된 지금 일제 식민사학의 구도는 더 공고해졌다. 나아가 이제는 고조선 문제뿐만 아니라 '조선 후기 세도정치가 개혁정치'였다는 주장까지 나오는 상황이다. 일제 식민사관과 노론사관은 일란성 쌍둥이다.

E. H. 카는 『역사란 무엇인가』에서 "역사를 연구하기에 앞서 우선 역사가를 연구하라고 말했다"라고 언급했다. E. H. 카의 이 말은 한국사에 적용할 때 정확히 들어맞는다. 한국사는 역사가들에 의해 창조된 학문이다. 문제는 그들이 창조한 역사상歷史像이 역사의 실제 모습과는 전혀 다르다는 점이다. 모두 그런 것은 아니지만 한국인들이 믿고 있는 어떤 역사적 사실들은 역사가들이 만든 허상虛像일 뿐이다. 이제 그 실체를 파헤쳐보자.

국민세금으로 살아 있는 식민사관

한사군 문제를 바로 보기 위해서는 고조선과 한漢나라가 왜 전쟁까지 치러야 했는지를 먼저 살펴보아야 한다. 동북아역사재단은 누리집에서 조한전쟁의 원인에 대해 "위만조선은 한나라와의 교역과 중개를 통해 실력을 배양시켰고, 이렇게 하여 축적된 군사력과 경제적 능력으로 임둔과 진번 같은 소국들을 복속시켜 점차 강국으로 부상하였다"고 설명했다.

그런데 이 기사를 읽을 때 감안해야 할 것은 동북아역사재단이 "위만조선은 평양을 도읍으로 하고 있었다"는 것을 전제로 논리를 전개한다는 사실이다. 고조선이 평양 일대에 자리 잡고 있었다면 고조선이 복속시킨 임둔과 진번 역시 평양 일대에서 그리 멀지 않은 곳에 있어야 한다.

또한 평양보다 동쪽이나 남쪽에 있어야지 북쪽에 있어서도 안 된다. 평양 일대에 있던 위만조선이 압록강 북쪽의 만주 등지에 있는 나라들을 복속시킬 재간이 없기 때문이다. 고조선의 도읍 자리에 설치한 것이 낙랑군이고 그 근처에 설치한 것이 임둔과 진번이니 벌써 이 기술 하나로 낙랑·임둔·진번 군은 한반도 내에 있어야 하는 셈이다.

한나라가 평양에 도읍하고 있던 위만조선과 왜 전쟁까지 치러야 했는지 동북아역사재단의 설명을 더 살펴보자.

위만조선의 성장은 당시 북방의 강자인 흉노와 대치 국면에 놓여 있던 한나라로 하여금 불안감을 야기시켰고, 결국 기원전 109년 두 나라 사이에 전면전이 벌어지게 되었다.

- 동북아역사재단, '고조선조'

흉노는 내몽골 북부 일대의 초원과 사막지대를 지배한 대제국이다. 이 설명대로라면 위만조선과 흉노 사이에는 한나라가 지배하는 광대한 만주와 몽골 지역이 가로막고 있었다. 그런데 어떻게 평양 일대의 소국에 불과한 고조선이 한나라에 불안감을 야기한다는 말인가? 고조선이 평양 일대의 소국이었다면 두 나라가 왜 전쟁을 치렀는지 설명조차 할 수 없다. 북방의 강자 흉노와 맞서고 있던 한나라가 고조선에 위협을 느끼고 전쟁까지 일으키려면 고조선의 위치는 당연히 한나라에 위협적인 곳에 있어야 한다. 평양 일대에 위치한 소국 고조선이 그 주위에 있었다는 임둔과 진번 등을 복속한 것이 어떻게 한나라에 위협이 된다는 말인가? 이런 논리적 모순이 있음에도 동북아역사재단은 위만조선이 평양 일대에 있었다는 고정관념 속에서 이를 입증하는 데 많은 애를 쓰고 있다.

위만조선은 그 왕성인 왕험성王險城이 현재의 평양시 대동강 북안에 있었는데, 이는 위만조선과 한의 경계 역할을 한 패수浿水가 지금의 압록강이라는 점, 위만조선의 도읍 부근에 설치된 낙랑군 조선현의 치소가 지금의 평양시 대동강 남안의 토성동 토성이라는 점, 왕험성 및 조선현과 깊은 관련이 있는 것으로 알려져 있는 열수洌水가 지금의 대동강으로 비정되고 있다든지 하는 점을 통해서 입증된다.

- 동북아역사재단, '고조선조'

쓰다 소우키치. 만주철도주식회사와 조선사편수회 출신으로 『삼국사기』 초기기록 불신론 등의 식민사학 이론을 만들어냈다.

 동북아역사재단은 '입증된다'고 했지만 이는 조선총독부 조선사편수회 산하 연구단체가 아니면 쓸 수 없는 표현이다. 먼저 위만조선과 한나라의 경계인 패수의 위치부터 '입증'된 것이 아니라 수많은 논란이 있는 부분이다.

 패수를 압록강이라고 '입증'한 인물은 바로 한국 식민사학의 교주 쓰다 소우키치[津田左右吉]다. 그는 1913년 일제 남만주철도주식회사의 의뢰를 받아 쓴 『만선역사지리연구滿鮮歷史地理硏究』 「패수고浿水考」에서 "패수의 이름은 『사기史記』 「조선열전」에 한나라 초기 고조선의 북쪽 경계로 기록되었고, 또 『한서漢書』 「지리지地理志」에 낙랑군 속현屬縣의 이름으로 기재되었다. 전자는 통상 압록강으로 이해되고 있다"[1]고 했다. 쓰다 소우키치의 이 기술 이후 많은 식민사학자들이 패수를 압록강으로 여겼다. 동북아역사재단이 '입증된다'고 쓴 것은 쓰다 소우키치의 설을 무비판적으로 따른 것뿐이다. 물론 이병도처럼 압록강보다 더 남쪽의 청천강으로 비정하는 견해도 없지는 않다.

'위만조선의 왕성인 왕험성의 위치, 패수와 열수의 위치, 조선현의 치소'는 과거는 물론 현재도 많은 논란을 불러일으키고 있다. 동북아역사재단은 '낙랑군 조선현의 치소가 지금의 평양시 대동강 남안의 토성이라는 점'이라고 단정 지었지만 이 역시 일제 식민사학이 만든 이론을 무비판적으로 추종한 것에 불과하다. 일찍이 성호星湖 이익李瀷은 『성호사설星湖僿說』「천지문天地門」'조선사군朝鮮四郡조'에서 "내 생각에는 낙랑군의 치소는 조선현인데 그 읍거邑居는 비록 요동遼東에 있었지만 평양 서쪽 지역도 모두 그 속현이었다"고 썼다.

이처럼 조선현의 위치에 대해서는 일찍부터 요동으로 보는 견해가 있었으나 일제 식민사관은 이를 무시하고 대동강변에 비정했던 것이다. 조선총독부에서 편찬한 『낙랑군시대의 유적』에는 1913년에 이 지역을 낙랑군 토성으로 비정한 경위가 상세하게 실려 있다. 뒤에 서술하겠지만 이 책에도 이곳이 과연 낙랑군의 치소인가 의심하는 대목이 나온다.

다만 다소 고려가 되는 것은 토성이 협소한 구릉에 얕게 쌓여져 있다는 점이다.

---

1) 津田左右吉,「浿水考」,『津田左右吉全集 – 滿鮮歷史地理硏究』, 11권, 11쪽.

사면이 개활開豁(너르게 확 트임)하여 하등의 천험天險이 없으므로 하루아침에 적의 공격을 받게 되면 방수防守가 지극히 곤란한 상태에 놓인다는 점이다.[2]

　　조선총독부는 대동강 남안의 토성을 낙랑군 치소이자 그 전에는 위만조선의 왕검성이었다고 비정했지만 문제점이 있다는 사실을 알고 있었다. 수도는 천혜의 요새에 정하는 것이 확고한 원칙인데 대동강 토성은 사방이 탁 트여서 도저히 고조선의 수도로 보기는 어려웠다. 그러나 이 토성을 왕검성으로 만들어야 '한국사는 한나라의 식민지로 시작했다'고 주장할 수 있으므로 그냥 확정한 것이다. 동북아역사재단이 대한민국 정부가 아니라 조선총독부 소속이라면 이 주장이 맞을 것이다. 고구려연구재단을 동북아역사재단으로 바꾼 것은 중국뿐만 아니라 일본의 역사왜곡에도 맞서라는 뜻이 담겨 있다. 그런데 이런 목적에서 설치하고 국민세금으로 운영되는 국가연구기관이 일제 식민사관의 주장을 그대로 받아들여 우리에게 가장 불리한 주장을 일방적으로 취택해 '입증된다'고 단정한 것이다.

　　동북아역사재단의 공식 견해대로 위만조선의 도읍이 평양 지역이었다면 대한민국은 더 이상 중국의 동북공정에 대해 시비하지 말아야 한다. 그 대신 '과거 한반도 북부가 중국사의 영토인 것은 맞지만 지금은 우리 땅이니 내어줄 수 없다'고 달리 주장해야 한다.

---

2) 朝鮮總督府, 『樂浪郡時代の遺蹟』, 古蹟調査 特別報告書 第四號, 1927년. 여기서는 문정창, 『고조선사연구』, 한뿌리, 1969년, 291쪽에서 재인용.

북한에서 리지린의 『고조선연구』가 나온 것은 1963년이다. 북한 것은 무조건 받아들일 수 없다는 이념적 잣대를 갖고 있다면 문정창의 『고조선사연구』가 나온 것이 1969년이다. 문정창이 재야사학자라 인정할 수 없다면 강단 사학자인 윤내현의 『한국고대사신론』이 나온 것은 1986년이다. 그리고 필자 등의 『고조선은 대륙의 지배자였다』가 나온 것은 2006년이다. 또한 한일역사공동위원회의 한국측 간사를 지낸 공직자 성삼제의 『고조선 사라진 역사』가 나온 것은 2005년이다. 이 외에도 고조선의 왕성과 그 강역과 관련해서 많은 서적들이 출간되어 '낙랑군은 평양에 있지 않았다'고 주장했다. 그러나 동북아역사재단은 대한민국의 견지에서 서술된 이런 주장들은 존재하지도 않는다는 듯 묵살하고 중국과 일본에 유리한 주장만을 공식 견해로 확정한 것이다. 고조선에 관한 동북아역사재단의 공식 견해는 조선총독부 산하 조선사편수회의 주장과 완전히 일치한다. 일제 식민사학자들과 그 한국인 제자들이 계승한 '고조선=대동강(평양) 일대 소국'이란 구도에서 조금도 벗어나지 않은 것이다. 아니 조금 바뀐 부분이 있기는 하다.

과거에는 고조선이 개국부터 멸망까지 대동강 유역에 있던 소국이라고 주장했는데, 한중 수교 이후 만주 일대에서 고조선 관련 유물이 쏟아져 나오자 고조선의 중심지가 만주에서 평양 일대로 이주했다는 중심지 이동설로 포장을 조금 바꾸었다. 식민사학이 약간 변형된 형태로 위장해 한국사의 주류 이론으로 살아 있는 것이다.

한나라는 왜 고조선을 침략했을까?

고조선과 한사군에 관한 최초의 기록은 사마천司馬遷(서기전 135~서기전 90년)의 『사기』 「조선열전」이다. 서기전 109년 한 무제武帝가 좌장군左將軍 순체荀彘에게 5만여 명, 누선장군樓船將軍 양복楊僕에게 7천여 명의 군사를 주어 고조선을 공격함으로써 조한전쟁은 시작되었으나 한나라는 1년이 넘도록 승리하지 못했다. 그러던 중 오랜 전쟁에 지친 조선의 지배층이 분열되어 왕조가 무너지는데 『사기』 「조선열전」은 "이로써 조선을 평정하고 사군으로 삼았다[以故遂定朝鮮, 爲四郡]"고 적었다. 조한전쟁은 사마천의 지적 호기심이 가장 왕성할 때인 20대 후반에 발생했음에도 사마천은 한사군의 이름도 적지 않은 것이다. 그리고 『사기』 「조선열전」에는 조한전쟁이 과연 한나라의 승리로 끝난 것이 맞는가를 의심해야 할 정도로 시종 고조선이 우세했던 전쟁으로 기술되어 있다.

조한전쟁은 한 무제가 사신 섭하涉何를 보내 회유했으나 고조선의 우거왕이 거부한 데

사마천 초상. 사마천은 역사상 가장 위대한 역사가로 평가받고 있으나 조한전쟁을 목격했음에도 한사군의 이름을 적지 않았다.

서 비롯되었다. 아무 소득 없이 돌아갈 수 없던 섭하는 두 나라 사이의 국경인 패수에서 자신을 배웅한 고조선의 비왕裨王 장長을 찔러죽이고 한나라로 도주했다. 한 무제는 섭하를 처벌하는 대신 요동 동부도위遼東東部都尉라는 벼슬을 내려 표창했다. 그러자 우거왕은 군사를 일으켜 요동을 공격해 섭하를 죽였고 한 무제는 죄수들을 모아 군대를 조직해 고조선을 공격했던 것이다.

고조선과 한나라의 국경인 패수에 대해 쓰다 소우키치의 주장대로 압록강으로 보거나 이병도의 시각대로 평안북도와 평안남도 사이를 흐르는 청천강이라고 보는 것이 한국 사학계의 시각이다. 패수의 위치가 현재의 압록강이나 청천강이라면 고조선과 한나라는 전쟁 자체를 벌이지 않았을 것이다. 한 무제가 만주를 지나 한반도 내에 있는 조그마한 나라에 사신을 보낼 필요도 없었다. 또한 그런 조그마한 나라에 지나지 않은 고조선이 군사를 내어 청천강과 압록강을 건너 만주벌판을 내달려 요동 동부도위의 치소인 무차武次까지 달려가지도 못했을 것이다.

패수의 위치에 대해 유명한 책이 중국 지리서인 『수경水經』이다. 『수경』에 북위北魏의 지리학자 역도원酈道元(?~527년)이 주석註釋을 단 『수경주水經注』가 가장 유명한데, 이 외에도 왕국유王國維의 『수경주교水經注校』와 양수경楊守敬의 『수경주소水經注疏』 등 많은 주석본이 있다.

『수경』은 "패수는 낙랑군 누방현鏤方縣에서 나와 동남쪽으로 흘러 임패현臨浿縣을 통과해 동쪽 바다로 들어간다"고 했다. 패수가 압

• "浿水出樂浪鏤方縣 東南過臨浿縣 東入于海".(『水經』)

록강·청천강·대동강 등이라면 이 구절과 모순이 생긴다. 이 강들은 서쪽 바다로 들어가지 동쪽 바다로 들어가지 않기 때문이다. 역도원은 이 구절이 이상하다고 느꼈다. 이때는 고구려 장수왕이 평양으로 천도(427년)한 지 100여 년이 지난 뒤로 고구려 평양성平壤城을 고조선의 옛 수도인 왕험성과 동일시하는 인식이 퍼져 있었다. 역도원도 왕험성(낙랑군)을 고구려 평양성으로 보고 패수를 대동강으로 인식했다. 그래서 그는 고구려 사신에게 평양성을 끼고 있는 대동강이 흐르는 방향을 물었다. 고구려 사신이 서쪽으로 흐른다고 대답하자 역도원은 『수경』에서 패수가 동남쪽으로 흐른다고 쓴 것은 잘못이며 패수는 서쪽으로 흐른다고 주석을 달았다.

패수를 청천강으로 본 이병도는 역도원의 주석을 보고 비록 대동강과 청천강은 다르지만 방향은 맞다고 생각했다. 그래서 이병도는 패수가 '동쪽 바다로 들어간다[東入於海]'는 구절은 잘못된 것이라며 '서쪽 바다로 들어간다[西入於海]'고 써야 한다고 주장했다. 이렇게 동쪽으로 흐르던 패수는 후대인들에 의해 서쪽으로 흐르는 것으로 바뀌었다. 그러나 이로 인해 바뀐 것은 패수의 방향이 아니라 패수라는 강 자체였다. 엉뚱한 강을 패수라고 단정한 것이다.

역도원의 『수경주』를 비롯해 당나라 때 사마정司馬貞의 『사기색은史記索隱』과 장수절張守節의 『사기정의史記正義』 등은 모두 '고구려 평양성=고조선 왕험성'이란 고정관념 속에서 『사기』에 주석을 단 것이다. 앞서 설명했지만 패수가 압록강·청천강·대동강이라면 고조선과 한나라는 전쟁을 벌일 필요가 없었다.

그런데 전황은 시종 한나라에 불리하게 전개되었다. 한국 주류 사학계의 주장대로 대동강 인근의 토성이라면 5만 7천 명의 대군을 동원한 한나라가 불리할 이유가 전혀 없었다. 일제가 고조선의 수도 왕험성으로 비정한 대동강 토성의 사진을 보면 알 수 있고, 또 조선총독부가 편찬한 『낙랑군시대의 유적』에서도 "사면이 개활하여 하등의 천험이 없으므로 하루아침에 적의 공격을 받게 되면 방수防守(방어)가 지극히 곤란한 상태에 놓인다는 점"이라고 우려했듯이 사방이 확 트인 구릉의 토성을 점령하는 것은 식은 죽 먹기나 다름없기 때문이다.

그런데 『사기』 「조선열전」은 "우거가 군사를 내어 험준한 곳에서 저항했다"●고 적었으나 대동강변의 토성 주위에는 험준한 곳이 존재하지 않았다. 또한 『사기』 「조선열전」은 "우거왕이 굳세게 성을 지켜 수개월이 지나도 함락시키지 못했다"●●고도 기술했다. 현재 낙랑 토성이라고 주장하는 곳은 5만 7천여 명의 대군에 맞서 수개월씩 버틸 수 있는 지형이 아니다. 게다가 석성도 아니고 토성이 아닌가.

● "右渠發兵距險",(『史記』, 「朝鮮列傳」)
●● "右渠遂堅守城, 數月未能下".(『史記』, 「朝鮮列傳」)

한 무제는 고조선을 정벌하는 것이 불가능하다는 사실을 깨닫고 위산衛山을 사신으로 보내 강화협상을 하게 했고, 고조선도 이에 응해 태자를 회담 대표로 삼았다. 이때 조선 태자가 말 5천 필과 무장 병력 1만 명을 거느리고 패수를 건너려 했다. 위산과 좌장군 순체는 무장을 해제해달라고 요청했으나 조선 태자는 이를 거부하고 돌아가 버렸다. 위산이 돌아와 한 무제에게 강화회담이 무산된 이유를 보고하자 한 무제는 위산을 사형시켰다. 이로써 다시 전쟁이 재개되었는데 전쟁의 경과에 대한 『사기』 「조선열전」의 설명은 명

> "左將軍破浿水上軍, 乃前, 至城下, 圍其西北. 樓船亦往會, 居城南. 右渠遂堅守城, 數月未能下. 左將軍素侍中, 幸, 將燕代卒, 悍, 乘勝, 軍多驕. 樓船將齊卒, 入海, 固已多敗亡, 其先與右渠戰, 困辱亡卒, 卒皆恐, 將心慙, 其圍右渠, 常持和節". (《史記》, 「朝鮮列傳」)

확하지 않다.

좌장군(순체)이 패수 위에서 고조선 군대를 격파하고 전진하여 (왕험)성 아래 이르러 그 서북쪽을 포위했다. 누선장군(양복)도 가서 합세해 성 남쪽에 주둔했다. 그러나 우거왕이 굳세게 성을 지켜 수개월이 지나도 함락시키지 못했다. 좌장군은 원래 시중侍中으로 천자의 총애를 받고 있었고 연燕(만주 서쪽)과 대代 지방의 군사를 거느려 사나웠는데 이긴 기세를 탔고 군사 숫자가 많아서 교만했다. 누선장군은 제齊(산동) 지방의 군사를 거느리고 바다로 들어왔는데 이미 여러 번 패전해 죽은 군사가 많았고, 앞서 우거왕과 싸울 때 곤욕을 당하고 군사를 잃었으므로 군사들이 모두 두려워했고, 누선장군도 마음에 부끄럽게 여겨 우거왕을 포위하고도 항상 화평을 유지하려 했다.

이 기사는 좌장군 순체가 왕험성을 맹렬하게 공격했으나 끝내 이기지 못했음을 보여준다. 이런 상황에서 고조선의 대신들은 누선장군에게 사람을 보내 항복하겠다고 말했으나 실제로는 항복하지 않았으며, 이 때문에 순체와 양복 사이에 반목이 발생한다. 고조선의 분열책이 성공한 것처럼 보이는 대목이다.

무제는 제남태수濟南太守 공손수公孫遂를 보내 두 장군 사이를 조정하게 했는데, 공손수는 좌장군 순체의 말이 옳다고 생각해 양복의 군사를 좌장군 휘하로 통합시켰다. 공손수가 돌아와 무제에게 보고하니 무제가 공손수를 사형시켜 버렸다. 두 군대를 통합한 순

대동강변의 토성. 일제에 의해 낙랑군의 치소로 만들어졌으나 당시에도 수도 자리가 아니라는 반론이 일었다.

체는 맹렬한 공격을 퍼부었고 이 때문에 고조선 지배층 사이에 내분이 발생해 드디어 왕험성은 함락되고 고조선 왕실은 무너졌다. 전쟁을 마친 두 장군이 돌아와 보고하자 무제는 순체를 사형시키고 양복도 사형선고를 내렸다가 속전贖錢을 받고 신분은 서인庶人으로 강등시킨 후 목숨은 살려주었다.

시중으로 무제의 총애를 받은 순체를 사형시킨 이유에 대해 사마천은 "서로 공을 다투고 시기하여 계획을 어긋나게 해 기시棄市했다"고 기록했다. 『사기』 「조선열전」의 기술대로라면 순체는 시종 강경 공격을 주장해 고조선을 멸망시킨 일등공신이다. 그러나 그는 목이 잘려 시신이 구경거리로 전락하는 최고의 형벌을 받았다. 『사기』 「장군표기열전將軍驃騎列傳」은 순체에 대해 "좌장군으로서 조

- "元封三年爲左將軍擊朝鮮 毋功 以捕樓船將軍坐法死".(『史記』,「將軍驃騎列傳」)
- "南越反 拜爲樓船將軍 有功 封將梁侯 爲荀彘所縛 居久之 病死".(『史記』,「酷吏列傳」)

선을 공격했으나 공이 없었고, 누선장군에게 연좌되어 체포되어 법으로 사형당했다"●고 썼으며, 『사기』 「혹리열전酷吏列傳」은 누선장군 양복에 대해 "남월이 배반했을 때 누선장군으로 제수했는데 공이 있어 장양후將梁侯로 봉했다. 순체에 의해 포박되어 오랫동안 갇혀 있다가 병으로 죽었다"●●고 적었다. 또한 『한서』 「혹리열전」은 양복에 대해 "(순체에 의한 포박에서 풀려나) 서인이 되어 병사했다[還免爲庶人病死]"고 전한다. 두 장군에 대한 기록을 살펴보아도 이해가 가지 않기는 마찬가지다. 흉노를 치러간 이릉을 옹호하다 무제에게 궁형을 당한 사마천이 무엇인가 감추려 했거나 두려워 사실대로 적지 않았을 가능성이 엿보이는 대목이다.

사마천은 『사기』 본문에 끝내 사군의 이름을 적어놓지 않았다. 사군의 이름은 후세인들이 본문 뒤에 덧붙인 주석으로만 등장한다.[3] "사군을 설치했다"는 본문 뒤에 사마천보다 500~600여 년 후

---

3) 『사기』는 사마천이 직접 쓴 원본이 전하지 않는다. 후세의 필사본을 토대로 작성한 많은 판본이 전할 뿐이다. 그래서 남북조시대(서기 420~581년)에 이미 "어떤 것이 진짜인지 구별할 수가 없다"고 할 정도로 문제를 갖고 있었다. 『사기』 「조선열전」의 "이로써 드디어 조선을 정벌하고 사군으로 삼았다"는 구절 자체가 후세에 가필한 것이라는 주장까지 나오는 것도 이 때문이다. 『사기』는 많은 주석서가 전하는데 '삼가三家주석'이 대표적이다. '삼가주석'은 남송 배인의 『사기집해』, 당나라 사마정의 『사기색은』과 장수절의 『사기정의』를 뜻한다. 『사기』 주석 중에 가장 오래된 것은 서광徐廣(352~425년)이 지은 『사기음의史記音義』지만 이것은 현전하지 않는다. 배인의 『사기집해』는 『후한서後漢書』보다 이른 4세기 중후반에 편찬되었고 서광의 『사기음의』를 보고 주석했기 때문에 높은 가치를 인정받는다. 『사기』의 주석서들을 잘 활용하면 본문의 불분명한 문제를 이해할 수 있는 장점이 있으나 같은 본문에 대해 서로 다른 해석을 담고 있기도 하기 때문에 해당 본문과 주석 모두 면밀히 검토해야 한다.

의 인물인 남송南宋(서기 420~479년)의 배인裵駰이 『사기집해史記集解』에서 "진번, 임둔, 낙랑, 현도다" 하며 사군의 이름을 기록해놓은 것이다. 그러나 여기에도 의문이 있다. 한나라가 조선에 군현을 설치했다는 기록은 『사기』 「흉노열전」에도 보이는데, 이 부분에 대한 주석은 또 다르다. 『사기』 「흉노열전」은 "한나라가 양신楊信을 흉노에 사신으로 보냈다. 이때 한나라는 동쪽의 예맥을 뿌리 뽑고, 조선에 군을 설치했다[朝鮮以爲郡]"고 기록했다. 이 기사에 대해 당나라의 장수절은 『사기정의』에서 "현도, 낙랑 2군이다"라고 덧붙였다. 배인의 『사기집해』를 못 보았을 리가 없을 텐데 장수절은 왜 사군이 아니라 현도, 낙랑 2군이라고 기록했을까? 임둔, 현도 군이 설치 25년 만에 낙랑군에 편입된 것을 설명했다면 어느 정도 말은 되지만 『사기』 「조선열전」과 「흉노열전」의 기록이 서로 맞지 않는 것이다.

이처럼 한사군은 명칭부터 수수께끼로 점철되어 있다. 일제 식민사학자들과 그 한국인 제자들이 적은 "고조선을 멸망시키고 한강 북부 지역에 한사군을 설치했다"는 기술을 무조건 믿을 수 없는 이유가 여기에 있다. 조선과 한의 전쟁은 서기전 108년에 끝났는데, 사군의 명칭은 한 화제和帝 영원永元 원년(서기 89년) 주요 부분이 완성된 반고班固(서기 32~92년)의 『한서』 「무제본기武帝本紀」에 처음 나온다. "겨울에 조선에서 그 왕 우거의 목을 베고 항복하니, 그 땅을 낙랑樂浪·임둔臨屯·현도玄菟·진번眞番 군으로 삼았다"●는 기록이다. 전쟁 목격자인 사마천이 적지 못한 내용을 200여 년 후의 인

● "以其地爲樂浪·臨屯·玄菟·眞番 郡".(『漢書』, 「武帝本紀」)

물인 반고가 적은 것이다.

반고는 두헌竇憲을 따라 종군했는데 흉노 공략에 나선 두헌은 이 때 흉노를 격파했으나 후에 실세失勢한 뒤 자살했다. 반고도 이와 관련되어 투옥되었다가 서기 92년 옥사했고, 반고의 누이동생 반소班昭 등이 뒤를 이어『한서』의「8표表」와「천문지天文志」등을 완성한다. 이런 이유 때문인지『한서』는 한사군에 대해 통일된 인식을 갖지 못했다. 예를 들어『한서』「지리지」에는 낙랑·현도 2군만 기록되어 있고, 『한서』「오행지五行志」는 "이보다 앞서 두 장군이 조선을 정벌하고 삼군을 열었다[先是兩將軍征朝鮮 開三郡]"고 달리 기술했다. 반고가 두헌을 따라 흉노 정벌에 나선 사실은 그가 주변 이민족들에 대해 어떤 사고를 갖고 있었는지를 단적으로 말해준다.

『한서』「지리지」와「오행지」의 기록에 의문을 느낀 당나라의 안사고顔師古는『한서』「오행지」에 다음과 같이 주석을 달았다.

> 『한서』「무제본기」에는 그 땅을 낙랑·임둔·현도·진번 군으로 삼았다고 말했으니 이것이 사군이다. 여기에 삼군이라고 말한 것은 대개 옮겨 쓰는 자가 잘못 쓴 것이다.●

'넉 사四' 자를 쓰려다가 '석 삼三' 자로 잘못 썼다는 설명이다. 아라비아 숫자는 잘못 쓰는 경우가 있을 수 있지만 표의表意 문자인 한자를 잘못 쓰는 것은 쉽지 않다는 사실을 애써 외면한 해석이다.『사

● "師古曰,'武紀云以其地爲樂浪·臨屯·玄菟·眞番郡, 是四郡也, 而此云三, 蓋傳寫志者誤'".(『漢書』,「五行志」註釋)

기』와 『한서』의 내용이 서로 다를 뿐만 아니라 한사군의 숫자도 2~4군 사이를 왔다 갔다 한다. 믿고 싶어도 믿을 수 없는 이유가 바로 여기에 있는 것이다.

무엇보다 중요한 것은 평양 일대가 낙랑군 지역으로 결정된 시기가 일제강점기라는 점이다. 그리고 이런 일제 식민사학자들의 주장이 현재 한국 주류 사학계의 정설이 된 것이다. 2천 1백여 년 전에 설치된 낙랑군 지역을 현재의 대동강 유역이라고 확정한 세력은 조선총독부였다. 그렇기 때문에 1백여 년 전 일제 식민사학자들이 평양 일대를 낙랑군 지역으로 만든 경위에 대한 엄정한 추적이 필요하다.

2. 낙랑군은 평양에 있었는가?

낙랑군 유적으로 조작된 고구려 유적

대동강 일대를 낙랑군 지역으로 재탄생시키는 데 중요한 역할을 한 기관이 조선총독부와 남만주철도주식회사(이하 만철滿鐵)다. 1906년 문을 연 만철은 단순한 철도회사가 아니라 만주 전역을 점령하기 위한 일제의 전위조직이었다. 만철은 1907년 동경제국대학교 사학과 교수인 시라토리 쿠라키치[白鳥庫吉, 1865~1942년]에게 만선역사지리를 편찬해달라고 요청했고, 시라토리는 쓰다 소우키치와 이케우치 히로시[池內宏]에게 조사를 맡겼다. 쓰다 소우키치는 고려시대 이전의 역사지리를, 이케우치는 조선시대의 역사지리를 담당했는데 그렇게 탄생한 책이 『만선역사지리연구』다. 만선이란 제목 자체가 조선 역사는 만주 역사의 한 부분이라는 일제 식민사관이 창안한 '만선사滿鮮史'의 사관을 그대로 반영했음을 말해준다. 조선통감부는 1906년 도쿄대학교 공대의 세키노[關野貞]에게 평양의 석암동石巖洞 고분을 비롯한 평양 일대의 전축분塼築墳을 조사해달라고 의뢰했다. 그 명칭이 '고구려 고적 조사사업'인 데서 알 수 있는 것처럼 이때만 해도 이 일대의 유적이 고구려 유적이라는 것은 수천 년 동안의 상식이었다.

그런데 1909년 도쿄대학교의 도리이 류조[鳥居龍藏]가 등장하자 상황은 달라졌다. 도리이 류조는 만철의 의뢰로 남만주 일대에서 '한漢 낙랑시대 고적조사 사업'을 수행했다. 그는 1910년 대동강변에서 발견된 한식漢式 기와를 근거로 이 일대를 낙랑군으로 비정하는 논지의 글을 발표했으나 큰 반향을 일으키지는 못했다. 그러나 도리이 류조가 조선총독부에 '고구려 고적조사 사업'을 '한 낙랑시대의 고적조사 사업'으로 개칭하자고 제안한 것이 받아들여지면서 '고구려 유적'은 '한 낙랑군 유적'으로 재창조되기 시작했다. 한국사를 식민지에서 시작된 것으로 만들면 일제의 식민지배를 정당화할 수 있기 때문에 조선총독부는 한국사의 시작을 한사군으로 하고, 그 위치를 한반도 내로 비정하는 작업에 조직적으로 뛰어들었다.

세키노는 조선총독부의 이런 방침을 알고 나서 이 일대를 낙랑군 지역으로 바꾸는 작업에 적극 가담했다. 조선총독부가 편찬한 『낙랑군시대의 유적』은 세키노 등의 활약에 대해 이렇게 썼다.

(세키노 등은) 대정大正 2년(1913) 9월 23일 대동강변의 토성을 답사하였다. 과연 흙으로 쌓은 성벽이 상존할 뿐만 아니라 그 내부에서 한식 기와 파편 10수 점을 채집하였다. 30일 우리는 평안남도 내무부장 조전치책篠田治策 씨와 함께 평양 세관의 작은 기선을 타고 대동강을 내려가 새로 발견한 토성을 보고 다수의 한식 와당瓦當을 채집하였다. 이 지점이 낙랑군시대의 고분 산포 지역의 중심지점에 위치한 것, 강변의 풍경이 아름다운 승지勝地인 것, 한 대漢代의 양식을 가진 다수의 기와 파편과 벽돌조각들을 얻은 것 등의 일로써 이곳이 한 대 낙랑군의 치지治址라고 **추상**하고 의외의 발견에 크게 기뻐하였다.

"한 대 낙랑군의 치지라고 추상"했다는 점이 주목된다. 그러나 서기전 2세기에 설치된 낙랑군을 2천 년 후에 대동강변 일대로 비정하는 것은 쉬운 일이 아니었다. 『낙랑군시대의 유적』도 이런 의문에서 벗어날 수는 없었다. 앞에서 인용했듯이 같은 책에는 다음과 같은 언급이 있다.

다만 다소 고려가 되는 것은 토성이 협소한 구릉에 얕게 쌓여져 있다는 점이다. 사면이 개활開豁하여 하등의 천험이 없으므로 하루아침에 적의 공격을 받게 되면 방수가 지극히 곤란한 상태에 놓인다는 점이다.

전쟁이 많았던 고대 수도의 제일 조건은 관방關防, 곧 방어시설이었다. 험지에 수도를 정하고 성을 쌓고 또 해자까지 파서 이중, 삼중의 방어망을 구축하는 것이 기본이었다. 그러나 낙랑 토성은 들놀이하기에는 적당할지 몰라도 수도의 입지로는 적합하지 않았다. 그러나 대동강변의 토성은 낙랑군 치소로 만들어져야 했다. 그것이 조선총독부의 방침이었기 때문이다.

이러한 총독부의 방침에 따라 훗날 조선사편수회와 조선사편찬위원회의 중심인물이 되는 이마니시 류[今西龍, 1875~1932년]가 가세했다. 그 역시 처음에는 대동강변 일대의 유적을 고구려 유적으로 보다가 총독부의 방침을 알고는 자세를 바꿨다. 그는 1910년 11월 전축분에서 출토된 '王○'가 새겨진 명문銘文을 낙랑군의 왕씨王氏와 연결시켜 낙랑군 유적이라고 주장했는데, 동경제국대학교 출신인 그의 주장은 이 지역을 낙랑군 치소로 바라보는 인식을 대거 확산시켰다. 이후 이마니시 류는 가는 곳마다 중국 계통의 와당과 봉니封泥, 비문 등을 발견하는 '신神의 손'이 된다. 1913년 그는 야쓰이 세이이치[谷井濟一]와 함께 평양 지역의 토성을 답사하던 중 '낙랑예관樂浪禮官'이라고 쓰인 와당과 '낙랑태수장樂浪太守長'이 새겨진 봉니 등을 발견했다고 주장했다. 그들은 이런 유물들이 발견된 것을 토대로 이 토성을 낙랑군 치소로 비정했다.

또한 이마니시는 같은 해 평안남도 용강군 해운면 운평동(현재의 평안남도 온천군 성현리 어을동) 평야지대의 길옆에서 화강암으로 된 '점제현비黏蟬縣碑'를 발견했다고 발표했다.[4] 그 후 점제현비는 '점제현신사비黏蟬縣神祠碑'로 불리는데, '평산군신사비平山君神祠碑'라고도 한다. 점제현은 『한서』 「지리지」에 낙랑군에 속한 25개 현 중의 하나로 기록되어 있으므로 이 지역이 낙랑군 점제현의 치소라

---

4) 朝鮮總督府, 『朝鮮古蹟圖譜』, 1915년.

는 것이 이마니시 류의 주장이었다. 세키노 등은 당연히 이 설을 지지했고 평남 용강군은 2천 년 전 낙랑군의 점제현이 되었다.

한국 주류 사학계는 점제현신사비를 무조건 사실로 인정하지만 조선사편수회의 시각이 아니라면 당연히 수많은 문제점이 제기된다. 우선 2천 년 전에 세웠다는 비문을 2천 년 동안 아무도 못 보았다는 점과, 그런 비문을 일제 식민사학자들이 단 며칠 만에 발견했다는 사실에 의문이 든다. 조선은 물론 고려도 문적文蹟의 나라였다. 이런 문文의 나라에서 이 비에 대한 글을 남긴 문인이 아무도 없다. 이런 점제현신사비가 일제 식민사학자들의 눈에는 그렇게 쉽게 띄었다는 것이다. 조선총독부 고분古墳조사위원인 후지타 료사쿠[藤田亮策, 1892~1960년)]의 『조선고고학연구朝鮮考古學研究』(1948년)에는 점제현신사비의 발견 경위가 실려 있다.

용강군 해운면에 도달한 이마니시 류 박사는 어을동於乙洞 고분을 샅샅이 뒤졌으나 무늬 있는 와당은 하나도 발견하지 못했다…… 크게 실망한 이마니시 류 박사가 면장에게 고적古蹟이 없느냐고 물으니 면장이 '고비古碑 하나가 있으나 해독解讀할 수 없으며, 만일 그것을 읽는 자 있으면 비 아래에 있는 황금을 얻을 수 있다는 설이 전해 내려오고 있습니다' 했다. 이마니시 류 박사가 해가 질 무렵에 그곳에 가보았으나 이미 땅거미가 짙어 잘 알아보지 못하고 용강에 돌아와 유숙한 후 다음날 그곳으로 가서 비문碑文을 탁본 떠왔다. 평양 여사旅舍(여관)에서 여럿이 펴보니 그 비문 중에 '점제秥蟬' 두 자가 있음을 보고 이 비가 한漢 대 낙랑군의 점제현과 연관이 있음을 알게 되었다. 그리하여 어을동 고성이 한 대 낙랑군의 치지였음을 알게 되고 또한 『한서』 「지리지」의 '列水所出 西至秥蟬入海(열수가 이곳에서 나와서 서쪽으로 점제현에 이르러 바다로 들어간다'라 한 그 열수가 바로 대동강이었음을 깨닫게 되었으니 이로써 천고千古의 의혹이 일시에 풀리게 된 것이다.[5]

점제현신사비의 발견 경과를 보면 '이마니시 류가 어을동 고분을 샅샅이 뒤졌으나 무늬 있는 와당은 하나도 발견하지 못했다'는 부분을 빼고는 모두 창작된 것임을 쉽게 알 수 있다. 그 비가 2천 년 동안 서 있었고, 그 아래 황금이 묻혀 있다는 사실을 면장까지 알고 있는데 그대로 남아 있었다는 것 자체가 말이 되지 않는다. 면장이 그 비의 존재에 대해 알고 있었다면 용강군에 부임한 조선의 수많은 군수들이 이에 관한 글을 남기지 않았을 리 없다. 또한 『동국여지승람東國與地勝覽』과 고산자 김정호金正浩의 『대동지지大東地志』에도 실리지 않았을 리 없다. 『한서』「지리지」를 인용한 것은 조작혐의를 더욱 짙게 해준다. 『한서』「지리지」'낙랑군 탄열呑列현조'는 "탄열현은 분려산分黎山이 있는데 열수列水가 이곳에서 나와서 서쪽으로 점제현黏蟬縣에 이르러 바다로 들어가며 820리를 흐른다"●고 기록했다. 그러나 『후한서』는 열수에 대해 "곽박이 『산해경』에서 말하기를 '열列은 강의 이름인데 열수는 요동에 있다"●●고 했다. 열수가 『후한서』의 기록처럼 요동에 있어서

> ● "呑列, 分黎山, 列水所出, 西至黏蟬入海, 行八百二十里".(『漢書』, 「地理志」 樂浪郡)
> ●● "郭璞注山海經曰 : 列, 水名. 列水在遼東".(『後漢書』, 「郡國志」 幽州, 樂浪 註釋)

---

5) 문정창, 앞의 책, 294~295쪽에서 재인용.

는 평양 유역을 낙랑군 지역으로 만들 수 없기 때문에 열수는 대동강이 되어야 했다. 이 구도에 따라 쓰다 소우키치는 『만선역사지리연구』에서 열수를 대동강으로 비정했고 이병도가 이 설을 추종함에 따라 현재까지 한국 주류 사학계는 열수를 대동강으로 비정하고 있다.

이마니시 류가 실제로 면장의 말을 듣고 이 비를 발견했으면 그 면장의 이름을 공개하고 면장과 마을 원로들과 함께 사진을 찍었어야 하는데, 정작 사진은 동네 어린이를 곁에 세워놓고 찍었다. 점제현신사비가 아득한 옛날부터 그 자리에 있었다는 면장과 마을 원로들의 증언과 함께 발표했어야 할 텐데 아무것도 모르는 어린 아이를 내세운 것이다.

점제현신사비가 2천 년 동안 서 있었다는 용강군은 현재 온천군으로 개명한 데서 알 수 있는 것처럼 유명한 온천지대다. 용강온천 곁에는 귀성온천이 있어 수많은 사대부들이 오가기도 했다. 게다가 그 비가 서 있던 곳은 깊은 산 속이 아니라 평야지대의 길옆이었다. 유명 휴양지의 평야지대 길옆에 2천 년 이상 서 있던 점제현신사비를 아무도 보지 못했는데 신기하게도 일제 식민사학자들은 불과 하루 만에 발견했다는 것이다. 그래서 그 지역에서는 '일본사람들이 왔다 갔다 하더니 어느 날 갑자기 비가 서 있었다'는 말이 떠돌아다니기도 했다.

발견 당시의 사람들은 다 죽었고 점제현신사비는 아직도 그곳에 서 있으므로 신사비 자체에 대해 분석을 해야 한다. 화강암으로 만든 점제현신사비는 높이 1.35미터, 너비 1.09미터, 두께 0.12미터이

점제현신사비(왼쪽)와 정면에서 바라본 모습(아래). 평안남도 용강군에서 이마니시 류가 발견했다는 점제현신사비. 북한에서는 다른 지역의 암석 재질이라고 분석했다.

고 무게는 0.5톤가량이다. 북한은 점제현신사비에 대해 많은 연구를 했다. 북한에서 발간된 『조선고고연구』에는 「물성 분석을 통하여 본 점제비와 봉니의 진면모」란 논문이 실려 있다. 이 논문의 가치는 신사비의 글귀가 아니라 암석학적 조성을 갖고 분석한 과학적 논증이란 점에 있다.

이 논문은 "원래 육중한 비석을 세우자면 그 가공 수준이 높아야 한다. 그런데 점제비는 대충 다듬어졌으며 발굴과정에서 드러난 바와 같이 기초에는 시멘트를 썼다"[6]고 했다. 2천 년 전에 비를 세우기 위해 시멘트를 썼다는 것이니 벌써 문제가 많다. 급하게 세우느라고 시멘트를 쓴 흔적이 역력한 것이다. 북한의 김교경 등은 같은 논문에서 "점제비를 평가함에 있어서 문제로 되는 것은 무엇보다도 그 화학조성에서 용강군 일대의 화강석과 큰 차이를 보이고 있다는 점"이라고 말했다. 점제현신사비는 근처 온천 지방의 마영 화강석이나 오석산 화강석, 룡강 화강석과 다르다는 것이다. 이 논문은 점제비석과 마영 화강석, 오석산 화강석, 룡강 화강석의 화학조성을 비교한 표를 실었는데, 여기 따르면 은Ag은 주위 3개 화강석보다 2배에서 4배, 납Pb은 3배가량, 아연Zn, 텅스텐W, 니켈Ni, 인P은 각각 2배가 많았다. 반면 바륨Ba은 주위의 화강석보다 1/6 이하였다. 한마디로 용강 일대에서 나오는 화강석으로 만든 것이 아니라는 뜻이다.

또한 점제현신사비의 화강석 조성연대도 주위의 화강석과는 다

---

[6] 김교경·정강철, 「물성 분석을 통하여 본 점제비와 봉니의 진면모」, 『조선고고연구』 제4호 (루계 제97호), 1995년, 21쪽.

르다고 기술했다. 북한에서는 흑운모를 시료로 방사성동위원소측정(핵분열흔적연대측정)을 했는데 점제현신사비는 1억 2천 9백만 년 전에, 주위의 화강석은 1억 1백만 년~1억 7백만 년 전에 조성된 것으로 2천 2백만 년에서 2천 8백만 년의 차이가 난다는 것이다. 이 논문은 점제현신사비는 "료하지방의 화강석과 비슷한 것으로서 료하지방을 비롯한 다른 지방에 매장된 화강석으로 만들어서 여기에 옮긴 것으로 볼 수 있다"고 결론 내렸다.

남한 학자 손보기 교수는 1990년에 『한배달』과의 대담에서 이렇게 말했다.

> 점제현신사비도 지금 있는 곳은 2천 년 전에는 물이 들어왔던 곳인데, 어떻게 그곳에 비를 세울 수 있겠어요. 옛 사람들은 비를 세우기도 하지만 산의 바위를 쪼아내고 그곳에다 꽉 끼어 맞는 비를 세우기도 하였어요. 갈석산에 보면 신사비 크기의 바위를 쪼아낸 자국이 있으며 신사비의 돌을 조금 떼어내고 갈석산의 돌을 떼어서 맞추어보면 딱 맞아요. 일본인들이 배로 실어다가 10리밖에 못 와서 그곳에 뉘어놓고 놀고 있는 어린이들을 배경으로 비의 사진을 찍어서 그곳이 낙랑의 점제현이다. 그러니 확실히 낙랑군이 아니냐고 주장했던 것이지요.[7]

이처럼 일제 식민사학자들이 느닷없이 발견했다는 점제현신사비는 약간의 사료 비판만 가해도 많은 문제점이 드러난다. 조선총독부나 조선사편수회의 시각이 아니라면 이 비를 근거로 평안남도 용

---

7) 『한배달』 9월호, 1991년.

강군을 옛 점제현 지역이라고 말할 수 없다.

식민사학 청산 못한 대한민국의 비극

한사군의 위치가 일제에 의해 한반도 내로 만들어진 과정은 의문투성이다. 그러나 더 큰 의문은 일제가 만든 한사군의 위치가 어떻게 일본도 아닌 한국에서 아직도 정설의 지위를 차지하고 있는가 하는 점이다. 더구나 이는 치열한 논쟁을 거쳐 주류 이론이 된 것도 아니다. 논쟁은커녕 조금이라도 다른 견해를 제시하면 이단으로 몰아 학계에서 추방하는 비학문적 방식을 통해 주류의 위치를 차지하고 있는 것이다.

한국에는 '이병도 사관'이란 말이 있다. 이병도의 역사관점을 뜻하는 것인데 한국사의 정설, 또는 통설을 뜻하기도 한다. 한 예로 이기백의 『한국사신론』(1997년) 신수판은 한사군과 그 위치에 대해 이렇게 적었다.

> 한漢은 위만조선을 멸망시킨 바로 그 해(B.C. 108)에 위만조선의 판도 안에다 낙랑·진번·임둔의 세 군을 두고, 그다음 해(B.C. 107)에 예濊의 땅에 현도군을 두어 소위 한의 사군이 성립되었다. 그 위치는 낙랑군이 대동강 유역의 고조선 지방, 진번군이 자비령 이남 한강 이북의 옛 진번 지방, 임둔군이 함남의 옛 임둔 지방, 현도군이 압록강 중류 동가강 유역의 예濊 지방이었던 것으로 생각된다. 이 설에 의하면 사군은 한강 이북의 지역에 한하였으며, 각기 일정한 독립된 사

회들을 단위로 설치되었다는 결론에 도달하는 셈이다.

– 이기백, 『한국사신론』, 40쪽

이기백은 한사군에 대한 자신의 연구 결과를 적은 것이 아니다. 스승 이병도가 『조선사대관』(1948년)과 『신수 한국사대관』(1973년)에서 규정한 한사군의 위치를 그대로 옮겨놓은 것이다. 이것이 한국 사학계의 정설, 또는 통설이란 뜻이다. 이병도가 1978년 초판을 낸 『한국고대사연구』의 '제1편 고조선 문제의 연구', '제2편 한사군 문제의 연구'에서 주장한 내용은 아직도 고조선과 한사군 문제에 대한 경전經典으로 남아 있다. 이병도의 고조선과 한사군 위치 비정은 일제 식민사학자들의 위치비정에 약간 수정을 가한 것뿐이고, 현재 한국 주류 사학계의 한사군 위치비정도 일제 식민사학자들의 위치비정과 대동소이하다. 물론 일제 식민사학자들의 한사군 위치비정이 서기전 2세기의 역사사실을 반영한 것이라면 이를 부정할 수는 없다. 그러나 앞서 살펴보았듯이 일제는 한국사의 시작을 식민지로 만들려는 정치적 의도에서 '한사군=한반도설'을 창작했다. 정치적 날조란 허점이 있게 마련이어서 약간의 사료 비판만 가하면 '한사군=한반도설'의 문제점은 그리 어렵지 않게 간파할 수 있다. 더구나 일제 식민사학자들이나 이병도 외에도 한사군의 위치에 대해 자신의 견해를 제시한 학자들은 많이 있다.

이병도 사관도 하나의 관점으로서 가치는 있을지 모른다. 그러나 이병도의 가장 큰 문제는 자신의 설에 상대적 가치가 아니라 절대적 가치를 부여했다는 점이다. 또한 그의 제자들은 공자가 말한 술

이부작述而不作(전하기만 하고 창작하지는 않는다는 뜻)을 실천하려는 의도인지, 스승의 설을 무비판적으로 따르는 것이 진정한 학자의 길이라고 생각하는지, 이병도의 설을 일종의 도그마로 만들었다. 이런 제자들의 비이성적이고 비학문적인 태도가 이미 고인이 된 이병도를 무덤에서 자꾸 불러내고 있는 것이다. 이병도 본인이야 살아생전 자신의 견해를 바꾼 적이 없으니 본인 책임이기도 하지만 제자들 책임이 더 큰 것이다.

이병도라는 사학자를 연구하면 역사관에 문제가 있을 수밖에 없는 환경에서 공부했음을 알 수 있다. 이병도는 일본이 한창 팽창 중이던 1914년 와세다대학교에 입학해 사학급 사회학과史學及 社會學科에서 역사를 처음 접했다. 이병도는 이때 스승인 요시다 토우코[吉田東伍, 1864~1918년]가 고대 일본 열도와 한반도의 관계에 대해 서술한 『일한고사단日韓古史斷』(1893년)에 자극 받아 역사연구를 결심했다고 한다. 요시다는 와세다대학교 교수인 오오하시 유키히로[大橋幸泰]가 "요시다가 일본과 한국이 형제라는 관점에서 일선동조론日鮮同祖論을 주창한 것이 일본의 한국병합을 정당화시켰다"[8]고 썼듯이 일본의 한국 침략에 이론적 기반을 제공한 학자 중 한 명이다. 이병도는 요시다의 뒤를 이은 쓰다 소우키치에게서 본격적으로 역사를 배웠다.

이렇게 일제 식민사관론자들에 의해 역사를 접한 이병도는 귀국 후 조선총독부가 한국사 전반을 식민사관으로 재구성하기 위해 만

---

8) 大橋幸泰, 「民間學としての歷史と地理」, 『2007年度早稻田大學敎育學部演習』.

든 조선사편수회에서 이마니시 류의 수사관보修史官補로 일한다. 와세다대학교 재학 시절 스승인 이케우치 히로시의 추천에 의해서였다. 이마니시 류는 일제 식민사학의 선봉장이고 이케우치 히로시 역시 시라토리 구라키치 등과 함께 한국사는 만주사의 부속사에 불과하다는 식민주의 역사학 이론을 만들어낸 중심인물이다. 또한 이병도는 조선사편수회에서 이나바 이와기치[稻葉岩吉]를 만나 깊은 영향을 받았다. 한마디로 한국사를 바라보는 이병도의 시각은 시종일관 일제 식민사학자들에 의해 형성된 것이다. 해방 전이나 해방 후나 이병도는 이것이 틀렸을 수도 있다는 생각을 단 한 번도 한 적이 없다.

　이병도는 일제강점기 진단학회 활동을 민족적인 역사학을 한 것처럼 주장했으나 그가 진단학회에 실은 「삼한 문제三韓問題의 신고찰新考察」 등의 논문은 일제 식민사학의 논지 그대로이며, 더구나 해방 후에는 친일 행적 때문에 진단학회가 재건될 때 제명대상에 오르기도 했다. 해방 공간에서 백남운 등 사회경제사학자들이 월북하고 한국전쟁 와중에 정인보 같은 민족주의 사학자들이 납북되자 이병도는 그 빈 공간을 이용해 한국사 주류의 자리를 차지했으며, 일본인 스승들에게 배운 식민사관을 한국사의 주류이자 하나뿐인 정설의 지위로 끌어올렸다.

　그 결과 해방 후 반드시 필요했던 일제 식민사학에 대한 종합적 검토과정이 생략되었을 뿐만 아니라 일제 식민사학이 여전히 주류 학설이 된 것이다.

한사군은 민족사의 축복이었나?

조선사편수회에서 이병도를 지도한 이마니시 류는 『조선사의 길잡이朝鮮史の栞』(1935년)에서 한국사(조선사)의 시작이 한사군부터라고 강조했다. 한국사의 주요 흐름을 '한사군 → 임나일본부 → 조선총독부'로 연결시켜 일제의 한국 지배가 과거에도 존재했다고 인식시키기 위해서였다. 『조선사의 길잡이』가 간행된 곳이 동경東京이 아닌 서울[京城]의 근택서점近澤書店이라는 것은 이마니시 류가 이 책을 읽히고 싶어 한 사람들이 한국인들이었음을 시사해준다.

일제 식민사학은 한국 고대사에 두 개의 식민통치기구가 있었다고 주장했다. 하나는 한사군이고 다른 하나는 임나일본부다. 이런 식민통치 기구에 대한 식민사학자들의 기술을 보면 이들의 역사관을 쉽게 짐작할 수 있다. 이병도는 한사군에 대해 이렇게 서술했다.

> 동방 한군현漢郡縣의 설치가 우리 고대사상古代史上의 일대 시기를 획劃하는 중대사실임은 물론이지만, 그것은 비단 정치상에서뿐 아니라, 문화상에 있어서도 그러하였던 것이다. 곧 한漢의 동방 군현이 설치된 이후 산만적이고 후진적인 동방 민족사회는 전자前者(한)의 부절不絕(끊이지 않는)한 자극과 영향을 입어 정치와 문화에 있어 새로운 반성과 향상에의 한 모멘트를 가지게 되었다…… 그리하여 당시 중국의 발달된 고급의 제도와 문화—특히 그 우세한 철기문화—는 이들 주변 사회로 하여금 흠앙欽仰의 과녁이 되고, 따라서 중국에 대한 사대사상의 싹을 트게 한 것도 속일 수 없는 사실이었다.
>
> — 이병도, 『한국고대사연구』, 99쪽

이병도의 시각에 의하면 한사군이란 식민통치기구의 설치는 한민족에게 축복이었다. 한사군 덕분에 후진적인 고조선 사회는 선진적인 한나라문화의 세례를 받을 수 있었다는 것이다. 역사상 자국에 식민통치기구가 들어선 것을 이렇게 찬양하는 논리로 쓴 기술을 찾기란 쉽지 않다. 이병도는 아무런 근거도 없이 고조선을 비하했다. 고조선 사회는 이병도에 의해 '후진적'으로 매도되었다. 한사군으로부터 철기문화가 수입되었다는 사료적 근거가 전혀 없음에도 철기문화는 한사군이 가져온 것으로 규정하고 후진적인 고조선은 철기문화를 흠앙하게 되었다고 창작했다. 그래서 이병도는 "(한사군이) 부락部落, 부족 정치로부터 국가(고대 국가) 정치로 전환하는 과정을 촉진시킨 것도 사실(『한국고대사연구』, 99쪽)"이라며 한사군 설치를 역사발전의 주요한 계기인 것처럼 서술했다.

이것은 이병도의 독창적 이론이 아니라 일제 식민사학자들의 관점이다. 일제가 한사군을 이렇게 높게 평가한 것은 일제강점기가 한민족에게 축복이라고 강변하기 위해서였다. 조선총독부가 간행한 『조선반도사 편성 요지 및 순서』는 일제의 한국사 연구와 서술 목적을 명확히 보여준다.

……조선반도사의 주안점은 대체로 다음과 같다. 첫째 일선인日鮮人(일본인과 조선인)이 동족同族인 사실을 분명히 할 것. 둘째 상고上古에서 이조李朝(조선)에 이르는 군웅群雄의 흥망 기복起伏과 역대의 혁명 역성易姓에 의하여 중민衆民이 점차 피비疲憊(괴롭고 고달픔)하게 되고 빈약에 빠지는 상황을 서술하고 금대今代(일제강점기)에 이르러 성세聖世(일본 천황이 다스리는 시대)의 혜택에 의해 비로소 인

생의 행복을 얻게 되었다는 사실을 자세히 서술할 것······.⁹⁾

일제의 한국사 연구와 서술 목적은 일제강점기가 한국 역사상 가장 행복한 시기였다고 주장하기 위한 것이다. 이런 목적에서 한사군이 찬양된 것이다. 이런 관점을 가진 학자들이 『국사 교과서』를 서술했으니 초등학교 때부터 한사군에 대해 열심히 배우지 않을 도리가 없었다. 나라는 해방되었으되 역사는 해방되지 못한 이상 현상이 사학자들에 의해 조성되었다. 그래서 한사군 설치는 우수한 정치제도와 철기라는 우수한 문화를 가져온 좋은 계기라고 주입되었다. 1976년에 사용된 『국사 교과서』의 해당 부분을 보자.

> 한漢은 고조선을 넘어뜨린 후 사군을 두어 식민지로 만들었다. 이 사군의 위치는 우리 민족의 이동로였던 교통로와 관계가 있다. 당시의 교통로는 요동 방면에서 통구에 이르러, 여기서 다시 한 갈래는 지금의 청천강과 대동강 유역으로 나오고, 한 갈래는 부전고원을 넘어 원산만으로 진출하는 것이었다. 그리하여 교통로의 분기점인 통구 지방에는 현도군을, 고조선의 옛 지역에는 낙랑군을, 그 남쪽 한강 이북 지역에는 진번군을, 그리고 원산만 일대에는 임둔군을 설치하였다.
>
> — 고등학교 『국사 교과서』, 1976년

한사군은 현도군 일부를 제외하고 한반도 북부 지역에 있었다고 설명했다. 시험에 나올 수 있으므로 그렇게 외워야 했다. '고조선

---

9) 朝鮮總督府, 『朝鮮半島史ノ編成 要旨及順序』, 1916년.

의 옛 지역'이란 다름 아닌 평양을 말한다. '그 남쪽 한강 이북 지역에는 진번군'이 있었다는 것은 대동강 유역의 평안남도 지방에는 낙랑군이 있었고, 그 아래 한강 이북 황해도 지역에는 진번군이 있었다는 뜻이다. 그리고 그 동북쪽 원산만 일대의 함경도 지역에는 임둔군이 있었다는 것이다. 이렇게 한강 북부 지역은 모두 한사군의 영토가 되었다. '한강 이북은 중국사의 영역이었다'는 중국 동북공정의 주장과 완전히 일치하는 내용이다. 중국 동북공정과 일제 식민사학은 모두 한국사의 시간과 공간을 축소해 자국의 영토적 이익을 실현하려는 공통의 목적을 지니고 있다. 동북공정이 시작되기 전에도 국사 교과서가 논란이 된 것은 이처럼 일제 식민사학의 잔재가 그대로 남아 있었기 때문이다. 1980년대에는 국사 교과서와 관련해 국회 공청회가 열렸을 정도로 큰 소동이 일어났다. 그렇지만 이런 소동이 아무리 일어나봐야 궁극에는 식민사학을 계승한 학자들이 이기게 마련이었다. 이런 학자들이 사학계 주류를 차지하고 있는 한 교과서 집필도 이들이 담당할 수밖에 없기 때문이다.

현재 사용하는 『민족문화대백과사전』도 한사군에 대해 "고조선 시대에 한나라가 우리나라의 서북부 지역에 설치한 낙랑·임둔·진번·현도의 4개의 군현"이라고 규정짓고 있다. "우리나라의 서북부 지역에 설치"했다고 명확히 언급한 것이다. 그러면서 "처음에 설치된 사군 중 진번과 임둔 두 군은 설치된 지 25년 만에 소멸되었고, 현도군도 20여 년 만에 본래의 지역이 토착세력에게 점령되어 한사군은 불과 30여 년 만에 낙랑군만을 남기고 소멸되는 변화과정을 겪게 되었다"며 한사군에 대한 나름의 고민도 서술했다. 『민족문화대백과사전』의 한사군 서술은 기존의 고정관념과 현재의 비판적 시각 사이에서 방황하고 있음을 보여준다.

> 한나라의 사군이 동시에 존속한 기간은 25년여에 불과하며 그 이후로는 낙랑군만이 명맥을 유지하고 있었다. 이렇게 그 역사적인 변천상황이 각각 다른 4군이 한사군이라고 하는 역사술어로 사용된 것은 일제의 관학사학자들에 의해서였다. 이들은 조선을 식민지로 영구화하기 위해 조선의 역사에서 타율성을 강조하였다. 그 근거가 되는 역사사실의 하나가 바로 한사군이었다.
> ─『민족문화대백과사전』, '한사군조'

한사군 설치 25년 후에 낙랑군만 존재했다는 것도 사실과 맞지 않는다. 『삼국사기』 「고구려본기」는 미천왕이 재위 3년(302)과 16년(315)에 현도군을 공격한 기사가 거듭 나온다. 현도군은 이때도 존속했다는 사실이 『삼국사기』에 의해 입증되는 것이다. 문제는 현도군이 어디에 있었는가 하는 점이다. 『민족문화대백과사전』은 한사군을 과장한 것이 일제 식민사관이 "조선을 식민지로 영구화하기 위해"라는 사실을 인정하지만 그 위치비정에서는 식민사학의 논리를 그대로 따르기 때문에 자기모순에 빠진 것이다.

> 이들의 논리에 의하면, 조선의 역사는 자율적인 역사가 아니라, 외부의 침입과 이에 따른 영향으로 진행되는 타율적인 역사이며, 따라서 선진문물을 보유한 국가의 식민지가 되는 것은 필연적이라는 것이다. 이러한 의미에서 한나라의 식민지로 설치된 한사군의 존재는 타율성을 입증하는 좋은 근거가 되었다…… 이와

같이 한사군은 일제가 우리 역사에서 타율성을 강조하기 위해 의도적으로 강조한 역사술어임을 알게 된다.

- 『민족문화대백과사전』, '고조선조'

또한 『민족문화대백과사전』은 "한사군은 일제가 우리 역사에서 타율성을 강조하기 위해 의도적으로 강조한 역사술어"라고 비판했지만 한사군의 위치와 개념에 대해서는 "한나라가 우리나라의 서북부 지역에 설치한 낙랑·임둔·진번·현도의 4개의 군현"이라고 일제 식민사학의 논리를 그대로 따르는 모순을 보이고 있다.

한사군의 의미를 강조한 것이 '조선을 식민지로 영구화하기 위한' 일제 식민사학의 의도라는 사실은 알고 있지만 한사군의 위치는 확고부동하게 '한반도 북부'로 규정한 이 모순을 어떻게 보아야 할까?

일찍이 성호 이익은 『성호사설』 「천지문」 '조선사군조'에서 동천왕 때 고구려를 침략한 위魏 유주幽州자사 관구검毌丘儉의 진격로와 퇴각로를 검토한 결과 현도, 낙랑 두 군이 요동에 있었다고 결론지었다. 『삼국사기』에는 관구검이 현도에서 나와서 공격하다가 낙랑으로 물러갔다고 되어 있었다. 그래서 이익은 "현도로부터 나와 낙랑으로부터 물러갔으니, 두 군이 요동에 있었음을 알 수 있다"며 현도군과 낙랑군이 모두 요동에 있었다고 설명했다.

현재 주류 사학계의 한사군 위치비정에 따르면 현도군은 압록강 북부 지역에 있었으며 낙랑군은 대동강 유역에 있었다. 그런데 위나라 유주자사는 현재의 북경 북부와 그 서쪽을 다스리는 벼슬이다. 이런 유주자사가 현도군에서 고구려를 공격해 낙랑군으로 퇴각했으면 현도군과 낙랑군은 모두 요동에 있었다는 것이 이익의 위치비정이다. 요동(현도)에서 와서 요동(낙랑)으로 퇴각했다는 설명이 합리적이다. 그러나 이런 위치비정은 철저하게 무시되었다. '한사군의 위치는 한반도 북부에 있었다'는 것이 일제 식민사학자들과 그 한국인 제자들의 변질된 도그마이기 때문이다.

역사학은 사료에 의거해 과거를 재구성하는 것이 주요 기능이며, 이렇게 재구성한 내용이 타당한지 비평하는 학문이다. 과거 사실에 대한 1차 사료가 "한사군이 한반도 북부에 있었다"고 규정했다면 후세 사학자들은 이를 인정할 수밖에 없다. 그러나 한사군의 위치가 "한반도 북부가 아니었다"는 고대의 1차 사료는 많다. 중국 고대 사료를 통해 한사군의 개념과 위치를 자세하게 살펴보자.

3. 한사군은 어디에 있었는가?

한사군의 위치

한사군이 한반도 내에 있었다는 일제 식민사학의 고정관념을 배제하고 바라보면 낙랑군을 비롯한 한사군의 정확한 위치를 찾는 것은 그리 어려운 일이 아니다. 주류 사학계에서 '낙랑군=대동강 유역설'이 무너지면 자신들이 다 죽는다고 여기기 때문에 다른 위치를 찾으려는 노력 자체를 하지 않았을 뿐이다. 낙랑군에는 25개 현이 있었다. 그중 2개 현의 위치만 찾아도 낙랑군과 한사군이 한반도 내부에 있었는지, 만주 서쪽에 있었는지 파악할 수 있다.

낙랑군에 대해 『한서』 「지리지」는 "낙랑군은 무제 원봉 3년(서기

- "樂浪郡−武帝元封三年開. 莽曰樂鮮. 屬幽州−戶六萬二千八百一十二, 口四十萬六千七百四十八".(『漢書』,「地理志」)
- "至昭帝始元五年, 罷臨屯, 眞番, 以並樂浪, 玄菟".(『後漢書』,「東夷列傳」濊)

전 108) 열었는데−왕망王莽은 낙선군樂鮮이라 말했고, 유주幽州에 속해 있다−호수戶數는 6만 2,821호이고 인구는 40만 6,748명이다"●는 구절과 함께 "25개 현이 있다"[10]고 적었다. 낙랑군의 속현이 25개나 된 것은 이때 진번과 임둔이 낙랑군에 합쳐진 다음이기 때문이다. 『후한서』「동이열전」 '예濊조'에는 "한소제昭帝 시원始元 5년(서기전 82) 진번·임둔 군을 파하고 낙랑·현도 군에 병합했다"●●고 기록되어 있다. 그래서 이 25개 현에는 과거부터 낙랑군 소속이었던 현들과 진번군과 임둔군 소속이었던 현들이 서로 섞여 있는 것으로 해석된다. 진번군과 임둔군 소속 현들을 설치 25년 만에 낙랑군에 붙였다는 것은 두 가지 의미가 있다.

첫 번째는 고조선과 전쟁에서 승리했다고 과장하기 위해 4개의 군을 설치했으나 불과 25년 만에 그럴 필요가 없다는 사실을 깨달은 것이다. 사군 지역이 그다지 넓지 못했다는 뜻이다. 두 번째는 진번과 임둔은 낙랑·현도와 붙어 있었다는 것이다. 낙랑·진번·임둔·현도 군은 모두 비슷한 지역에 있었다는 뜻이다. 사군이 근접해 있었으므로 서로 통합할 수 있었다. 예를 들어 평북을 병합한다면 평남이나 함북이 되어야지 평북과 전남, 혹은 경남을 병합할 수는 없는 것과 마찬가지다.

---

10) 25개 현의 이름은 다음과 같다. 조선朝鮮, 염감詌邯, 패수浿水, 함자含資, 점제黏蟬, 수성遂成, 증지增地, 대방帶方, 사망駟望, 해명海冥, 열구列口, 장잠長岑, 둔유屯有, 소명昭明, 누방鏤方, 제해提奚, 혼이渾彌, 탄열呑列, 동이東暆, 불이不而, 잠태蠶台, 화려華麗, 사두매邪頭昧, 전막前莫, 부조夫租.

25개 현 중에는 부조현처럼 이때 딱 한 번 등장할 뿐 『이십오사二十五史』의 본문은 물론 주석에도 전혀 나타나지 않는 현도 있다. 현을 설치할 만한 지역이 아닌데 무리해서 이름뿐인 현을 설치했다는 반증이다. 그러나 수성현이나 대방현처럼 본문과 주석에 다수 등장하는 현도 있다. 따라서 낙랑군을 비롯한 한사군의 위치를 파악하기 위해서는 중국 고대 사서에 다수 등장하는 현들을 중심으로 추적해야 한다.

한사군의 위치를 살필 때 전제되는 것이 있다. 현재 한국 주류 사학계에서 한사군이라고 주장하는 지역은 대부분 20세기 일제 식민사학자들의 위치비정을 무비판적으로 따른 것이라는 사실이다. 일제 식민사학의 정치적 의도야 다시 말할 것도 없다. 한사군의 정확한 위치를 찾기 위해서는 일제 식민사학자들의 시각이 아니라 한사군 설치 당시의 시각으로 바라보아야 함은 물론이다. 중국 고대 사료들도 중화사관과 이른바 춘추필법에 의해 한족漢族들에게는 우호적으로 서술하고 다른 이민족들에게는 불리하게 서술했지만 가장 오랜 시기에 작성된 기록이기 때문에 이를 기초로 삼을 수밖에 없다.

서기전 1세기경 사마천이 편찬한 『사기』나 서기 1세기경 반고가 편찬한 『한서』, 3세기 후반 진나라 진수가 쓴 『삼국지』, 5세기경 고대 남송의 범엽范曄이 편찬한 『후한서』를 비롯한 중국 고대 사료들에 한사군이 어떻게 서술되어 있는가가 1차 검토대상이 되어야 한다.

한국 주류 사학계가 해방 후 60년이 지난 현재도 일제 식민사학의 왜곡된 논리를 완전히 극복하지 못한 주요 원인은 두 가지다. 하나는 스승의 견해에 이의를 제기하지 못하게 하는 전근대적이고 봉건적인 학문풍토 때문이고, 다른 하나는 당대에 쓴 1차 사료를 직접 검토해가며 자신의 이론을 확립한 것이 아니라 일제 식민사학자들과 그 한국인 제자들의 눈으로 바라본 고대를 무비판적으로 추종하기 때문이다. 고조선과 한나라 시대로 직접 들어가 그 시대의 사료로 분석해야 하는데 그렇지 못한 것이다.

중국 고대 사료를 볼 때 한 가지 전제할 것이 있다. 주석자에 따라 설명이 다른 경우가 있는데, 고의적으로 그런 것도 있고 고의성이 없는 것도 있다. 고의성이 없는데도 설명이 다른 것은 시간이 흘러 지명을 혼동했기 때문이다. 고조선의 수도 왕험성(왕검성)의 경우 북위(386~534년)와 수隋(581~618년)·당唐(618~907년) 초기 무렵 큰 혼동이 생긴다. 중국인들의 머릿속에서 북위 이전 왕험성의 위치와 북위 이후 왕험성의 위치에 대한 인식이 크게 달라지는 것이다. 그 이유는 고조선의 수도 왕험성과 고구려의 평양성을 혼동했기 때문이다. 『삼국유사』 「왕계」는 고구려 시조 고주몽高朱蒙에 대해 "단군의 아들이다[檀君之子]"라고 했다. 고구려는 단군의 정통성을 계승했다는 생각에서 자신들의 왕성에 대해 왕험성이란 표현을 쓴 것이다.

예를 들어 『괄지지括地志』에는 "고려 치소인 평양성은 본래 한나라 낙랑군 왕험성이다. 곧 고조선 땅이다[高驪治平壤城, 本漢樂浪郡王險城, 即古朝鮮也]"라고 기록되어 있다. 『괄지지』는 당나라 태종의 셋째 아들인 위왕魏王 이태李泰가 638년 당 태종에게 편찬을 요청해 642년 완성한 고대 지리서다. 장수절도 『사기정의』에서 "고려 평양성은 본래 한나라 낙랑군 왕험성이다. 곧 고조선 땅인데 그때

조선왕 위만의 근거지였다[高驪平壤城本漢樂浪郡王險城, 即古朝鮮地, 時朝鮮王滿據之也]"라며 『괄지지』의 표현을 그대로 인용했다. 이태와 장수절은 고구려 평양성을 고조선 왕험성과 동일시해서 이렇게 표현한 것이다. 이런 인식은 중국인들이 고구려 장수왕이 평양성으로 천도(427년)한 후 고구려 평양성을 과거의 고조선 왕험성으로 잘못 인식해 생겨난 것이다. 이런 문제인식을 갖고 중국 고대 사료의 본문과 주석들을 통해 고조선과 한사군의 개념과 위치를 추적해보자.

낙랑군의 명칭과 위치

낙랑군은 한사군의 중심지이기 때문에 그 위치를 비정하는 것은 대단히 중요하다. 앞서 말했듯이 『사기』 본문에는 한사군의 개별 명칭이 나오지 않기 때문에 낙랑이란 이름도 등장하지 않는다. 낙랑군이 어디 있었는지를 알기 위해서는 그 이름의 유래를 생각할 필요가 있다. 『사기』의 주석서인 『사기집해』에는 이런 구절이 있다.

> 장안張晏이 말하기를, "조선에는 습수濕水·열수洌水·선수汕水가 있는데 이 세 강이 합쳐서 열수洌水가 된다. 낙랑과 조선이라는 명칭은 여기에서 취한 것 같다"고 했다.●

습수·열수·선수라는 세 강이 합쳐지는 열수 부근에 있던 나라를 조

● "集解張晏曰, 朝鮮有濕水, 洌水, 汕水, 三水合爲洌水, 疑樂浪, 朝鮮取名於此也".(『史記』, 「朝鮮列傳」)

선이라고 불렀는데 낙랑도 마찬가지라는 뜻이다. 조선朝鮮은 강물이 아침처럼 맑고 깨끗하다는 뜻이고, 낙랑樂浪은 물결을 즐긴다는 뜻이다. 조선이나 낙랑은 모두 강물과 밀접한 관련이 있다.

낙랑과 조선은 서로 같은 뜻으로 통용되기도 했다. 『후한서』「광무제본기光武帝本紀」'6년(서기 30)조'에는 "처음에 낙랑 사람 왕조王調가 낙랑군을 근거로 조정에 불복하자 가을에 광무제가 낙랑태수 왕준王遵을 보내 격퇴시켰는데, 군의 하급관리가 왕조를 죽이고 항복했다"•는 기록이 있고, "낙랑군은 옛 조선국인데, 요동에 있다"••고 주석을 달아놓았다. 낙랑군과 고조선은 동의어로 요동에 있었음을 말해준다.

- "初, 樂浪人王調據郡不服. 秋, 遣樂浪太守王遵擊之, 郡吏殺調降".(『後漢書』,「光武帝本紀」)
- "樂浪郡, 故朝鮮國也, 在遼東".(『後漢書』,「光武帝本紀」註釋)

『한서』「지리지」는 낙랑군에 속해 있던 25개 현의 수현首縣이 조선현朝鮮縣이라고 전한다. 조선현은 낙랑군의 수도이자 한사군의 수도였던 셈이다. 고조선을 멸망시키고 그 도읍지에 조선현을 설치했기 때문에 조선현의 위치를 찾으면 낙랑군의 위치를 알 수 있다. 한나라가 고조선의 수도 왕험성을 멸망시키고 그 이름을 조선현이라고 바꾸었을 가능성이 높다. 고조선의 수도 왕험성의 이름을 그대로 사용하는 것에 부담을 느껴 그 나라 이름을 낙랑군 수현 이름으로 삼았을 개연성이 크기 때문이다.

그런데 낙랑군의 수현인 조선현을 찾기 위해서는 『한서』에 나오는 낙랑군뿐만 아니라 요동군遼東郡도 주의 깊게 살펴보아야 한다. 『한서』「지리지」'요동군조'는 "(요동군은) 진나라 때 설치했는데 유주에 속해 있다"•고 전한다. 요동군은 한 무제 때 설치된 낙랑군보다 먼저 설치된 현으로 낙랑군의 위치를 찾는 데 중요한 단서가 된다. 『한서』「지리지」는 요동군에는 18개 현이 있었다고 한다.[11] 요동군의 18개 현 중에 험독險瀆현이 있는데, 험독현에 대해 응소應劭는 "조선왕 위만의 도읍지다. 물이 험한 것에 의지하므로 험독이라고 한다"••고 썼다. 응소는 위만조선의 도읍지인 험독현이 요동에 있었다고 본 것이다.[12] 응소는 한나라 영제靈帝 때(서기 189년) 태산泰山태수를 역임했으며 『풍속통의風俗通義』를 저술하기도 했다.

- "遼東郡, 秦置. 屬幽州. 戶五萬五千九百七十二, 口二十七萬二千五百三十九. 縣十".(『漢書』, 「地理志」)
- • 應劭曰, "朝鮮王滿都也. 依水險, 故曰險瀆".(『漢書』, 「地理志」 註釋)
- ••• 臣瓚曰, "王險城在樂浪郡浿水之東, 此自是險瀆也".(『漢書』, 「地理志」 註釋)

험독이란 지명이 세 군데서 확인되는 등 중국 고대 지명은 복잡하기도 하고 또 옮겨 다니기도 하기 때문에 여기에서는 험독현을 왕험성과 같은 것으로 해석한 신찬臣瓚의 주석을 살펴보자. 신찬은 요동군 험독현에 대해 "왕험성은 낙랑군에 있는데 패수의 동쪽이다. 이것이 험독이다"•••라고 했다. 신찬 역시 험독현이 요동에 있었다고 보았다. 중국 고대 사료는 일관되게 낙랑, 왕험성, 험독현을 요동에 있다고 표시한 것이다.

신찬의 "왕험성은 낙랑군에 있는데 패수의 동쪽이다. 이것이 험

---

11) 18개 현의 이름은 다음과 같다. 양평襄平, 신창新昌, 무려無慮, 망평望平, 방房, 후성候城, 요대遼隊, 요양遼陽, 험독險瀆, 거취居就, 고현高顯, 안시安市, 무차武次, 평곽平郭, 서안평西安平, 문汶, 번한番汗, 답씨沓氏. 여기에서 신창, 험독, 안시, 무차, 서안평, 번한 현 등은 고조선의 강역을 비정하는 데 중요한 현들이다.
12) 윤내현, 『한국고대사신론』, 「고조선의 도읍 천이고遷移考」 참조.

독이다"는 내용을 조금 더 추적해보면 낙랑군의 위치를 자세히 알 수 있다. 먼저 패수는 『사기』 「조선열전」에 한나라와 고조선의 경계라는 뜻의 "패수에 이르러 경계를 삼았다[至浿水爲界]"는 대목에 처음 등장하고, 이어서 "(위만이) 북상투에 오랑캐 복장[魋結蠻夷服]을 입고, 동쪽으로 도망하여 요새를 나와 패수를 건너 진秦의 옛 빈 땅인 상하장上下鄣에 살았다"는 대목에 다시 등장한다. 진의 옛 빈 땅이란 한때 고조선이 진나라에 빼앗겼으나 위만 당시에는 고조선과 진나라 모두 거주하지 않던 일종의 비무장지대 비슷한 지역일 것이다.

패수는 고조선과 한나라의 국경이었으므로 이 강의 위치를 찾으면 왕험성과 낙랑군의 위치를 비정할 수 있다. 패수의 위치에 대해서는 과거부터 여러 설이 존재해왔다. 한반도 내부에 있었다는 견해와 만주 서쪽에 있었다는 견해로 대별된다. 민족주의 사학자 정인보는 『조선사연구朝鮮史研究』에서 패수를 어니하淤泥河로 보았는데, 어니하는 현재 요하遼河 서쪽의 대릉하大凌河다. 북한의 이지린도 『고조선연구』에서 패수를 대릉하로 비정했다. 한반도 내부로 설명하는 입장은 압록강설, 대동강설, 청천강설 등으로 나뉘는데, 쓰다 소우키치는 압록강으로 본 반면 이병도는 청천강으로 보았다.

중국의 현대 사학자들은 한국 주류 사학계의 패수비정을 보고 횡재했다고 여겼다. 중국 사회과학원에서 편찬한 『중국역사지도집』은 패수를 청천강으로, 중국 변경 통사인 『동북통사東北通史』 역시 "패수(현재의 청천강)"라고 적어놓았다.

그러나 『사기정의』 「지리지」는 "패수는 요동 새외塞外에서 나온다" 고

● "浿水出遼東塞外", (『史記』, 「朝鮮列傳」註釋)

기록했다. 패수는 요동의 새외를 흐르는 강이란 뜻이다. 중국 학자들이 이 기록을 못 봤을 리는 없지만 나름의 애국심으로 청천강이라고 주장하고 있는 것이다. 한나라 사신 섭하가 고조선에서 배웅 나온 비왕 장을 패수에 임해 찔러죽이고 도주하자 무제는 섭하를 요동 동부도위에 임명했고, 우거왕은 이에 반발해 패수를 건너 섭하를 습격해 죽였다.

- 正義地理志云, "遼東郡武次縣, 東部都尉所理也".(『史記』,「朝鮮列傳」註釋)
- ● "東部都尉治. 莽曰桓次".(『漢書』,「地理志」'遼東郡')

요동 동부도위의 치소는 어디였을까? 섭하를 요동 동부도위로 삼았다는『사기』「조선열전」기사에 대해『사기정의』「지리지」는 "요동군 무차현武次縣이 동부도위가 다스리던 곳이다"●라고 기록했다. 따라서 무차현을 찾으면 고조선과 맞선 요동 동부도위의 치소가 어디인지 알 수 있다.

『한서』「지리지」는 무차현에 대해 "동부도위 치소인데 왕망은 환차桓次라고 불렀다"●●고 기록했다. 왕망의 신나라 때 환차현으로 개칭했다는 뜻이다. 무차현은 요동군에 있었으므로 적어도 고조선과 한의 국경선인 패수는 청천강이 아니다. 패수가 청천강이라면 고조선 군사가 청천강을 건너서 압록강을 건너 요동 깊숙한 곳까지 급습해 섭하를 죽이는 것은 불가능하다. 무장한 군사들이 수천 리에 달하는 그 먼 거리를 달리는 동안 한나라의 정보망에 포착되지 않을 수는 없기 때문이다. 여기에서는 패수의 위치가 과거의 요동에 있었다는 정도만 이해하고 본격적으로 낙랑군의 위치를 찾아보자.

위나라 관구검의 공격로와 퇴각로

『삼국사기』「고구려본기」 '동천왕 20년(246)조'에는 "위나라에서 관구검을 보내 군사 1만 명을 거느리고 현도를 거쳐 침입했다[出玄菟來侵]"는 구절이 있다. 동천왕은 전쟁 초반에 보기步騎 2만 명을 거느리고 나가서 싸워 위군 3천 명의 목을 베는 대승을 거두었다. 그러나 기병 5천을 거느리고 계속 공세를 취하던 동천왕이 패전하면서 되레 위나라 군사의 추격을 받아 형세가 다급했다. 이때 동부 사람 뉴유紐由가 계략을 써서 적장을 죽이겠다고 자청했다. 뉴유는 위군에게 항복하겠다고 청한 후 식기 속에 칼을 감추고 가서 위나라 장수의 가슴을 찔렀다. 장수가 죽자 위군 진영은 혼란스러워졌는데 동천왕이 이 틈을 타서 반격을 시도했다. 『삼국사기』는 "위나라 군사들은 소란해져서 진을 이루지 못하고 낙랑을 거쳐 도망갔다[遂自樂浪而退]"고 적었다. 그때 뉴유가 죽인 장수는 유주자사 관구검은 아니다. 『삼국지』「관구검열전」에는 이때 "관구검이 군사를 이끌고 돌아왔다[儉引軍還]"고 전한다. 그럼 관구검이 돌아온 곳은 어디일까?

『중국역사지도집』 제3권에는 위나라 시절 유주는 현재의 북경이라고 되어 있다. 낙랑군이 평양이라면 관구검은 평양에서 배를 타고 돌아간 것일까? 그 많은 배는 어디에서 구했을까?

『삼국지』를 보면 유주자사 관구검은 위나라 명제 때 고구려 정벌을 위해 유주의 군사를 이끌고 요동군 양평으로 이주했는데, 『중국역사지도집』은 양평을 요녕성 요양시 부근으로 비정했다. 좀 더 정

중국 삼국시대 유주(왼쪽 점선 안)와 대방군(오른쪽 점선 안) 지도. 『중국역사지도집』 제3권(삼국, 서진시대)에 실린 것으로, 위나라가 평안남북도는 물론 황해도의 대방군까지 지배했다는 내용이다. 그러나 중원에서 촉, 오와 싸우기에도 전력이 부족하던 위나라가 고구려 남부에 대방군을 운영했다는 것은 신빙성이 떨어진다.

확한 위치는 훨씬 서쪽으로 비정해야 하지만 그 비정이 정확한지는 차치하더라도 관구검이 돌아간 곳은 요동의 양평이나 유주지 한반도 내륙은 아니다. 낙랑군이 평양 일대에 있었을 가능성이 전혀 없음을 『삼국사기』와 『삼국지』 「관구검열전」은 말해준다. "현도로부터 나와 낙랑으로부터 물러갔으니, 두 군이 요동에 있었음을 알 수 있다"는 성호 이익의 통찰은 쓰다 소우키치나 이병도의 시각보다 훨씬 정확한 것이다.

『삼국사기』 「고구려본기」 '미천왕조'만 제대로 해석해도 낙랑군은 대동강 유역일 수 없다. 이병도는 『신수 국사대관』(1953년)에서 고구려의 영토확장에 대해 이렇게 썼다.

> 제13대 서천왕 때에는 동으로 숙신肅愼의 일부를 쳐 복속시키고 제15대 미천왕 14년(서기 313)경에는 서西로 현도와 요동의 서안평을 공략하고 남으로 역사가 깊은 낙랑을 쳐 빼앗았다.
>
> — 이병도, 『신수 국사대관』, 70쪽

이 기술 이래 낙랑군이 서기 313년에 멸망했다는 것이 한국사의 정설이 되었다. 한국사의 통설을 정리한 이기백은 『한국사신론』에서 "A.D. 313년에 고구려에 의하여 낙랑군이, 백제에 의하여 대방군이 소멸되고 말았다"며 마찬가지로 서술했다.

낙랑군을 설치한 것은 전한前漢 무제 때(서기전 108년)다. 전한은 왕망의 신나라에 의해 서기 8년 멸망했으며, 서기 25년 광무제 유수劉秀가 신나라를 무너뜨리고 후한을 건국했다. 그 후 서기 220년 조조曹操의 장자인 위 문제文帝 조비曹丕가 후한의 헌제獻帝를 폐위시킴으로써 후한은 멸망하고 만다. 낙랑군이 서기 313년에야 멸망했다면 낙랑군은 전한은 물론 후한까지 멸망한 후에도 93년이나 더 존재했다는 이야기다. 이에 대한 설명이 필요하다고 생각했는지 이병도는 『신수 국사대관』의 상대사上代史(고조선~신라 말) 편에 '위魏의 동방 침략과 한漢의 새 형성'이란 항목을 설정해 비록 후한은 멸망했지만 삼국 중 하나인 위나라가 계속 한반도를 장악했던 것처럼 서술했다. 오·촉과 치열하게 싸워야 했던 위가 고구려 남부 평양에 낙랑군을 유지한다는 것이 가능한 일일까! 위와 고구려가 전쟁을 치른 지역은 모두 만주 서쪽이지 한반도 내부가 아니다.

또한 이병도가 낙랑군 소멸의 근거로 삼은 『삼국사기』「미천왕본기」를 보면 낙랑군이 대동강 유역에 있었다는 것이 얼마나 무리한 논리인가를 잘 알 수 있다.

> 3년(302) 가을 9월에 미천왕은 군사 3만을 거느리고 현도군에 침입해 8천여 명을 사로잡아 이를 평양으로 옮겼다.
> 12년(311) 가을 8월에 장수를 보내어 요동의 서안평을 습격하여 빼앗았다.
> 14년(313) 겨울 10월에 낙랑군을 침입하여 남녀 2천여 명을 사로잡아왔다.
> 16년(315) 봄 2월에 현도성을 쳐부수어 죽이고 사로잡은 사람이 매우 많았다.
>
> - 『삼국사기』, 「미천왕본기」

장수왕 15년(427), 평양으로 천도하기 125년 전인 미천왕 3년(302)에 현도군의 포로 8천여 명을 옮긴 곳이 평양이란 기록은 평양이 현재의 대동강 유역의 평양만을 가리키는 것이 아니라 고구려 수도를 뜻하는 일반 명사임을 나타내준다. 평양을 무조건 대동강 유역으로 보는 견해가 문제가 있다는 뜻이다. 이 기사를 기존의 정설대로 해석하면 미천왕은 재위 3년에는 고구려 남쪽 압록강 부근의 현도군을 공격했으며, 재위 16년에는 다시 현도성을 공격했다. 그런데 미천왕은 재위 14년에는 남쪽 현도군을 거쳐 남쪽의 낙랑군을 공격한다. 현도군은 두 눈 멀쩡히 뜨고 고구려 군사가 자군(自郡)의 영역을 통과해 남하하는 것을 지켜보고, 낙랑 사람 2천여 명을 사로잡아 현도군을 통과해 북상하는 것도 바라보고만 있었다는 이야기다. 이렇게 현도군을 통과해 낙랑 사람 2천여 명을 평양에 옮겨놓고 2년 후 다시 현도군을 공격했다는 것이다. 그 와중인 재위 12년에는 요동 서안평도 공격한다. 한마디로 미천왕은 슈퍼맨이다. 마치 공수부대라도 갖고 있는 듯 사방을 공격했다. 현도군을 압록강 유역, 낙랑군을 대동강 유역이라고 비정하는 한 절대 있을 수 없는 군사행동이다. 미천왕의 모든 군사행동은 모두 만주 서쪽을 겨냥한 것이란 관점에서 바라보아야 해석이 된다.

자신의 논리에 문제가 있다고 여겼는지 이병도는 서안평을 현재의 압록강 하류 단동丹東 부근으로 비정했다. 언제부터 압록강 대안對岸이 요동에 편입되었는지는 알 수 없지만 낙랑군을 대동강 유역에 있었다고 비정하다 보니 서안평이 압록강 대안쯤에 있어야 설명이 가능했기 때문이다. 그러자 중국은 기다렸다는 듯이 서안평을 단동 부근으로 그려놓았다. 중국 사회과학원에서 편찬한 『중국역사지도집』 제2권 28쪽에서는 서안평을 단동 옆에 그려놓은 것이다.

그러나 서안평이 단동 부근이 아니라는 결정적 증거가 있다. 거란족이 세운 요遼나라의 역사를 기록한 『요사遼史』 「지리지」는 서안평의 위치에 대해 중요한 정보를 제공한다. 『요사』는 원元나라 순제順帝 지정至正 3~4년(1343~1344)에 중서우승상中書右丞相 탈탈脫脫이 도총재都總裁로서 편찬한 요나라 219년(907~1125)의 정사다. 한족의 시각이 아니라 동이족의 일원인 몽골족의 시각으로 역시 동이족인 거란족의 역사를 다루었다는 점에 주목할 필요가 있다. 이른바 춘추필법이란 미명하에 중화사관으로 왜곡하지 않은 드문 역사서인 것이다. 그래서 한족은 『요사』의 가치를 일부러 낮게 평가했지만 『요사』 「지리지」는 한족의 시각으로 바라보지 않은 역사지리지라는 이유 하나만으로도 중요한 가치를 갖는다. 요나라는 광활한 영토를 상경도上京道, 동경도東京道, 서경도西京道, 중경도中京道, 남경도南京道로 나누어 다스렸는데, 그중 상경도는 동쪽으로 내몽골 동쪽의 통료通遼에서부터 서쪽으로 현재의 몽골공화국 거의 전역을 아우르는 광대한 지역이었다. 이 광대한 지역을 다스리는 치소인 상경임황부上京臨潢府는 현재의 내몽골 파림좌기巴林左旗인데, 『요사』 「지리지」 '상경도조'에 서안평이 나온다.

> 상경도上京道 : 상경임황부는 본래 한나라 요동군 서안평 지역이다. 신나라 왕망은 북안평이라고 불렀다.●

서안평이 내몽골 파림좌기 부근이라고 한 『요사』 「지리지」는 우리의 궁금증을 속 시원히 풀어준다. 파림좌기는 현재 만리장성의 동쪽 끝인 산해관山海關에서 북쪽으로 곧바로 몇 백 킬로미터 올라가야 나오는 지역이다.

● "上京臨潢府, 本漢遼東郡西安平之地. 新莽曰北安平".(『遼史』, 「地理志」 '上京道')

미천왕이 공격한 서안평은 압록강 대안이 아니다. 내몽골 파림좌기 부근인 것이다. 서안평이 파림좌기 부근이면 미천왕의 공격 루트에 대한 모든 기사를 이해할 수 있다. 미천왕은 남쪽이 아니라 서쪽으로 계속 진격했던 것이다. 서쪽의 현도, 서쪽의 낙랑, 서북쪽의 서안평을 공격했다. 미천왕의 군사행동 목적은 고구려 서쪽에 있는 한사군을 더 서쪽으로 밀어내고 고구려의 서쪽 영토를 옛 고조선 강역만큼 확장하는 데 있었던 것이다.

이제 몇 가지 중요한 문제들은 해결되었다. 낙랑군은 대동강 유역에 있지 않았고, 서안평 역시 압록강 대안에 있지 않았다. 그러나 일제 식민사학의 후예들은 이런 명백한 증거를 들이대도 수긍하지 않을 것이 분명하다. 이는 진실이 무엇이냐의 문제가 아니라 그간 누려온 학문권력을 계속 유지할 수 있느냐, 무너지느냐의 문제이기 때문이다. 자신들의 인식과 다른 사료가 나오면 사료 자체를 부인해왔던 그간의 습성에 따라 '『요사』 자체가 문제가 있다'는 식으로 나올 개연성이 크다. 이를 방지하기 위해 좀 더 정확한 물증을 찾아보자.

낙랑군 수성현 갈석산

낙랑군과 관련해 『한서』 「지리지」의 "낙랑군은 무제 원봉 3년(서기전 108) 열었는데-왕망은 낙선이라 말했고, 유주에 속해 있다"는 구절을 살펴보자. 왕망은 낙선군이라고 말했다는 것은 왕망의 신나라 때 낙랑군을 낙선군으로 개칭했다는 뜻이다. 『한서』 「설선열전薛宣列傳」은 "낙랑은 유주에 속해 있다"고 말하고 있는데, 앞서 살펴보았듯이 유주는 북경 부근이다. 중국 사회과학원에서 작성한 『중국역사지도집』 제2권 27~28쪽에서는 일제 식민사학과 한국 주류 사학계의 위치비정을 받아들여 유주의 관할지를 한반도 중

북부 지역까지 길게 늘여서 그려 놓았다. 그러나 북경 부근에 있던 유주자사가 내몽골과 만주 그리고 한반도까지 통치한다는 것은 불가능한 일이다.

- "長岑縣, 屬樂浪郡, 其地在遼東".(『後漢書』, 「崔駰列傳」)
- "禹行自冀州始. 冀州 : 旣載壺口, 治梁及岐…… 鳥夷皮服, 夾右碣石, 入于海".(『史記』, 「夏本紀」)

『후한서』 「최인열전崔駰列傳」은 "장잠현은 낙랑군에 속해 있는데 그 땅은 요동에 있다"•고 말하고 있다. 낙랑군이 대동강 유역이 아니라 요동에 있었다는 뜻이다. 이 구절 하나로도 낙랑군은 한반도 내에 있을 수 없다. 『후한서』 「광무제본기」의 "낙랑군은 옛 조선국이다. 요동에 있다"는 주석도 낙랑군이 요동에 있었다는 사실을 뒷받침해준다.

그러나 식민사학자들은 집요하게 낙랑군이 대동강 유역에 있었다고 주장하므로 낙랑군에 대해 더 많은 정보를 주는 구절을 찾아보자. 낙랑군의 위치에 대해 가장 중요한 이름이 갈석산碣石山이다. 『사기』 「하본기夏本紀」의 우왕禹王의 치수治水 사업에 관한 내용에 갈석산이 등장한다.

> 우禹는 기주에서 (치수)사업을 시작했다. 기주에서 먼저 호구산壺口山(현재의 산서성 길현 서남쪽)을 다스리고 다시 양산梁山과 기산岐山을 다스렸다…… 오이烏夷의 가죽옷은 오른쪽으로 갈석산을 끼고 바다로 들어온다.••

오이에 대해 『사기집해』는 "오이는 동방의 민족으로 조류와 짐승을 잡아먹는 자다"라는 정현의 말과 "옷은 그 가죽인데 맑은 물에

- 集解鄭玄曰, "鳥夷, 東方之民搏食鳥獸者". 孔安國曰, "服其皮, 明水害除".(『史記』, 「夏本紀」 註釋)
- 太康地理志云, "樂浪遂城縣有碣石山, 長城所起".(『史記』, 「夏本紀」 註釋)
- 又水經云, "在遼西臨渝縣南水中".(『史記』, 「夏本紀」 註釋)
- 蓋碣石山有二, 此云, "夾右碣石入于海", 當是北平之碣石.(『史記』, 「夏本紀」 註釋)

무두질한다"는 공안국의 말을 인용했다. "오이의 가죽옷은 오른쪽으로 갈석산을 끼고 바다로 들어온다"는 구절은 갈석산이 예부터 중국 민족과 다른 민족 사이의 경계 역할을 했음을 말해준다. 바로 이 구절에 대해 「태강지리지太康地理志」는 "낙랑군 수성현에는 갈석산이 있는데 (만리)장성의 기점이다"라고 했다. 낙랑군에 대한 가장 많은 정보를 제공해주는 중요한 구절이다. 이뿐만 아니라 『수경주』에서는 갈석산은 "요서군 임유현 남쪽 수중에 있다"고 설명했다. 요서군은 요하 서쪽을 말하는 것으로 현재의 요하 위치를 그대로 따르더라도 갈석산은 최소한 요동반도 서쪽에 있어야 한다. 또한 "대개 갈석산은 두 개가 있는데 여기에서 '오른쪽으로 갈석산을 끼고 바다로 들어온다'고 말한 것은 당연히 북평 갈석산을 말하는 것이다"라는 설명도 덧붙였다. 북평은 요서군 서북쪽에 있던 군이다. 이 구절 어디에도 낙랑군 갈석산이 한반도 내에 있었다는 말은 없다.

"낙랑군 수성현에는 갈석산이 있는데 (만리)장성의 기점이다"라는 「태강지리지」의 기록은 낙랑군에 대한 세 가지 정보를 알려준다.

① 낙랑군에는 수성현이 있다.
② 수성현에는 갈석산이 있다.
③ 수성현 부근이 만리장성의 기점이다.

따라서 '수성현·갈석산·만리장성의 기점'이란 세 가지 정보를 동시에 만족시킬 수 있는 지역을 찾으면 낙랑군의 위치를 확실하게 알 수 있다. 「태강지리지」의 이 구절이 얼마나 중요한지를 알아보기 위해서는 중국의 공식 견해를 대변하는 『중국역사지도집』이 수성현과 갈석산을 어디로 표시했는지 살펴보아야 한다. 『중국역사지도집』 제2권에서는 '진秦·서한西漢·동한東漢 시기'를 다루었는데 그 28쪽에 낙랑군에 대한 지도가 실려 있다. 지도에서는 대동강 유역에 낙랑군을 비정해놓았고 그 왼쪽 바다 근처를 수성이라고 표시했다. 낙랑군 수성현이 한반도 북부에 있었다는 것이다. 그럼 갈석산은 어디로 비정했을까? 같은 지도에는 갈석산을 현재의 하북성 창려현 북쪽에 그려놓고 '대갈석산大碣石山'이라고 표시해놓았다. 수성현은 한반도 북부로 그린 『중국역사지도집』이 왜 갈석산은 한반도의 수성현 부근으로 표시하지 못하고 하북성으로 표시했을까?

그 이유는 뒤에 서술하겠지만 중국이 수성현을 한반도 북부로 비정한 것은 현재 한국 주류 사학계의 인식과 같다는 점이다. 좀 더 정확하게 말하면 일제 식민사관을 계승한 한국 주류 사학계의 논리를 그대로 지도로 옮긴 것이다. 한국 주류 사학계는 낙랑군 수성을 황해도 수안遂安으로 비정하고 있다. 그렇게 만든 인물은 이병도다. 이병도가 「낙랑군고」에서 수성현을 황해도 수안으로 비정한 것을 한국 주류 사학계가 정설로 만든 것이다. 그러나 이병도 역시 조선총독부 산하 조선사편수회의 이나바 이와기치가 『사학잡지』에 쓴 「진장성동단고秦長城東端考(진 만리장성의 동쪽 끝에 대한 논고)」에서 황해도 수안을 만리장성의 동쪽 끝으로 본 것을 비판 없이 따른 것에 불과하다. 곧 조선사편수회의 이나바 이와기치의 이론을 이병도가 따랐고, 이를 한국 주류 사학계가 정설로 만든 것이다. 이병도가 낙랑군 수성현을 황해도 수안으로 비정한 논리를 살펴보자.

> 수성현遂城縣…… 자세하지 아니하나, 지금 황해도 북단에 있는 수안遂安에 비정하고 싶다. 수안에는 승람 산천조에 요동산遼東山이란 산명이 보이고, 관방조關防條에 후대 소축所築의 성이지만 방원진防垣鎭의 동서행성의 석성石城이 있고, 또 진지晉志의 이 수성현조에는-맹랑한 설이지만-「진대장성지소기秦代長城之所起(진나라 때 장성이 시작된 곳이다)」라는 기재도 있다. 이 진장성설은 터무니없는 말이지만 아마 당시에도 요동산이란 명칭과 어떠한 장성지長城址가 있어서 그러한 부회가 생긴 것이 아닌가 생각된다. 그릇된 기사에도 어떠한 꼬투리가 있는 까닭이다.
>
> – 이병도, 『한국고대사연구』, 「낙랑군고」

이 기술은 한국 주류 사학계가 낙랑군을 평안남도와 황해도 일대로 인식하게 만든 근거이기 때문에 대단히 중요하다. 그러나 역사학자가 아닌 일반 독자들은 "수성현을 황해도 수안에 비정하고 싶다"고 한 내용 외에는 무슨 말인지 이해하기 어려울 것이다. 그래서 이 문장은 해석이 필요하다. 그럼 이병도가 낙랑군 수성현을 황해도 수안군으로 비정한 근거를 하나하나 분석해보자.

먼저 "수안에는 승람 산천조에 요동산이란 산명이 보이고"란 부분을 살펴보자. 이는 『신증동국여지승람』 '산천조'에 요동산이란 산명이 보인다는 뜻이다. 실제 『신증동국여지승람』 '황해도 수안군

산천山川조'에는 "요동산. 고을 동 북쪽 4리에 있는 진산이다"●라는 구절이 있다. 이병도는 이 요동산이

● "遼東山 : 在郡東北四里鎭山", (『新增東國輿地勝覽』, '黃海道 遂安郡 山川')

갈석산이라고 말한 것이다. 그러나 요동산이 왜 갈석산이 되는지에 대해서는 아무런 근거가 없기 때문에 '요동산=갈석산'이라고는 쓰지 못하고 암시만 해놓은 것이다. 따라서 이병도의 요동산 구절은 "낙랑군 수성현에는 갈석산이 있는데 (만리)장성의 기점이다"라는 내용을 해석하는 데 아무 의미가 없다.

다음으로 "관방조에 후대 소축의 성이지만 방원진의 동서행성의 석성이 있고"란 부분을 살펴보자. 『신증동국여지승람』 '황해도 수안군조'에는 이런 구절이 있다.

방원진防垣鎭 : 고을 북쪽 24리에 있다. 본군 및 우봉牛峯·신계·서흥 네 고을 군졸이 번갈아 방어한다. 진 동서쪽에 행성行城이 있는데 돌로 쌓았으며[石築] 둘레가 620척, 높이가 8척이다.

이병도는 이 석성을 만리장성이라고 한 것이다. 실제로 중국의 공식 지도들은 만리장성을 한반도 내륙까지 연결해놓았다. 그러나 수안군의 방원진 석성이 만리장성의 일부라는 근거는 하나도 없다. 그뿐만 아니라 만리장성은 벽돌성이고 석성은 돌로 쌓은 우리 전통의 돌성이다. 재료와 축조 방식도 모두 다르다. 이 석성을 만리장성의 일부라고 본다면 대한민국에 있는 모든 석성도 만리장성의 일부가 되어야 할 것이다.

- • "樂浪郡–漢置. 統縣六, 戶三千七百, 朝鮮–周封箕子地–屯有, 渾彌 遂城–秦築長城之所起–鏤方, 駟望.(『晉書』, 「地理志」 '樂浪郡')
- •• "遂城–秦築長城之所起".(『晉書』, 「地理志」 '樂浪郡')

"또 진지晉志의 이 수성현조에는–맹랑한 설이지만–「진대장성지소기」라는 기재도 있다"는 문장을 보자. 이 문장은 앞 문장을 잇는 것처럼 "방원진의 동서행성의 석성이 있고, 또 진지의 이 수성현조에는"이라고 한 문장으로 구성되어 있지만 연결할 수 없는 것을 억지로 연결시킨 비문非文이다. 진지는 『진서晉書』「지리지」를 뜻한다. 『진서』「지리지」 '낙랑군조'는 "(낙랑군은) 한나라에서 설치했는데 6개 현을 통괄하며 호수는 3천 7백이다"라면서 "조선朝鮮·둔유屯有·혼미渾彌·수성遂城·누방鏤方·사망駟望 현"•의 6개 현의 이름을 적어놓았다. 여기의 '수성현조'에 "수성현–진나라에서 쌓은 장성이 시작되는 곳이다"••라는 설명이 덧붙여져 있다. 진나라 때 낙랑군은 6개 현으로 축소되었음을 말해주는데, 『진서』「지리지」는 진나라의 낙랑군 수성현을 설명한 것이지 황해도 수안군을 설명한 것이 아니다.

이병도는 "방원진의 동서행성의 석성이 있고"라면서 조선에서 간행한 『신증동국여지승람』의 황해도 수안군을 설명하다가 느닷없이 중국에서 간행한 『진서』「지리지」를 끌어들여 억지로 연결시킨 것이다. 낙랑군 수성현을 황해도 수안군으로 비정하다가 워낙 근거가 박약하자 느닷없이 중국의 낙랑군 수성현을 설명하는 글을 끌어다 붙이고 스스로 "맹랑한 설이지만"이란 형용문구를 쓴 것이다. 그야말로 맹랑한 역사왜곡이 아닐 수 없다. 동북공정을 진행 중인 중국이 어찌 환호하지 않겠는가? 『중국역사지도집』 제3권 42쪽에서는 수성을 한반도 북부에 있는 것으로 그려놓았다. 그러나 41쪽에서는 갈석산을 하북성 창려현 북쪽에 비정해 스스로 자기모순에 빠진 사실을 보여준다. 이병도의 글이 이해하기 어려운 것은 수준이 높아서가 아니라 이런 식의 전혀 다른 내용을 한 문장 속에 마구잡이로 섞어 놓았기 때문이다.

"이 진장성설은 터무니없는 말이지만 아마 당시에도 요동산이란 명칭과 어떠한 장성지가 있어서 그러한 부회가 생긴 것이 아닌가 생각된다"는 문장 역시 비문이다. '진장성'은 진晉의 낙랑군 수성현에 있는 것이고, 요동산은 황해도 수안에 있는 것이다. 전혀 다른 장소에 관한 기록이 실려 있는 『진서』와 『신증동국여지승람』을 아무런 논리적 근거도 없이 서로 연결시켜 황해도 수안을 낙랑군 수성현이라고 우긴 것이다. 진나라는 서진西晉(266~316년)과 동진東晉(317~420년)으로 나뉘는데 무제武帝 사마염司馬炎이 건국한 서진은 낙양에 도읍했으나 불과 50년 만에 멸망하고 양자강 유역으로 쫓겨 내려가 양자강 유역의 건강建康(현재의 강소성 남경 부근)에 동진을 세웠다. 제 몸 하나 건사하기 쉽지 않은 왕조라는 뜻인데, 이런 왕조에서 무슨 재주로 한반도 북부까지 차지하고 다스렸다는 것인지 알 수 없다. 결국 이병도가 황해도 수안을 낙랑군 수성현이라고 주장하는 근거는 수遂 자가 같다는 것뿐이다.

그러나 '수' 자의 연혁을 추적해보면 이병도가 『신증동국여지승람』을 근거로 수성현을 수안으로 비정한 것이 그가 주창한 이른바 실증사학에도 크게 위배되는 행위라는 사실을 알 수 있다. 『신증동국여지승람』 '수안군 건치연혁建置沿革조'에 수안이란 이름을 사용한 시기가 나오기 때문이다.

> 원래 고구려의 장색현獐塞縣이다. 고소어古所於라고도 한다. 신라 때 서암군栖巖郡의 영현領縣(속현)이 되었으며, 고려 초기에 지금 이름[今名, 수안]으로 고쳤다.
>
> – 『신증동국여지승람』, '수안군 건치연혁조'

- "遂安縣, 本高句麗, 獐塞縣(一云古所於), 新羅時栖巖郡領縣, 高麗初改今名".(『高麗史』,「地理志」)

수안은 고구려 시절에는 장색현이었고, 통일신라시대에는 서암군의 속현이었다가 고려 초기에 수안군으로 바뀌었다는 내용이다. 이는 『고려사』「지리지」 '수안현조'를 보고 쓴 것이다. 『고려사』「지리지」는 "수안현은 원래 고구려의 장색현獐塞縣이다.(고소어古所於라고도 한다) 신라 때는 서암군의 영현이다가 고려 초에 지금의 이름으로 고쳤다"●고 썼다. 따라서 수안이란 이름은 아무리 빨라도 고려 초, 곧 10세기 이전에는 생길 수 없다. 이병도가 인용한 『신증동국여지승람』에 나오는 내용이므로 이 구절을 못 보았을 리 없다. 그럼에도 그는 10세기 이후에 생긴 수안을 서기전 2세기 초에 생겼다는 수성현에 갖다 붙인 것이다. 이런 식의 위치비정이 '식민사학 맘대로 위치비정'이자 '이병도 맘대로 위치비정'이다. 낙랑군에 속해 있었다는 둔유현에 대해서도 이병도는 자기 맘대로 위치비정을 했는데 이 부분은 후술할 것이다. 고산자 김정호는 『대동지지』에서 "고려 태조 23년(940)에 수안으로 고쳤다"고 썼다. 고려 초기까지 한반도 북부에는 수성현은커녕 수안현도 없었다. 이런 사실을 잘 알고 있으면서도 고대판 조선총독부인 한사군과 만리장성을 한반도 내부로 끌어들이기 위해 마음대로 사료를 왜곡하고 무시한 것이다. 일제 식민사관에 대한 추종이 뼛속 깊이 새겨져 있지 않으면 나올 수 없는 주장이다.

갈석산을 찾아서

이병도가 수성현을 황해도 수안으로 비정한 것은 아무런 근거가 없음을 확인했다. 요동산은 요동산이지 갈석산이 될 수는 없다. 수성현 갈석산을 찾아보자. 갈석산을 찾는 것은 너무도 간단하다. 앞서 말한 대로『중국역사지도집』제2권에서는 하북성 창려현 부근에 대갈석산을 그려놓았기 때문이다. 수성현을 한반도 북부로 그려놓은 중국인들이 갈석산은 한반도 북부에 표시하지 못하고 하북성 창려현 부근으로 표시할 수밖에 없었던 것은 갈석산이 워낙 유명한 산이기 때문이다. 중국에서 갈석산은 금강산이나 설악산만큼이나 유명하다.

원래 갈석산은 양설이 있는데, 지금의 창려현 부근이라는 설과 창려현에서 동쪽으로 조금 떨어진 해변 도시인 요녕성 흥성興城이라는 설이 그것이다. 창려현 갈석산이 진짜 갈석산이라는 것이 다수의 주장이고 흥성설은 소수의 주장인데, 흥성설은 『당육전唐六典』 '상서호부尚書戶部조'에 "갈석은 영주의 동쪽에 있다"●는 기록에서 유

> ●"碣石之山, 恒岳在焉─林盧在相州西, 白鹿在衛州北, 對龍在趙州西, 井陘在恒州西, 碣石在營州東, 恒山北岳在定州恒陽縣".(『唐六典』, '尚書戶部')

래되었다. 그러나 1980년대 중국의 고고학자들이 진황도秦皇島시 산해관 구내區內에서 맹강녀孟姜女의 무덤과 유물을 발견한 뒤 창려현 북쪽이 갈석산이라는 설이 더 확고해졌다.

맹강녀와 관련해서는 『시경詩經』 「소아小雅」에 "저 아름다운 맹강이여[彼美孟姜]"라는 시구가 있다. 고사故事에 따르면 맹강녀는 신혼 시절 남편 범기량范杞良이 장성 수축에 동원되었다가 돌아오지 않자 겨울옷을 준비해 찾아 나섰으나 남편은 이미 죽어 장성 아래 묻힌 뒤였다. 때마침 진시황이 그곳에 와서 남편의 시신을 찾는 맹강녀를 발견하고 첩으로 삼으려 하자 맹강녀는 남편의 유골을 수습해 성대하게 장례를 치러달라고 했다. 진시황이 맹강녀의 요구대로 장례를 치러주었으나 장례가 끝난 후 맹강녀는 바다에 몸을 던져 자살했다고 한다. 현재 산해관 부근 바닷가에는 맹강녀의 조상彫像이 세워져 있다. 그런가 하면 『좌전左傳』 '양공襄公조'에 나오는 제齊나라 무장 기량杞梁의 처를 맹강녀로 추측하기도 한다. 한나라 유향劉向(서기전 77~서기전 6년)이 지은 『열녀전列女傳』에는 맹강녀가 통곡하자 장성이 무너졌다는 이야기가 실려 있기도 하다.

『사기』 「태강지리지」에서는 "낙랑군 수성현에는 갈석산이 있는데……"라고 쓰고 있으므로 수성을 한반도 내부로 비정했으면 갈석산도 한반도 내부로 표시해야 했지만 갈석산이 워낙 유명하기 때문에 할 수 없이 원위치에 표기해놓은 것이다. 거짓말은 하나만 들어보면 진짜 같지만 여러 말을 종합해보면 논리의 모순이 생기게 마련이다. 이병도나 중국 사회과학원의 위치비정이 그런 경우다. 다만 이병도는 자신의 주장이 맞다는 확신을 갖고 있었던 반면 중국 사회과학원은 자신들의 설명이 맞지 않다는 사실을 알면서도 한국 주류 사학계의 위치비정이 자신들에게 유리하므로 그렇게 주장하는 것이다. 갈석산의 위치 논란에 대해서는 "하북성 창려현에 답사 한 번 가보면 안다"는 말로도 끝낼 수 있다.

고대에는 갈석산을 어디라고 인식했는지 살펴보자. 『진서』는 당 태종이 정관貞觀 연간(644~646년)에 방현령房玄齡·이연수李延壽 등 20여 명을 시켜 편찬하게 한 서진과 동진의 역사서인데, 그 당시 당태종은 고구려를 침공했다가 당한 뼈아픈 패배 때문에 동이족에 대한 감정이 극도로 좋지 않았다. 그래서 『진서』 「동이열전」에 고구려·백제·신라 조항을 없애고 '부여夫餘·마한馬韓·진한辰韓·숙신肅愼'이라고 기록했다. 3세기부터 5세기의 역사를 기록했으나 고구려·백제·신라가 없었다고 우긴 것이다. 아무리 고구려에 당한 패배가 뼛속 깊이 사무쳤다 해도 지나친 처사다. 그런데도 이병도는 갈석산이 요서에 있다고 쓴 『사기』는 인용하지 않고 『진서』를 인용해 황해도 수안의 요동산을 갈석산으로 둔갑시켰다.

갈석碣石이란 이름은 '돌[石]로 새긴 비석[碣]'이 있기 때문에 붙여진 이름이다. 갈석산에 비석을 세운 인물은 다름 아닌 진시황이다. 갈석산 동쪽에 진황도시가 있는데 이는 진시황이 왔다고 해서 붙여진 이름이다. 진시황은 천하를 평정한 후인 서기전 220년부터 215년까지 자신이 차지한 영토를 순시했는데 동쪽 끝으로 갈석산까지 왔다. 이곳까지가 진시황 때 진나라의 강역이었고, 그 동쪽은 고조선의 강역이었다.

『사기』 「진시황본기」는 천하를 36군으로 삼은 내용과 법률과 도

갈석산(위)과 갈석산 각자(오른쪽). 갈석산은 진시황과 한무제 등 아홉 명의 황제가 오른 유명한 산이다.

88 한국사, 그들이 숨긴 진실

량형, 수레의 궤 폭을 통일했으며 같은 문자를 쓰게 한 내용을 적고 진시황의 영토에 대해서도 "영토가 동쪽으로는 바다와 조선까지 이르렀다"고 기술했다. 또한 『사기』 「진시황본기」 '32년(서기전 215)조'는 "진시황이 갈석산에 가서 연나라 사람 노생에게 선문羨門과 고서高誓란 인물을 찾게 하고 석문石門에 비를 새기게 했다"●고 기록하고 있다. 선문이란 인물에 대해 『사기집해』는 "옛 선인仙人이다"라고, 고서에 대해서는 『사기정의』에서 "역시 옛 선인이다"라고 하며 도교 인물로 설명했다. 진시황은 도교에 심취했고 불로장생不老長生에 관심이 많았기에 이들을 찾으라고 명한 것이다. 본문의 "각갈석문刻碣石門(석문에 비를 새기게 했다)"이란 문장이 훗날 이 산의 이름으로 변한 것으로 추측된다.

한 무제가 서기전 110년 갈석에 왔다는 기록도 있다. 『한서』 「무제본기」의 "태산에 행차했다가 다시 동으로 바다 위로 순행해 갈석에 이르렀다"●●는 기록이 그것이다. 이 구절에 문영文穎은 "갈석산은 요서군 류현絫縣에 있다. 류현은 지금은 없어졌는데 임유현에 속했다. 이 돌은 해변가에 우뚝하다"●●●고 주석을 달아놓았다. 문영은 전한 말기의 역사학자인데 갈석산 부근의 바닷가에 솟은 돌도 갈석산의 일부로 보았다. 또한 『중국역사지도집』은 류현을 지금의 창려현 바로 곁에 있었던 것으로 묘사했다.

김정호는 『대동지지』 「방여총지」에서 류현에 대해 『수경주』에 류현 갈석산은 바다에 기둥처럼 서 있는데 세상에서는 천교라고 한다. 류현

● "始皇之碣石, 使燕人盧生求羨門高誓, 刻碣石門". (『史記』, 「秦始皇本紀」)
●● "行自泰山, 復東巡海上, 至碣石". (『漢書』, 「武帝本紀」)
●●● 文穎曰, "在遼西絫縣. 絫縣今罷, 屬臨渝, 此石著海旁". (『漢書』, 「武帝本紀」 註釋)

> "水經注, 絫縣碣石山 枕海有大石如柱形 世名天橋 絫縣古城 在昌驪縣西南"(『大東地志』,「方輿總志」)

은 고성인데 지금은 창려현 서남쪽에 있다"●고 썼다. 그런데 김정호는 이 기술 뒤에 의미심장한 기술을 덧붙여놓았다.

> 『성경지盛京志』에 류현은 광녕廣寧 서북쪽에 있었는데 후에는 고구려에 속했고 요나라 때는 의주宜州, 금나라 때는 의주義州, 원나라 때는 대녕로大寧路에 속했다.

김정호가 비정한 요나라 때 의주 등은 현재의 요하 서쪽 요녕성 금주錦州시 북쪽의 의현義縣이다. 한때 이 지역까지 고구려가 차지했다는 뜻이다. 한국 주류 사학계는 고구려가 현재의 요하를 건너지 못했다고 주장하고 있다. 되도록 한국에 불리하게 지리 고증을 하는 일제 식민사학의 습성이 반영된 것이다.

조선 후기 성해응成海應(1760~1839년)은 『연경재전집研經齋全集』「한이군고漢二郡考」에서 임둔·진번은 『한서』「지리지」에 나오지 않는다는 점을 지적하며 갈석산에 대한 의문점을 제기했다.

> 수성현은 현재 어디인지 알 수 없다. 두우杜佑는 『통전通典』에서 "갈석산은 한 낙랑군 수성현에 있고, 진 장성이 동으로 요수遼水에서 끊기는데 여기에서 일어나고 유지遺址가 아직도 남아 있다"고 했지만 옳지 않다. 낙랑군의 경계는 압록강 이남이지만 진 장성은 여기에서 일어나지 않았다. 또 갈석산이 우리 땅에 있다는 말도 듣지 못했다.
>
> - 성해응, 『연경재전집』,「한이군고」

낙랑군이 한반도 북부에 있었다는 견해는 고려 중기 이후 유학자들이 은殷나라 출신 기자箕子를 민족의 시조로 여기며 확산되었다. 성해응도 그 영향을 받았으므로 낙랑군을 압록강 남쪽으로 여겼지만 아무리 찾아도 진 장성과 갈석산이 조선 땅에 없으므로 문제를 제기했던 것이다.

이병도도 최소한 이 정도의 문제의식을 갖고 위치비정에 나섰다면 아무리 식민사학자 이나바를 존경한다고 해도 낙랑군 수성현을 황해도 수안군으로 비정하는 희극에 가까운 비극은 연출하지 않았을 것이다.

한 무제가 서기전 110년에 바다로 갈석산에 올랐다는 기사는 큰 의미를 갖는다. 바로 다음해에 조한전쟁이 벌어졌기 때문이다. 무제는 갈석산에 올라 조선 땅을 바라보며 정벌을 결심했을 것이다. 그러나 고조선 왕실은 무너뜨렸지만 조선 땅을 차지하는 데는 실패했다. 국경 부근의 극히 일부만을 차지하고 그 자리에 한사군을 설치했다. 이 때문에 전쟁에 나섰던 장군들을 모두 사형시키고 국경 부근에 이른바 한사군을 설치했던 것이다.

삼국시대 위나라 조조는 서기 207년 유성柳城(현재의 요녕성 조양시)을 정벌하고 돌아가다가 갈석산에 올라 「푸른 바다를 바라보노라[觀滄海]」라는 시를 남겼다. "동으로 갈석산에 임해, 푸른 바다를 바라보노라[東臨碣石以觀滄海]"로 시작하는 조조의 시는 현재도 갈석산 중턱에 음각되어 있다. 북위의 문성제文成帝는 458년, 북제北齊 문선제文宣帝는 553년 갈석산에 올랐다. 갈석산은 진시황을 비롯해 아홉 명의 황제가 오른 유명한 산이다. 그렇기 때문에 중국인들은 수성현은 한반도 북부로 비정했지만 그 근처에 갈석산까지 그려놓지 못한 것이다.

창려현은 수성현인가?

그럼 현재 갈석산이 있는 창려현이 과연 과거의 수성현인가를 살펴보자. 중국인들의 고대 동북 지역에 대한 역사지리인식은 뒤죽박죽이다. 앞의 사료와 뒤의 사료의 위치비정이 서로 모순된다. 그 핵심 이유는 요동군의 위치비정이 잘못된 데 있다. 요동군을 원래의 위치보다 훨씬 동쪽으로 비정했기 때문이다. 고대에 한반도까지 점령한 것으로 하려다 보니 요동군을 원위치보다 만주 동쪽으로 그려놓을 수밖에 없었다. 중국 사서에 나타나는 위치비정은 이런 점을 염두에 두고 해석해야 한다.

먼저 『수서隋書』 「지리지」 '상곡군上谷郡조'를 보자. 『수서』는 고구려를 침공했다가 멸망한 수나라의 정사인데, 여기에 "상곡군은 개황開皇 원년(581년) 이주易州에 설치했다. 6개 현을 관리하며 호수는 3만 8천 7백이다"●는 구절이 있다. 6개 현 중에 수성현 조항이 나온다.

● "上谷郡開皇元年置易州. 統縣六, 戶三萬八千七百".(『隋書』, 「地理志」 '上谷郡')

수성현 : 옛날에는 무수武遂라고 불렀는데, 후위後衛에서 남영주南營州로 삼았다. 영주營州는 5군 11현을 비준했는데 용성·광흥·정

황 현은 창려군昌黎郡에 속한다. 석성·광도 현은 건덕군에 속한다. 양평·신창 현은 요동군에 속한다. 영락永樂현은 낙랑군에 속한다. 부평·대방帶方·영안永安 현은 영구營丘군에 속한다.●

수성현은 후위 시절 남영주로 이름이 바뀌었는데, 11개 현이 있었다. 그 이름은 용성·광흥·정황·석성·광도·양평·신창·영락·부평·대방·영안 현이다. 11개 현 중 행정구역 개편에 따라 용성·광흥·정황 현은 창려군에 속하게 되었고, 석성·광도 현은 건덕군, 양평·신창 현은 요동군, 영락현은 낙랑군, 부평·대방·영안 현은 영구군에 각각 속하는 것으로 바뀌었다는 뜻이다. 수성현에 속했던 11개 현이 5군으로 나뉜 것으로 봐서 수성은 상당히 넓은 지역이었을 것이다. 당연히 수성현을 포함했던 상곡군은 더 넓은 지역을 차지하고 있었을 것이다.

현재 중국에서는 수나라 때의 상곡군을 북경 서남쪽 이현易縣 부근으로 비정하고 있다. 『사기집해』는 서광의 말을 인용해 "무수는 안평安平에 속해 있다"●●고 했는데, 이때의 안평은 이현보다 훨씬 아래쪽인 석가장石家庄시 부근으로 그려놓고 있다. 이에 대해 『사기정의』는 『괄지지』의 표현을 인용해 "이주易州 수성현은 전국시대의 무수성武遂城이다. 그 성은 옛 유주 고안현固安縣 남쪽 17리에 있다"●●●고 적었다. 전국시대의 고안현은 현재의 북경보다 남쪽에

● "遂城舊日武遂. 後魏置南營州, 准營州置五郡十一縣: 龍城, 廣興, 定荒屬昌黎郡; 石城, 廣都屬建德郡; [四二]襄平, 新昌屬遼東郡; 永樂屬樂浪郡; 富平, 帶方, 永安屬營丘郡".(『隋書』, 「地理志」 '上谷郡')
●● 集解徐廣日, "武遂屬安平".(『史記』, 「趙世家」)
●●● 正義括地志云, "易州遂城, 戰國時武遂城也. 方城故在幽州固安縣南十七里".(『史記』, 「趙世家」)

위치해 있었다. 이는 중국의 위치비정이 얼마나 혼동된 것인지를 보여준다. 상곡군이나 무수현에 대해 중국의 여러 사료들이 제각각인 이유는 그 범위를 지나치게 넓게 잡은 데서 기인한 것이다. 그렇기 때문에 『수서』「지리지」의 수성에 속해 있던 11개 현의 위치를 모두 비정해야 갈석산이 위치한 낙랑군 수성현이 어디인지 찾을 수 있다. 『수서』「지리지」 '수성현조'에 나오는 11개 현에 관한 내용을 풀어보자.

① 용성, ② 광흥, ③ 정황은 창려군에 속해 있다[龍城, 廣興, 定荒屬昌黎郡]

④ 석성, ⑤ 광도는 건덕군에 속해 있다[石城·廣都屬建德郡]

⑥ 양평, ⑦ 신창은 요동군에 속해 있다[襄平·新昌屬遼東郡]

⑧ 영락은 낙랑군에 속해 있다[永樂屬樂浪郡]

⑨ 부평, ⑩ 대방, ⑪ 영안은 영구군에 속해 있다[富平·帶方·永安屬營丘郡]

수성현은 훗날 '창려군·건덕군·요동군·낙랑군·영구군' 등 5군으로 나누어졌다는 뜻이다. 여기에서 주목할 곳이 요동군에 속해 있던 신창현이다. 『수서』「지리지」 '북평군北平郡조'에 북평군은 호수가 2,269호에 노룡盧龍현 하나만 거느렸던 것으로 나온다. 그 노룡현에 대한 설명이 "낙랑군 수성현에는 갈석산이 있는데 (만리)장성의 기점이다"는 「태강지리지」 기사의 궁금증을 풀어준다. 『수서』「지리지」 '북평군조'를 더 살펴보자.

노룡 : 옛날에 북평군을 설치한 곳으로 신창현과 조선현 두 현을 거느렸다. 후제後齊에서 조선현을 없애고 신창현에 편입시켰고, 또 요서군도 없앴으며, 아울러 관할하던 해양海陽현을 비여肥如현에 편입시켰다. 개황開皇 6년(586)에 또 비여현을 없애고 신창현에 편입시켰으며, 개황 18년(598)에 노룡현으로 이름을 바꿨다.

● 盧龍-舊置北平郡, 領新昌, 朝鮮二縣, 後齊省朝鮮入新昌, 又省遼西郡并所領海陽縣入肥如. 開皇六年又省肥如入新昌, 十八年改名盧龍.(『隋書』, 「地理志」 '北平郡')

여기에 나오는 조선현은 물론 고조선의 도읍지에 설치한 낙랑군 조선현의 후신이다. 한국 주류 사학계는 조선현을 대동강변 토성동으로 비정했다. 이들의 말이 맞다면 대동강은 중국 노룡현 지역에 있는 강이어야 한다. 노룡현은 북평군 지역에 설치했고 조선현과 신창현을 거느리고 있었으며, 후제에서는 조선현을 신창현에 편입시켰다. 곧 노룡현이 과거 고조선의 수도를 편입한 지역이라는 뜻이다. "요서군도 없앴다"는 것은 과거 이곳이 요서군 지역이라는 뜻이다.

그럼 신창현과 조선현을 거느렸던 수나라 북평군은 어디였을까? 『중국역사지도집』 제5권 '수·당·오대십국시기'의 지도에서는 북평군을 갈석산이 있는 현재의 창려현 부근으로 그려놓았다. 조선군을 편입한 노룡현의 전신인 북평군은 현재의 창려현을 포함한 지역이다. 대동강 유역이 아니다.

이 대목에서 조선현을 대동강변 토성동으로 비정한 일제 식민사관, 중국 동북공정 그리고 한국 주류 사학계의 논리는 모두 무너진다. 노룡현에 대한 『수서』 「지리지」 '북평군조'의 설명을 더 살펴보면 갈석산이 있고 장성이 있던 수성현이 어디인지 확연히 드러난다.

> 노룡현 : ……대업大業(605~617년) 초에 북평군을 설치했는데, 장성이 있고 장성의 관문을 관장하는 관부가 있고 임유궁臨渝宮이 있고 복주산覆舟山이 있고 갈석산이 있다. 현수玄水·노수盧水·온수溫水·윤수閏水·용선수龍鮮水·거량수巨梁水가 있고 바다가 있다.●

● "大業初置北平郡. 有長城. 有關官. 有臨渝宮. 有覆舟山. 有碣石. 有玄水, 盧水, 溫水, 閏水, 龍鮮水, 巨梁水. 有海".(『隋書』,「地理志」'北平郡')
●● "北齊屬北平郡. 隋開皇中, 省肥如, 入新昌. 十八年改新昌曰盧龍. 唐爲平州".(『遼史』,「地理志」'盧龍縣')

북평군 노룡현에 만리장성이 있고 갈석산이 있었다는 뜻이다. 지금까지 살펴본 내용을 정리하면 이렇다. 수나라 때 상곡군에는 수성현이 있었다. 수성현에는 11개 속현이 있었는데 그중 하나가 신창현이다. 신창현은 조선현을 편입한 지역이었다. 그 신창현이 수나라 때 노룡현으로 바뀌었다. 그 노룡현에는 장성이 있고 갈석산이 있었다. 곧 「태강지리지」의 "낙랑군 수성현에는 갈석산이 있는데 (만리)장성의 기점이다"는 구절이 뜻하는 수성은 곧 현재의 창려현 부근에 있던 수나라 때의 북평군 노룡현 근방이다.

『요사』「지리지」'노룡현조'를 보면 노룡현은 "북제 때 북평군에 속했다가 수나라 개황 중에 비여현을 없애고 신창현에 편입시켰으며, 개황 18년(598)에 신창을 노룡으로 개칭했는데, 당나라에서 평주로 삼았다"●●고 되어 있다. 당나라 때 노룡은 갈석산이 있는 창려현보다 약간 북쪽이었다. 『신당서新唐書』「지리지」'하북도河北道

조'의 평주북평군平州北平郡 항목에
서는 "평주북평군의 치소가 노룡인
데, 노룡현 산하의 12개 방어 기지
[戌] 중에 창려가 있다"•고 했다. 갈
석산과 장성이 있는 수성현의 이름
은 지금까지 여러 차례 바뀌었지만
결국 현재의 창려현 지역이란 뜻이

> • "平州北平郡, 下. 初治臨渝, 武德元年 徙治盧龍······ 有府一, 曰盧龍. 有盧 龍軍, 天寶二載置. 又有柳城軍, 永泰 元年置. 有溫溝, 白望, 西狹石, 東狹 石, 綠疇, 米磚, 長楊, 黃花, 紫蒙, 白 狼, 昌黎, 遼西等十二戍". (『新唐書』, 「地理志」 '河北道')
> •• "海謂渤海南至揚蘇台等州之東海 也". (『史記』, 「秦始皇本紀」 註釋)

다. 이것이 중국 여러 고대 사서들을 추적한 결과 나타난 결론이다. 이나바나 이병도의 수안설은 단 한 가지의 근거도 제시하지 못하는 그들 머릿속의 환상일 뿐이다. 이제 낙랑군 수성현이 황해도 수안이라는 주장은 더 이상 성립될 수 없다.

고조선의 수도 험독성은 어디 있었는가?

고조선의 수도는 왕험성인데 험독성險瀆城이라고도 한다. 『사기』 「진시황본기」는 진시황이 통일한 영토가 "동쪽으로는 바다와 조선에까지 이른다"고 했다. 바다와 관련해서 『사기정의』는 주석에 "동으로 바다에 이르렀다는 말은 발해 남쪽에서 양주揚州·소주蘇州·태주台州 등의 동쪽 바다를 뜻하는 것이다"••라고 풀어놓았다. 이 무렵 중국인들의 바다 개념은 발해 서쪽에서 그 남쪽을 뜻하는 것이었다. 여기가 고조선과의 국경이었다는 뜻이다. 또한 『사기』 「진시황본기」의 조선에 대해 『괄지지』는 "원래 한나라 낙랑군 황험성

> - "東走出塞, 渡浿水, 居秦故空地上下 鄣, 稍役屬眞番·朝鮮蠻夷及故燕· 齊亡命者王之, 都王險".(『史記』, 「朝 鮮列傳」)
> - ●● 集解徐廣曰, "昌黎有險瀆縣也".(『史 記』, 「朝鮮列傳」 註釋)
> - ●●● 應劭注, "地理志遼東險瀆縣, 朝鮮 王舊都".(『史記』, 「朝鮮列傳」 註釋)

인데, 곧 고조선이다"라고도 했다.

『사기』「조선열전」은 왕험성에 대해서 이렇게 설명했다.

> (위만이) 동쪽으로 도망하여 요새[塞]를 나와 패수를 건너 진秦의 옛 빈 땅인 상하장에 살았다. 점차 진번·조선의 만이蠻夷와 옛날 연燕·제齊의 망명자를 투속시켜 왕이 되었는데, 왕험성에 도읍했다.●

위만이 도읍한 곳이 왕험성이란 뜻이다. 이곳은 원래 고조선의 준왕의 도읍지였다가 위만에게 빼앗기고 준왕은 좀 더 동쪽으로 이주했다.

그럼 하북성 창려현과 고조선 수도 왕험성은 어떤 관계에 있었는가? 『사기』 「조선열전」의 왕험성에 대한 『사기집해』의 주석이 우리의 궁금증을 풀어준다.

> 서광이, "창려에 험독현이 있었다"고 했다.●●

서광은 창려에 고조선의 수도 험독성이 있었다고 한 것이다. 서광보다 이른 후한後漢 말기에서 삼국시대 초기 때 인물인 응소는 왕험성에 대한 주석에서 "「지리지」에 따르면 요동 험독현은 조선왕의 옛 도읍이다"●●●라고 말했다. 응소는 또 『한서』「지리지」에 나오는 요동군 험독현에 대해서는 "조선왕 위만의 도읍지다. 물이 험한

데 의존하므로 험독이라고 말한다"
라고도 했다. 이때의 험독은 '험한
강물'이라는 뜻이다. 고대 중국인들

● 臣瓚云, "王險城在樂浪郡浿水之東".(『史記』,「朝鮮列傳」註釋)

은 고조선의 도성인 왕험성이 창려현에 있었다는 사실을 알고 있었다. 『사기』「조선열전」의 왕험성에 대한 주석에서 신찬은 "왕험성은 낙랑군에 있는데 패수의 동쪽에 있다"●고 설명했다. 물론 여기에서 말하는 패수는 대동강이나 청천강이 아님은 물론이다.

그런데 『한서』「지리지」의 요동군 험독현에 대해 신찬은 "왕험성은 낙랑군에 있는데 패수의 동쪽에 있다"는 기존의 주석 외에 "험독에서부터 비롯되었다[此自是險瀆也]"는 주석을 덧붙였다. 왕험성이란 이름은 이 지역을 흐르는 강물이 험한 데서 비롯되었다는 뜻이다. 지금까지 살펴본 왕험성에 대한 중국의 고대 사서 주석가들의 논리를 정리하면 이렇다.

① 왕험성이 험독성인데 창려현에 있었다.(서광)
② 험독성은 위만 조선의 옛 도읍지다.(응소)
③ 왕험성은 낙랑군에 있고 패수의 동쪽에 있다.(신찬)

세 가지 내용을 종합하면 위만조선의 수도인 왕험성은 창려현에 있었고, 패수의 동쪽에 있었으며, 왕험성의 서쪽에 패수가 흐르고 있었다는 뜻이다. 낙랑군 수성현이 있던 창려현의 서쪽을 흐르는 험한 강은 난하다. 곧 지금의 난하가 패수가 되는 것이고, 이 강이 고조선과 한나라의 국경선이었다.

난하 전경. 낙랑군 수성현이 있던 창려현의 서쪽을 흐르는 강이다. 고조선과 한나라의 국경선 역할을 했다.

이것이 고대 중국의 『사기』 주석가들이 갖고 있던 왕험성과 패수에 대한 역사지리인식이다. 패수를 압록강이나 청천강, 혹은 대동강으로 비정하는 논리들은 모두 중국 고대 사서의 기록에 의해 설득력을 잃는다. 현재 중국의 여러 역사지도들의 내몽골·만주 대륙에 대한 고대 위치비정이 엉망인 이유 중의 하나가 요동과 패수의 위치를 잘못 잡은 데 있다. 두 나라의 국경이었던 패수를 지금의 압록강이나 청천강, 혹은 청천강보다 조금 북쪽인 대령강으로 비정해놓고 『사기』·『한서』·『후한서』 등에 나오는 요동군·요서군·낙랑군의 위치를 비정하려니 맞지 않을 수밖에 없는 것이다.

장성의 끝

『사기』「태강지리지」는 "낙랑군 수성현에는 갈석산이 있는데 (만리)장성의 기점이다"라고 기록했으니 이제 만리장성을 찾아볼 차례다. 진시황이 갈석산에 오른 것은 자신이 차지한 영토의 끝까지 가보고 싶었기 때문이다. 순행 과정에서 황제의 위엄을 보여 군현을 복종시키려는 목적도 있었다. 진시황의 통일 과정에 격렬하게 반발한 나라가 연燕이다. 그 유명한 자객 형가荊軻도 연나라에서 보낸 인물이다. 연나라의 동쪽 경계는 고조선과 맞닿아 있었다. 사마천은 『사기』「연소공세가燕召公世家」와 「자객열전刺客列傳」에 연나라 태자 단丹이 보낸 자객 형가가 진시황을 암살하려 했던 사건을 자세하게 적어놓았다. 이때 자객 형가가 태자와 헤어진 곳이 역수易水다.

> 연나라는 진나라가 또 6국을 모두 멸망시키고 진나라 병사가 역수까지 진격하자 화가 또 연나라에 미칠 것을 우려했다. 태자 단은 몰래 장사 20명을 양성하고 형가에게 독항督亢 지역의 지도를 진나라에 바치도록 해서 진왕을 습격해 살해하도록 시켰다.
>
> – 『사기』, 「연소공세가」

역수에 대해 『사기집해』는 서광의 말을 인용해 "탁군涿郡 고안故安현에서 나오는 강이다"●라고 설명했다. 고안은 현재 북경과 천진 사이의 삼각점쯤에 있는 도시다. 이 부근이 연나라와 진나라가 대치하

● 集解徐廣曰, "出涿郡故安也".(『史記』,「燕召公世家」註釋)

- 二世與趙高謀曰, "朕年少, 初即位, 黔首未集附. 先帝巡行郡縣, 以示彊, 威服海內. 今晏然不巡行, 即見弱, 毋以臣畜天下".(『史記』,「秦始皇本紀」)
- "春, 二世東行郡縣, 李斯從. 到碣石, 並海, 南至會稽".(『史記』,「秦始皇本紀」)

던 국경이었다.

끝까지 저항하던 연나라를 멸망시키고 통일을 달성한 진시황은 연나라의 강역 끝, 곧 고조선과의 국경까지 가보고 싶었다. 그래서 갈석산에 올랐던 것이다. 갈석산 부근의 난하는 고대에 현수玄水라 했다. 진의 이세 황제도 부왕의 뒤를 이어 갈석산에 올랐다. 『사기』「진시황본기」'이세 황제 즉위 원년(서기전 209)조'에는 다음과 같은 기록이 있다.

> 이세 황제는 조고趙高에게 이렇게 말했다. "짐이 연소하고 이제 막 즉위했는데 백성들이 따르지 않는다. 선제께서는 군현을 순행하셔서 강함을 보이심으로 해내海內를 위세로서 복속시키셨다. 지금 비록 편안하지만 순행하지 않는다면 약하게 보여서 천하를 통치하지 못할 것이다."●

드디어 이세 황제도 순행에 나섰는데, 『사기』「진시황본기」는 "봄에 이세 황제가 동쪽 군현을 순행하는데 이사李斯가 호종했다. 갈석산에 이른 다음 바다를 끼고 남으로 회계산에 도착했다"●●고 전한다.

갈석산까지 갔다가 바다를 끼고 남으로 방향을 틀었다는 것은 아들 호해도 부친 시황제처럼 동쪽 갈석산까지만 진나라 영토로 인식했다는 뜻이다. 『한서』의 무제가 "태산에 행차했다가 다시 동으로 바다 위로 순행해 갈석에 이르렀다"는 구절도 한나라의 동쪽 영토가 갈석산까지임을 말해준다.

그렇다면 갈석산과 장성의 관계는 어떠한가? 『사기정의』는 『사기』 「진본기」 '효공孝公조'의 주석에서 "대개 장성을 쌓음으로써 진나라와 경계를 삼았다"●라고 했다. 장성은 진시황이 처음 쌓은 것이 아니다. 전국시대 각 나라들은 장성을 쌓아 다른 민족이나 국가의 경계로 삼았다. 장성의 동쪽 끝은 고조선과 진나라의 국경이 되었다. 『한서』 「서역열전」도 진시황이 "장성을 쌓아서 중국의 경계로 삼았다[築長城, 界中國]"고 썼다. 조趙·위魏 나라를 비롯해 여러 나라들이 장성을 쌓았는데 진시황이 이를 개축하고 길게 연결시킨 것이 만리장성이다. 진시황 때 장성을 개축한 당사자는 몽염蒙恬이다. 『사기』 「몽염열전」에는 이런 구절이 있다.

> 시황제 26년. 몽염은 집안이 대대로 진나라의 장군을 지냈으므로 진나라 장군이 되어 제齊나라를 공격해 대파시키고 내사內史(장관)를 제수 받았다. 진이 천하를 차지하자 몽염에게 30만 군사를 주어 북의 융적戎狄을 쫓아내게 하고 하남河南을 거두었다. 장성을 쌓는 데 지형이 험한 곳을 이용해 요새로 삼았으며 임조臨洮에서 시작해 요동遼東까지 길이가 만 리에 이르렀다.●●

여기에서 만리장성이란 말이 나온 것이다. 이 기사에서 "임조에서 시작해 요동까지"는 대단히 중요한 대목이다. 고대에 요동이 어디를 뜻하는지 말해주기 때문이다. 『중국역

- ● "皆築長城以界秦境".(『史記』, 「秦本紀」 註釋)
- ●● "始皇二十六年, 蒙恬因家世得爲秦將, 攻齊, 大破之, 拜爲內史. 秦已幷天下, 乃使蒙恬將三十萬衆北逐戎狄, 收河南築長城, 因地形, 用制險塞, 起臨洮, 至遼東, 延袤萬餘里".(『史記』, 「蒙恬列傳」)

> "正義遼東郡在遼水東, 始皇築長城東至遼水, 西南至海".(『史記』,「蒙恬列傳」註釋)

사지도집』은 현재 만리장성의 동쪽 끝을 한반도 북부까지 연장해놓았다. 일제 식민사학자들과 이병도 등의 역사지리인식을 그대로 수용한 결과다.『사기』는 만리장성의 동쪽 끝을 요동이라고 했다. 만리장성을 황해도 수안까지 연결시키려면 황해도가 요동이어야 한다. 그런데 평안도, 황해도가 요동이라면 굳이 최영은 요동 수복이란 말을 쓸 필요도 없었고, 압록강 이북까지 군대를 보낼 필요도 없었다. 황해도가 요동인데 무슨 요동 수복이 필요하겠는가?

『사기』「몽염열전」에 나오는 '요동'에 대해『사기정의』는 "요동군은 요수의 동쪽에 있는데, 진시황이 쌓은 장성은 동쪽으로 요수遼水에 이르고 서남쪽으로 바다에 이른다"고 했다. 진시황 때 몽염이 쌓은 만리장성은 동쪽으로 요수까지 이르러 서남쪽으로 바다에 닿았다는 뜻이다. 만리장성의 동쪽 끝이 요수라는 것이다. 이때의 요수를 경계로 그 동쪽은 요동遼東, 서쪽은 요서遼西가 되는 것이다. 그런데 현재의 요하와 과거의 요수는 그 위치가 다르다. 현재의 요하는 심양 서쪽으로 흘러 요동만의 영구營口시로 빠져 발해와 합류한다. 그러나 진시황시대의 요수나 요하는 글자 그대로 '먼 강'을 뜻했지 현재의 요하가 아니다. 당시 낙양과 서안 등을 중심으로 여긴 중국인들은 '먼 강'이라는 뜻으로 요수·요하라는 명칭을 사용했다.

『설원說苑』'변물辨物조'에는 제齊나라 환공桓公이 관중과 함께 지금의 하북성河北省 북부에 있던 산융山戎을 토벌하고, 고죽국孤竹國을 공격하는 기사가 있다. 그들은 고죽국에 이르기 전 비이卑耳라

한반도 북부까지 연장해놓은 만리장성. 중국사회과학원에서 공식 간행한 『중국역사지도집』에 그려져 있는 만리장성의 동쪽 끝.

는 계곡 10리쯤 못 가서 강을 건너는데 그 강 이름이 요수라고 기록되어 있다. 백이와 숙제의 고사로 유명한 고죽국은 하북성 동북부 노룡현 지역을 뜻하고, 노룡현은 난하의 하류 동부해안에 위치해 있었다. 『설원』의 저자는 한나라 때 광록대부光祿大夫를 역임한 유향이다. 유향은 『설원』 외에 『홍범오행洪範五行』과 『열녀전列女傳』도 지었는데 한나라 때 인물인 유향이 요수를 현재의 난하로 비정했다는 사실은 중요하다. 한나라 때는 현재의 난하가 요하라

● 齊桓公北征孤竹, 未至卑耳谿中十里, 闚然而止, 瞠然而視有頃, 奉矢未敢發也. 喟然歎曰 : "事其不濟乎! 有人長尺, 冠冕大人物具焉, 左袪衣走馬前者." 管仲曰 : "事必濟, 此人知道之神也. 走馬前者導也, 左袪衣者, 前有水也." 從左方渡, 行十里果有水, 曰遼水 (『說苑』, 「辨物」)

- "始皇令太子扶蘇與蒙恬築長城, 起自臨洮, 至於碣石".(『水經注』)
- "二世東行郡縣, 李斯從. 到碣石……遂至遼東而還".(『史記』, 「秦始皇本紀」)

는 뜻이기 때문이다. 난하가 요하라면 난하의 동쪽이 요동이 되는 것이다.

『사기』「몽염열전」에서 장성의 길이를 언급하며 "임조에서 시작해 요동까지 길이가 만 리에 이르렀다"는 구절의 '요동'은 『수경주』의 다음 기사와 함께 해석해야 정확한 위치를 알 수 있다. 『수경주』는 "진시황이 태자 부소와 몽염에게 명하여 장성을 쌓게 하였는데 임조에서 시작해 갈석에 이르렀다"•고 기록했다. 고대의 요동은 곧 갈석을 뜻함을 알 수 있다. 『사기』「진시황본기」에는 진나라의 이세 황제 때 신하들이 시황제의 송덕비를 세우기 위해 갈석산에 다녀왔다는 기록이 있는데, 이것을 "요동에서 돌아왔다"고 표현했다.•• 당시, 곧 한나라와 고조선이 전쟁을 벌인 요동은 갈석산이 있던 현재의 창려 지역이다.

『중국역사지도집』을 보면 중국 내륙 지방의 고지명들은 상당히 자세하게 기술했지만 북경 북쪽부터 만주 일대에 이르기까지는 제대로 된 위치비정을 거의 하지 못했다. 진秦나라시대의 요동군을 표시한 지도인 『중국역사지도집』 제2권 10쪽을 보면 현재의 금주시부터 한반도 북부까지 요동군에 속했다고 써놓고서 실제로 위치비정을 한 곳은 양평襄平 한 곳뿐이다. 지금의 요녕성 안산鞍山시 북쪽 요양遼陽 부근을 고대의 양평이라고 비정한 것이다. 양평은 요동군의 치소로 요동태수의 목사관牧師官이 있던 지역이기 때문에 이곳까지 위치비정을 하지 않을 수 없었던 것이다. 그러나 안산시 북쪽이 요동군의 치소인 양평일 리 없다. 『중국역사지도집』을 만든 사람들은 그 모순점을 알고 있었지만 차마 요동군의 치소까지 쓰지 않을 수 없어 아무런 근거도 없이 슬그머니 안산시 북쪽에 양평을 갖다 붙인 것이다. 곧 현재의 요하를 기준으로 요동과 요서를 나눌 수 없다는 뜻이다. 진·한 시대의 요동을 현재의 요동보다 1천 킬로미터 이상 서쪽으로 옮겨 비정하면 대부분의 위치가 들어맞는다. 물론 그 지역은 한나라가 끝내 차지하는 데 실패했던 고조선의 옛 땅이다.

『회남자淮南子』의 갈석산과 조선에 대한 기록도 흥미롭다.『회남자』「시측훈時則訓」은 "동방의 끝, 갈석산을 지나면 조선이다. 대인지국을 관통하면 동쪽에 이르는데 해가 뜨는 곳이다"•라고 했다.『회남자』는 한 무제의 숙부인 회남왕 유안劉安과 그의 문객 이상李尙, 소비蘇飛 등이 지은 책이다.『사기』「회남형산열전淮南衡山列傳」은 유안이 독서와 거문고 타기를 좋아했다[鼓琴]고 적었다. 유안은 서기전 179년에 태어나 고조선과 한나라가 격돌하기 13년 전인 서기전 122년까지 살았다. "동방의 끝, 갈석산을 지나면 조선이다"라는 말은 고조선의 강역이 어디부터인지를 말해준다. "동방의 끝"이란 말은 요동과 같은 뜻이다. 사마천, 유안, 유향 같은 한나라 때 인물들은 갈석산까지를 요동으로 인식했고, 난하를 요하로 인식했다.『한서』「가연지열전賈捐之列傳」의 "동으로 갈석산을 지남으로써 현도·낙랑을 군으로 삼았다"••는 구절도 마찬가지다. 현도나 낙랑은 갈석산과 가까운 지역에 있었던 것이다.

이런 인식은『수경주』를 편찬한

• "東方之極, 自碣石山過朝鮮, 貫大人之國, 東至日出之次".(『淮南子』,「時則訓」)
•• "東過碣石以玄菟樂浪爲郡".(『漢書』,「賈捐之列傳」)

역도원의 생존 무렵에 이르러 달라졌다. 북위의 역도원은 6세기 중반에 세상을 떠났으므로 사마천이나 유안보다 600~700여 년 후의 인물이다. 이 무렵에 고구려 평양성과 고조선 왕험성을 동일시하는 인식이 퍼졌고 요동의 위치도 달라졌던 것이다. 김정호는 『대동지지』「방여총지」에서 중국인들의 역사지리지식의 혼란에 대해 이렇게 서술했다.

> 생각하건대 낙랑·현도·임둔·진번이 이른바 사군이다. 그러나 임둔·진번은 『한서』「지리지」에 실려 있지 않아 상고할 수 없다. 요동·요서 지역과 낙랑·현도 등은 서로 착오가 있거나 혹은 연혁이 있어도 어느 곳인지 지칭할 수 없다. 혹 명호名號가 있다고 하더라도 증명할 수가 없으니 지금 억지로 단정하는 것이 불가능하다. 대개 진·한 나라는 요하를 경계로 요외徼外(국경 밖)를 삼았고 또 이맥夷貊이 서로 섞여 거처하게 하면서 기미羈縻정책을 썼을 뿐이다……『한서』주석에 임둔·진번이 장안長安에서 몇 리 떨어졌다고 말하지만 『청회전淸會典』에 기재된 이정표로 고증해보니 길림吉林·영고탑寧古塔을 넘지 않는다는 것이다.

"요동·요서 지역과 낙랑·현도 등은 서로 착오가 있거나 혹은 연혁이 있어도 어느 곳인지 지칭할 수 없다"는 말은 중요한 의미를 담고 있다. 김정호는 중국의 지리지를 살펴보다가 조선 후기의 요하가 고대에도 같은 요하였느냐는 의문을 갖게 되었던 것이다. "대개 진·한 나라는 요하를 경계로 요외를 삼았다"는 말이 나온 것은 이 때문이다. 진·한이 경계로 삼은 요하의 위치에 대해 중국 사서의 지리지를 유심히 검토한 결과 서로 혼동되어 있다는 사실을 알게 된 것이다.

 그 혼동의 이유는 북위 말기를 거쳐 수·당 대에 이르면 중국 지식인들의 뇌리 속에 '고구려 평양성=고조선 왕험성'이란 역사지리 인식이 하나의 고정관념으로 자리 잡았기 때문이다. 당나라시대에 편찬된 『사기』의 주석서들이 혼동된 주요 요인도 이 때문이다. 한나라 때의 요동에 대한 인식, 곧 지금의 난하와 갈석산 지역까지를 요동이라고 본 역사인식과 북위 말·수·당 등 후대의 역사인식이 서로 뒤섞여 혼란이 발생한 것이다. 한나라 때의 역사지리는 한나라 사람들인 사마천·유안·유향 등의 인식이 맞는 것임은 설명할 필요도 없다. 현재 수·당 때의 서적들과 한 대의 서적들을 같은 고대 서적으로 보기 때문에 많은 혼동이 생기지만 둘은 명확히 구분해야 한다.

 다시 정리하면 중국의 전국시대부터 한나라시대까지 고조선과 중국의 국경은 지금의 난하와 갈석산 지역이며 이 지역이 고대의 요동이다. 곧 만리장성의 동쪽 끝은 사마천시대에는 요동이라고 부르던 난하 지역이었지만 현재의 지리개념으로는 요하의 서쪽인 것이다.

 현재 만리장성의 동쪽 끝은 갈석산에서 조금 더 동쪽인 진황도 부근의 산해관이다. 그러나 산해관이 현재의 모습을 갖추게 된 것은 명 태조 14년(1381) 때부터다. 연·진·한 나라 시기의 장성 흔적인 석문石門 흔적이 남아 있는 곳은 갈석산과 진황도 사이의 무녕撫寧이다. 명 태조 때에야 겨우 현재의 산해관에 관문을 쌓은 것이고, 과거에는 그보다 더 서쪽이었다.

4. 대방군은 황해도에 있었는가?

현도군의 위치

낙랑군의 정확한 위치는 이제 밝혀졌다. 한사군의 중심지인 낙랑군이 현재의 창려현 부근에 있었으니 현도군, 임둔군, 진번군도 그 근처 어딘가에 있었을 것이다. 낙랑군은 창려현 부근에 있었는데 나머지 삼군은 수천 리 떨어진 한반도 내에 있었다고 볼 수는 없기 때문이다.

『한서』「지리지」에는 낙랑군과 현도군만 기록되어 있을 뿐 김정호의 말처럼 임둔군과 진번군에 대한 기록은 없다. 현도군에 대해서는 『한서』「지리지」의 "무제 원봉元封 4년 설치했다. 고구려를 왕망은 하구려라고 불렀다. 유주에 속해 있다"•는 기록이 있다. 이 대목에 응소는 "옛 진번眞番이고 조선 호국胡國이다"••라며 흥미로운 주석을 달아놓았다. 응소는 현도군을 옛 진번으로, 사실상 같은 지역으로 본 것이다. 『한서』「지리지」에 따르면 현도군에는 고구려현과 상은태上殷台현, 서개마西蓋馬현 등 3개의 현이 있었다. 고구려현에 대해 『한서』「지리지」는 "요산遼山에서 요수遼水가 나와서 서남으로 흘러 요대遼隊에 이르러 대요수大遼水로 들어간다. 또 남소수南蘇水가 있고 서북 경계는 새외塞外다"•••라고 설명했다. 현도군 고구려현에 요수가 흐른다는 이 기술은 현도군을 압록강 부근으로 비정한 기존 시각이 잘못됐음을 말해준다. 또한 고구려현의 서북 경계가 새외라는 말은 현도군의 서북 경계가 한나라와의 경계임을 말해주는 것이다. 왕망은 상은태현을 하은下殷이라고 개칭했다. 서개마현은 『한서』「지리지」 '현도군조'에 다음과 같이 기록되어 있다.

> 서개마현은 마자수馬訾水가 서북으로 흘러 염난수鹽難水와 합쳐져 서남으로 흘러 서안평에 이르러 바다로 들어간다. 2개 군을 지나는데 길이가 2천 1백 리다.••••

앞서 고구려 미천왕이 공격한 서안평에 대해 『요사』「지리지」는 현재의 내몽골 파림좌기 부근이라고

- • "玄菟郡, 武帝元封四年開. 高句驪, 莽曰下句驪. 屬幽州". (『漢書』, 「地理志」 '玄菟郡')
- •• 應劭曰 : "故眞番, 朝鮮胡國". (『漢書』, 「地理志」 '玄菟郡' 註釋)
- ••• "高句驪, 遼山, 遼水所出, 西南至遼隊入大遼水. 又有南蘇水, 西北經塞外". (『漢書』, 「地理志」 '玄菟郡')
- •••• "西蓋馬. 馬訾水西北入鹽難水, 西南至西安平入海, 過郡二, 行二千一百里". (『漢書』, 「地理志」 '玄菟郡')

1부 한사군은 한반도 내에 존재했는가? **111**

비정했다. 염난수는 파림좌기 부근을 동서로 가로지르는 시라무렌 강이며, 시라무렌 강이 서남으로 2개 군을 지나 바다로 들어간다. 『한서』「지리지」의 서개마현에 대한 설명을 보면 현도군이 현재의 내몽골 지역에 있었음을 알 수 있다.

대방군은 어디인가?

현도군의 위치 못지않게 대방군의 위치도 중요하다. 대방군은 낙랑군과 불가분의 관계에 있었기 때문이다. 대방군의 위치를 바르게 비정하기 위해서는 먼저 『한서』「지리지」에 낙랑군의 속현으로 기록된 둔유현을 찾아야 한다. 『삼국지』「위서」'한전韓傳조'에 "후한 헌제 건안 연간(196~220년)에 공손강이 둔유현 남쪽 황무지를 대방군으로 삼았다"●는 기록이 있기 때문이다. 낙랑군 소속인 둔유현 남쪽 황무지를 대방군으로 삼았으므로 대방군은 낙랑군 아래에 있게 되는 것이다.

한국 주류 사학계는 대방군의 위치를 현재의 황해도 지역으로 보고 있다. 낙랑군이 평안남도와 황해도 북부 지역이었으므로 대방군은 황해도쯤에 있었다는 것이다. 이 이론도 이병도에 의해 정설로 확립된 것인데, 이병도는 그의 스승인 쓰다 소우키치가 『조선역사지리』에서 "낙랑군의 남부에는 후한後漢 말에 이르러 대방군(지금의 경기, 황해도 지방)이 분치되었다"[13]고 쓴 내용을 무비판적으로 추종해 정

● "建安中, 公孫康分屯有縣以南荒地爲帶方郡".(『三國志』,「魏書」'韓傳')

설로 만든 것이다.

　낙랑군이 실제로 평안도에 있었다면 대방군의 위치비정도 그럴듯하지만 이미 앞에서 낙랑군은 한반도 내에 있지 않았다는 사실을 확인했다.

　중국 고대 사료들은 대방의 위치를 어떻게 설명했는지 살펴보자. 대방은 당초『한서』「지리지」에 낙랑군에 속한 25개 현 중의 하나로 나온다. 그런데 후한 헌제 때 공손강이 대방군을 설치한 곳이 둔유현 남쪽이었으므로 대방현과 둔유현은 서로 가까운 곳에 있었을 것이다.

　대방에 대한 최초의 기사는『후한서』「동이열전」'고구려조'의 "질제·환제 연간(서기 146~167년)에 (고구려가) 다시 요동 서안평을 공격해 대방령을 죽이고 낙랑태수의 처자를 사로잡았다"• 는 구절이다. 이 구절은 인과관계를 생각하며 해석해야 한다. 요동의 서안평을 공격하고 대방령을 죽였다고 되어 있으니 대방은 황해도일 수가 없다. 아니나 다를까「군국지」도 "서안평현과 대방현은 모두 요동군에 속해 있다"•• 고 설명했다. 이는 고구려가 공격한 후한 영역에 대한 일련의 흐름을 말해준다. 서안평·대방·낙랑은 모두 요동에 있었다. 고구려는 서쪽으로 진출해 과거 고조선 강역의 회복을 꾀한 것이다. 대방현이 요동에 있다는「군

> • "質, 桓之間, 復犯遼東西安平, 殺帶方令, 掠得樂浪太守妻子".(『後漢書』, 「東夷列傳」'高句麗')
> •• "郡國志 西安平, 帶方, 縣, 並屬遼東郡".(『後漢書』, 「東夷列傳」'高句麗' 註釋)

---

13) 津田左右吉,『朝鮮歷史地理』, 남만주철도주식회사, 1913년, 2쪽.

국지』의 기사 하나로도 대방군이 황해도에 있었다는 주류 사학계의 학설은 설 곳이 없다.

이병도의 위치비정에 따르면(『국사대관』, 51쪽) 고구려 북쪽에 현도군이 있었고 남쪽 대동강 유역에 낙랑군이 있었으며, 그 아래 황해도 유역에 대방군이 있었다는 것이다. 이 지도에 요동을 만주 서쪽으로 표시해놓은 것에서부터 이병도의 논리는 파탄난다. 『후한서』 '고구려조'는 고구려가 '① 요동 서안평을 침범하여 → ② 대방령을 죽이고 → ③ 낙랑태수의 처자를 사로잡았다'고 했다. 그러나 이병도는 서안평을 압록강 대안으로 비정했는데, 그의 위치비정에 따르면 고구려가 '① 압록강 건너 서안평을 공격하여 → ② 다시 남으로 평안도를 건너뛰고 남쪽으로 황해도의 대방현을 공격하여 → ③ 북쪽 평안도 대동강 유역의 낙랑태수의 처자를 사로잡아 왔다'는 것이 된다. 낙랑태수의 처자가 대방현에 놀러갔다가 사로잡혔다고 강변할 수도 있겠지만 이 경우에도 낙랑군의 강역인 평안도를 어떻게 통과했는지는 설명할 수 없다.

이병도의 논리대로라면 고구려는 개국부터 불가능하다. 북방에 막강한 현도군이 있고 남방에 낙랑군이 있는데 그 사이에서 어떻게 신흥 국가가 존립하겠는가? 현도군이 버티고 있는 상황에서 고구려가 낙랑군을 공격한다는 것도 가능하지 않다.

그러나 대방군이 황해도에 있었다는 것이 주류 학설이므로 다시 한번 이 부분을 살펴보자. 이병도는 대방군의 위치를 비정할 때 가장 중요한 것이 둔유현의 위치라고 설명했으며, 그 대략적 위치를 다음과 같이 단정했다.

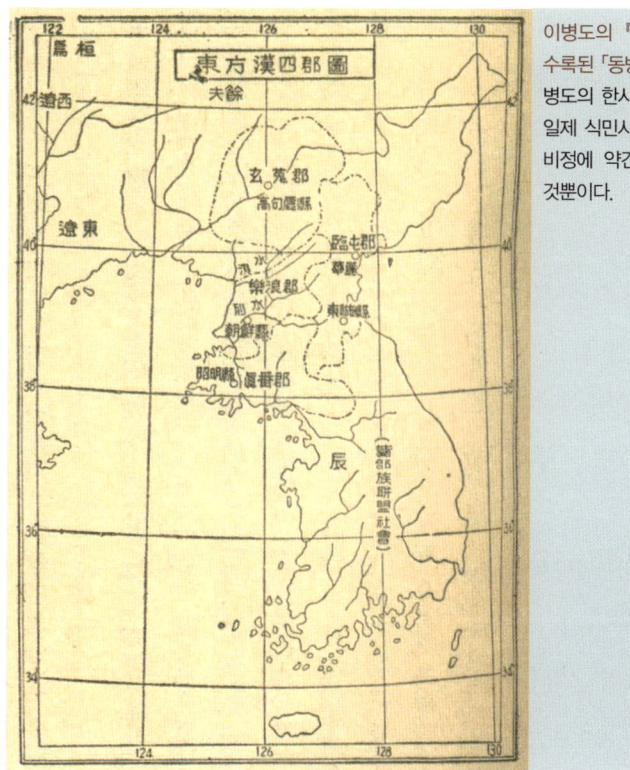

이병도의 『한국사대관』에 수록된 「동방한사군도」. 이병도의 한사군 위치비정은 일제 식민사학자들의 위치비정에 약간 수정을 가한 것뿐이다.

이른바 둔유현이 지금의 어디인가를 밝히면 대방의 북계北界는 저절로 알게 된다. 둔유현은 그 이름이 대방帶方 분립分立 전후를 통하여 전후한서前後漢書 지리지와 진서晉書 지리지에 모두 낙랑군의 속현으로 나타나고 있다. 지금의 황해도 봉산군鳳山郡이 대방군의 주현主縣인 대방현인 것은 이미 위에서 말한 그 시대의 유적과 유물로서 판명되었으므로, 둔유는 그보다 북방에 위치하였을 것은 재언再言을 요하지 않는다.

— 이병도, 『한국고대사연구』, 「진번군고」

이병도는 지금의 황해도 봉산군이 대방군의 주현인 대방현이라고 단정하고, 둔유현은 그보다 북방에 있었다는 것은 "재언을 요하지 않는다"고 단정했다. 고구려가 "요동 서안평을 침범하여 대방령을 죽였다"는 『후한서』 '고구려조'의 기록을 이병도 식으로 해석하면 고구려가 낙랑군이 있는 평안도를 지나 황해도 봉산군까지 와서 대방현령을 죽였다는 뜻이다. 낙랑군은 고구려 군대가 지나가는 것을 눈 뜨고 보고만 있었을까? 논리적으로 설명이 되지 않지만 대방현이 황해도 봉산군이라고 단정한 이병도는 둔유현 역시 그 북방에 있었다고 하며 구체적으로 그 위치를 비정했다.

> 고려사 지리지 황주목黃州牧조를 보면 '황주목, 본 고구려 동홀冬忽'이라고 하고 그 밑의 분주分註에 '일운一云 우동어홀于冬於忽'이라고 하였다. 여기 '우동어홀于冬於忽'의 동어冬於와 둔유屯有의 음이 서로 근사近似한데 우리의 주의를 끈다. 속히 말하면 '둔유'와 '동어'는 곧 같은 말의 이사異寫(달리 적는 것)가 아닌가 생각된다. 우于는 고구려 지명 위에 흔히 붙는 것으로서 방위方位의 상上(웃)을 표시하는 의미의 말이 아닌가 추찰된다. 하여튼 둔유현이 지금의 황주黃州에 해당하리라고 생각되는 점은 비단 지명상으로 뿐만 아니라 또한 (아래에 말할) 실제 지리상으로 보더라도 적중的中하다고 믿는 바이다.
>
> – 이병도, 『한국고대사연구』, 「진번군고」

대단히 장황하게 설명했지만 이병도가 황해도 황주를 둔유현이라고 본 근거는 동어와 둔유의 음이 비슷하다는 주장 하나뿐이다. 표의문자인 한자를 발음이 비슷하다는 이유 하나만으로 같다고 단정한 것은 언어학적으로도 설명이 되지 않는다. 둔유는 '군대가 진 치고 있었다'는 뜻이고 동홀은 '겨울에 홀연히 춥다'는 뜻이다. 글자 형태도 다르고 뜻도 다르다. 게다가 '우동어홀' 중에서 우 자와 홀 자는 마음대로 빼버리고 동어만을 취해 '동어가 둔유와 같은 말을 달리 쓴 것이다'라고 주장하는 대목에 이르면 그 논리적 비약에 입을 다물 수 없을 정도다. 그러나 이런 논리가 아직까지도 주류 학설의 위치를 차지하고 있는 것이 현실이다. 비단 그의 학설을 지지하고 지지하지 않고의 여부를 떠나 부끄러운 일이 아닐 수 없다.

• "帶方郡公孫度置. 統縣七, 戶四千九百".(『晉書』, 「地理志」 '平州')

대방군이 어디였는지 검증을 계속해보자. 문제가 많은 사서이긴 하지만 『진서』 「지리지」 '평주平州조'에는 창려군, 요동국遼東國, 낙랑군, 현도군과 함께 대방군이 실려 있다. 낙랑군에 속해 있던 여러 현들이 나누어진 것이다. 『진서』는 "대방군은 공손도公孫度가 설치했는데 7현을 통괄하고 호수는 4천 9백이다"•라며 7현의 이름을 실었다.

대방帶方 · 열구列口 · 남신南新 · 장잠長岑 · 제해提奚 · 함자含資 · 해명海冥

이병도는 열구현을 황해도 은율군이라고 비정했다.

은율군은 고구려시대의 '율구栗口' 혹은 '율천栗川'이니 율구栗口는 열구列口와 음이 거의 같고 율천栗川도 열수列水의 이사異寫로 볼 수 있는 까닭이다. 그러므로

> 열구현列口縣이 오늘의 은율恩栗 부근이라 함에는 이론異論이 없을 것이다.
>
> – 이병도, 『한국고대사연구』, 「진번군고」

이병도의 주장처럼 열구현이 오늘의 은율이라는 데 한국 주류 사학계는 이론이 없을지 모르지만 중국 고대 사서의 기록은 다르다. 열구현은 『후한서』 「군국지」에는 낙랑군의 속현으로 나오는데, 앞에서 살펴본 대로 그 주석에 곽박이 『산해경』에서 말하기를 "열은 강의 이름인데 열수는 요동에 있다"고 했기 때문이다. 열구 역시 대방과 함께 요동에 있었던 것이다. 남신현에 대해서는 『송서宋書』 「오행지」에 "진晉 혜제惠帝 원강元康 2년 9월에 대방, 함자, 제해, 남신, 장잠, 해명, 열구 현의 곡식 잎을 벌레가 먹어 다 슬어 없앴다"는 구절이 있다. 진 혜제 원강 2년(292)은 고구려 봉상왕 원년이자 백제 책계왕 7년인데, 『삼국사기』 「고구려본기」 '봉상왕 원년조'는 "가을 9월에 지진이 있었다"고만 하며 병충해에 대해서는 적어놓지 않았고, 「백제본기」에는 아예 기록이 없다. 『송서』에 수도가 아닌 일개 지방의 병충해 기록이 실릴 정도면 큰 재해인데, 황해도에 그런 재해가 있었다면 고구려나 백제가 영향을 받지 않았을 리없다. 남신이 대방, 열구 등과 함께 기록된 것으로 봐서 남신현 역시 요동에 있었다고 비정해야 한다.

이번에는 장잠현을 살펴보자. 이병도는 장잠현을 황해도 풍천豊川군으로 비정했다.

장잠현은 황해도의 풍천군에 비정된다. 후한 화제和帝 때의 거유巨儒로 반고班固

와 이름을 나란히 하던 최인崔駰이 장잠장長岑長에 임명되었다가 원지遠地라고 해서 부임치 아니했다는 곳이었다.(後漢書 卷83 崔駰傳) 근세의 지리학자 金正浩의 「청구도靑邱圖」 '풍천조'에 의거하면 동북쪽에 '장잠산長岑山'의 이름이 보이고 그 위에 '당현唐峴'이란 지명도 기입하여 있다. 당현은 아마 장잠산맥長岑山脈 중의 어느 큰 고개를 지칭한 것 같은데, 그 이름도 재미있거니와 더욱이 '장잠長岑'은 장잠현명長岑縣名과 일치하고 있지 아니한가. 장잠산은 현재의 지도와 비교해보면 구舊 풍천과 합한 송화松禾군 진풍眞風면의 원주산猿周山에 해당한다.

— 이병도, 『한국고대사연구』, 「진번군고」

이병도의 위치비정 중 장잠현에 대한 기술은 그나마 근거가 조금 있다. 장잠長岑 자가 들어가는 장잠산이란 지명을 제시했기 때문이다.

실제로 『후한서』 「최인열전」에는 최인이 장잠장으로 임명받았으나 너무 멀다는 이유로 부임하지 않고 돌아왔다는 기록이 있다. 그러나 『후한서』 「최인열전」은 장잠이란 구절에 주석을 달아놓았는데, "장잠현은 낙랑군에 소속되어 있는데 그 땅은 요동에 있다"●는 것이다. 『후한서』 「최인열전」을 인용한 이병도가 이 주석을 못 보았을 리는 없지만 자신의 생각과 다르므로 무시하고 황해도 풍천으로 억지로 비정한 것이다. 장잠은 긴 봉오리, 또는 높은 봉오리라는 뜻이니 황해도에도 얼마든지 있을 수 있는 산이다.

장잠현이 어디인지는 『요사』 「지리지」 '동경도, 숭주조'에 정확히 기재되어 있다.

● "長岑縣, 屬樂浪郡, 其地在遼東".(『後漢書』, 「崔駰列傳」 註釋)

숭주는 융안군隆安軍이 주둔하고 있고 자

> - 崇州, 隆安軍, 刺史. 本漢長岑縣地. 渤海置州. 故縣三 : 崇山, 潙水, 綠城皆廢. 戶五百. 在京東北一百五十里. 統縣一, 崇信縣(『遼史』, 「地理志」, '東京道, 崇州')
> - "含資, 帶水西至帶方入海".(『漢書』, 「地理志」 '樂浪郡')

사가 있는데, 본래 한나라 장잠현 땅이다. 옛날에는 3개의 현이 있었는데 숭산, 위수潙水, 녹성綠城이 그것인데 다 철폐되었다. 호수는 5백이고 동경東京에서 북쪽으로 백오십 리에 있는데 숭신현으로 통합했다.

이 기사는 장잠현이 황해도 풍천에 있지 않았다는 사실을 명확히 말해준다. 요나라 동경은 지금의 요녕성 요양으로 비정하는데, 그 북쪽 150리 지역에 장잠현이 있었다는 것이다.

장잠현은 뜻밖에도 진나라 명필 왕희지王羲之의 유명한 난정집蘭亭集과 관련한 일화로도 등장한다. 왕희지는 산동성 임기臨沂 출신이지만 생애의 대부분을 보낸 곳은 절강浙江성 소흥紹興으로 이곳에 유명한 회계산음會稽山陰이 있다. 왕희지 등은 진나라 목제穆帝 영화永和 9년(353) 회계산음의 난정에 모여 시를 지었는데 이때 왕희지가 쓴 유명한 명필첩이 「난정집서蘭亭集序」다. 이 자리에는 42명이 참석했는데 그중 한 명이 전 장잠령前長岑令 화기華耆다. 4세기 중반에도 장잠현령이 있었다는 것은 장잠이 황해도에 있을 수 없다는 뜻이다. 대방군이 황해도에 있었다는 근거는 단 하나도 없다.

제해현에 대해서는 중국 고대 사료에서 정확한 위치 정보를 찾기 힘드나 『송서』 「오행지」의 벌레 피해 기사에서 역시 요동에 있었음을 알 수 있다. 또한 함자현에 대해서는 『한서』 「지리지」 '낙랑군조'에 "함자현은 대수帶水가 서쪽 대방으로 흘러 바다로 들어간다"고 기록되어 있다. 대방이 요동에 있었으므로 함자현도 요동에 있었던 것이다. 대방군이 황해도에 있었다는 것은 쓰다 소우키치의 머릿속에서 나온 상상일 뿐이다. 중국의 모든 고대 사료는 대방군이 요동에 있었다고 말해주고 있다.

대방군과 진번군

한국 주류 사학계는 대방군의 남쪽에 진번군이 있었다고 주장한다. 이병도가 진번군의 위치를 황해도 황주군과 봉산군·서흥군 사이에 있는 자비령慈悲嶺에서 한강 이북까지라고 비정했기 때문이다. 현재의 황해도와 경기 북부가 여기에 해당한다. 이 역시 하나의 설이 아니라 이기백이 『한국사신론』에서 진번군의 위치를 "자비령 이남 한강 이북"으로 비정했듯이 유일한 정설처럼 행세하고 있다.

문제는 대방군이 황해도에 있었다는 고대 사료가 존재하지 않는 것처럼 그 아래 진번군이 있었다는 사료도 존재하지 않는다는 점이다. 진번군의 위치가 오랜 기간 동안 여러 학자들 사이에 논란이 된 것도 이처럼 기초 사료가 절대로 부족하기 때문이다.

진번군에 대한 그간의 견해를 정리하면 북방설과 남방설로 압축된다. 북방설에는 진번군이 요동에 있었다는 요동설과 고구려 지역에 있었다는 고구려 지역설, 숙신 지역에 있었다는 숙신 지역설 등이 있다. 남방설도 여럿인데 진번이 진국辰國이라는 진국설과 강원도 지방설, 황해도 재령평야설도 있다.

먼저 북방설의 근거를 보자. 앞서 살펴보았듯이 응소는 『한서』

- "眞番…… 遼河以西最近中土者 也".(『星湖僿說』,「類選」)
- "眞番之地 雖不可詳 要在今興京之 南 佟家江之左右".(『我邦疆域考』)

「지리지」 '현도군조'의 "한 무제가 원봉 4년에 설치했다. 왕망은 고구려를 하구려라고 불렀는데 유주에 속해 있다"는 구절에 "옛 진번과 고구려 호국이다"라는 주석을 달아놓았다. 왕망이 고구려를 하구려라고 비칭卑稱한 이유는 고구려를 흉노 정벌에 동원하려 했으나 고구려인들이 오히려 요서대윤 전담을 죽여 버렸기 때문이다. 응소는 고구려가 원래 옛 진번, 조선의 호국이라고 했으니 진번은 북방에 있을 수밖에 없다는 뜻이다. 그래서 조선 후기 실학자 성호 이익은 『성호사설』「유선類選」에서 "진번은…… 요하 서쪽으로 중국의 영토와 가장 가까운 곳"이라고 비정했고, 다산茶山 정약용丁若鏞은 『아방강역고我邦疆域考』에서 "진번이 어느 지역인지는 상세하게 말하기는 어렵지만 지금의 흥경興京 남쪽과 동가강 좌우로 요약할 수 있다"고 비정했다. 유득공柳得恭도 『사군지四郡志』에서, 한진서韓鎭書도 『해동역사海東繹史』「지리고」에서 진번 재북설을 주장했다.

진번군을 한반도 깊숙이 끌어들인 인물은 식민사학자 이마니시 류와 이나바 이와기치다. 이마니시는 진번군을 충청도와 전라북도 지역으로 비정했고, 이나바는 충청도 지역으로 비정했다. 그러나 일본인 학자 중에서도 일제 식민사학이 본격화되기 직전의 인물인 나가미 지요[那珂通世, 1851~1908년]와 시라토리 쿠라키치는 진번군을 압록강 이북으로 비정하기도 했다.

이처럼 진번군의 위치에 대해서는 예부터 수많은 견해가 있었지만 이병도는 『한국고대사연구』 105쪽에서 북방설에 대해 "일소一

笑에 붙이고도 남음이 있다"고 일축하며 진번군이 대방군의 남쪽, 곧 황해도와 경기 북부 일대라고 비정했다. 이병도는 이런 논리의 근거를 청나라 말기의 학자인 양수경의 『회명헌고晦明軒稿』에서 찾았다. 양수경의 논법은 고조선이 한반도 내에 있었다는 것을 전제로 푼 것에 불과한데, 이병도는 "양씨가 진번의 소재를 조선 남쪽에서 구하고 또 그곳이 삼한三韓과 상접相接하였다고 보는 논법은 탁견卓見으로서 나의 견해와도 거의 일치하고 있다"[14]고 환호했다. 양수경은 『진서』 「지리지」에 나타나는 대방군의 7현이 진번군의 옛 땅이라고 주장했다. 물론 그렇게 주장한 사료적 근거는 제시하지 못했지만 이병도는 "어떻든 대방 7현을 고故 진번의 잔현殘縣으로 추단推斷(추측해서 단정함)한 것은 틀림없는 탁견으로, 진번 문제 해결에 한 서광을 비추어주었다고 할 수 있다"[15]고 극찬했다. 북방설 중 유득공과 정약용이 지지한 고구려 지역설을 비판하며, "그 불찰이 너무도 심하지 아니한가. 일소에 붙이고도 남음이 있다"고 일갈한 이병도는 양수경이 아무런 사료적 근거 없이 진번군이 대방군의 잔현이라고 주장하자 '서광'이 비추었다고 극찬한 것이다. 그러나 조선 후기 역사학자인 순암順菴 안정복安鼎福(1712~1791년)은 『동사강목東史綱目』 「사군고四郡考」에서 진번에 대해 이렇게 썼다.

> 진번이란 이름은 위만 이전에 이미 나오는데 『사기』에 "연나라가 진번과 조선을 공략해 복속시켰는데 위만이 진번 · 임둔 등의 땅을 쳐서 항복시켰다"고 나온다.

---

14) 이병도, 『한국고대사연구』, 113쪽.
15) 이병도, 같은 책, 114쪽.

-『한서』를 보라.-『한서』에는 또 "요동이 동쪽 진번과 물건을 무역했다"고 나온다. 그렇다면 그 땅은 요동에 있었던 것이다.

안정복은 『사기』와 『한서』 같은 고대 사서들을 검토해 진번군이 요동에 있었다고 주장했다. 그러나 이병도는 낙랑군은 대동강변에 있었고, 대방군은 그 아래 있었으며, 진번군은 또 대방군 아래 있었다는 자신의 생각과 다른 것은 모두 일소一笑에 부쳐 일소一掃했다. 그리고 황해도 봉산군 문정면 일대를 대방현 지역으로 못 박았다. 그러나 대방군이 황해도와 경기도에 있었다는 이병도의 주장이야말로 억견臆見이 아닐 수 없다. 이는 공손公孫씨 집안의 역사를 보면 확연히 드러난다.

요동태수가 된 공손도

중국 고대 사료를 이용해 한사군의 위치를 찾을 때에는 일련의 흐름을 파악해야 하는데, 이를 위해서는 단편적 기록만이 아니라 일관된 흐름을 찾아 해석해야 한다. 이런 점에서 요동의 호족인 공손씨의 역사를 이해하는 것은 매우 중요하다. 『삼국지』「위서」 '한전조'에 공손씨와 대방군의 관계에 대한 기록이 있다.

후한의 환제·영제 말년에 한韓·예濊가 강성해서 군현이 통제할 수 없자 백성들이 다수 한국韓國으로 유입되었다. 건안 연간에 공손강이 둔유현 남쪽 지역 황지荒地(황무지)를 대방군으로 삼고, 공손모와 장창 등을 파견해 유민들을 수습하고 군사를 일으켜 한과 예를 정벌하니 옛 백성들이 점차 나타났다.

여기에서 문제가 되는 것은 "후한의 환제·영제 말년에 한·예가 강성해서 군현이 통제할 수 없자 백성들이 다수 한국으로 유입되었다"는 구절이다. 후한 환제(서기 147~167년)와 영제(서기 168~189년) 때 후한이 약해지자 백성들이 한과 예로 유입되었고, 공손강이 낙랑군 소속인 둔유현 남쪽에 대방군을 설치하고 한·예를 정벌하니 백성들이 점차 나타나기 시작했다는 것이다. 지금껏 이 한국을 한반도 남부에 있던 삼한이란 고정관념 속에서 해석해왔기 때문에 많은 모순이 생겼다.

이 구절을 해석할 때 중요한 것은 공손도–공손강 가문의 사적史蹟이 시종일관 요동을 무대로 전개된다는 사실이다. 둔유현 남쪽에 대방군을 세운 공손강의 부친이 요동태수 공손도인데 그는 현도 출신이다. 그는 후한이 점차 쇠약해지자 서기 189년 자립해 요동왕을 자칭했다. 요동에 독립왕국을 수립하려 했던 것이다. 『삼국지』「위서」에는 공손도 가문의 열전이 실려 있다. 공손도와 그 아들 공손강, 공손강의 동생 공손공公孫恭, 공손강의 아들 공손연公孫淵의 열전이다. 먼저 『삼국지』「공손도열전」에서 공손도가 요동태수가 되는 과정과 요동태수가 된 후 고구려와 싸우는 과정을 살펴보자.

공손도의 자字는 승제升濟로서 본래 요동 양평襄平 사람이다. 부친 공손연이 관리를 피해 현도군에 거주하자 현도군에서 군리郡吏로 임명했다. 그때 현도태수는

드넓은 요동 벌판. 서안평·대방·낙랑은 모두 요동에 있었다. 고구려는 서쪽으로 진출해 과거 고조선 강역의 회복을 꾀한 것이다.

공손역公孫琙인데, 그 아들 공손표公孫豹가 18세로 어려서 죽었다. 공손도의 어릴 때 이름도 공손표인데 공손역의 아들과 나이도 같아서 공손역이 보고서 친하게 여기고 사랑했다. 공손역은 공손도를 스승에게 보내 공부하게 했으며 아내도 얻어주고 후에 유도과有道科에 천거해 상서랑尙書郞에 제수하게 했다. 공손도는 곧 기주冀州자사로 승진했으나 요언謠言이 돌아 파면당했다. 같은 군郡 출신의 서영徐榮이 동탁의 중랑장이 되었는데, 공손도를 천거해 요동태수가 되게 했다.

● 公孫度字升濟, 本遼東襄平人也. 度父延, 避吏居玄菟, 任度爲郡吏. 時玄菟太守公孫琙, 子豹, 年十八歲, 早死. 度少時名豹, 又與琙子同年, 琙見而親愛之, 遣就師學, 爲取妻. 後擧有道, 除尙書郞, 稍遷冀州刺史, 以謠言免. 同郡徐榮爲董卓中郞將, 薦度爲遼東太守.(『三國志』, 「公孫度列傳」)

공손도는 현도태수 공손역의 죽은 아들과 비슷한 점이 많아 출세의 기회를 잡았고, 공손역의 후원으로 기주자사가 되었다가 곧 파면당했으나 동향 출신의 서영이 동탁의 중랑장이 되었고 그의 후원으로 요동태수가 되었다는 이야기다. 그러나 이런 벼락출세에 대한 반발이 일자 공손도는 강경책을 썼다. 『삼국지』「공손도열전」의 다음 구절을 보자.

> 공손도는 현도군의 하급 관리로서 시작했기 때문에 요동군 사람들이 가볍게 여겼다. 이보다 앞서 속국屬國의 공손소公孫昭는 양평현령으로 있을 때 공손도의 아들 공손강을 불러서 오장伍長으로 삼았다. 공손도가 관부官府(요동태수)에 도착한 후 공손소를 불러 양평시장에서 매를 때려 죽였다. 요동군의 이름난 호족이자 큰 성씨인 전소田韶 등은 오랜 지우이지만 은혜를 베풀지 않았다는 이유로 모두 법으로 주살했다. 대가 끊긴 집이 100여 집안이나 되었으므로 군내가 모두 놀랐다. 공손도는 동쪽으로 고구려를 정벌하고 서쪽으로 오환을 격퇴하여 그 위세가 해외까지 미쳤다.●

요동태수가 된 공손도는 자신의 아들 공손강을 오장으로 천대한 공손소를 때려 죽였다. 그리고 전소 등 요동의 명가들도 모두 주살해 요동군 사람들을 놀라게 했다. 동쪽으로 고구려를 공격했다는 것은 요동군과 현도군이 모두 고구려 서쪽에 있었다는 뜻이다. 공손도는 요동 지역의 지배권을 두고 고구려와 다투었던 것이다. 곧 공손강이

● 度起玄菟小吏, 爲遼東郡所輕. 先時, 屬國公孫昭守襄平令, 召度子康爲伍長. 度到官, 收昭, 笞殺于襄平市. 郡中名豪大姓田韶等宿遇無恩, 皆以法誅, 所夷滅百餘家, 郡中震栗. 東伐高句驪, 西擊烏丸, 威行海外.(『三國志』, 「公孫度列傳」)

둔유현 남쪽 황무지에 세운 대방군은 한반도에 있지 않았다. 요동의 지배권을 두고 다투던 공손강 일가가 고구려 남쪽의 대방군을 경영할 수는 없는 노릇이었다. 이 대목에서 최치원崔致遠(857~?)이 당나라 태사시중太師侍中에게 보낸 편지를 생각해보아야 한다. 이 편지는 『삼국사기』 「최치원열전」에 실려 있다.

- 其後致遠亦嘗奉使如唐 但不知其歲月耳 故其文集有上太師侍中狀云 "伏聞東海之外有三國 其名馬韓・卞韓・辰韓 馬韓則高麗 卞韓則百濟 辰韓則新羅也 高麗・百濟 全盛之時 强兵百萬 南侵吳・越 北撓幽燕・齊・魯 爲中國巨蠹 隋皇失馭 由於征遼……. (『三國史記』, 「崔致遠列傳」)

그 후 최치원이 또한 당나라에 사신으로 갔는데 다만 그 연원은 알 수 없다. 그래서 그의 문집에서 태사시중에게 올린 글을 싣는다. "듣잡건대 동해 밖에 세 나라가 있었으니 그 이름은 마한・변한・진한인데, 마한은 고구려, 변한은 백제, 진한은 신라입니다. 고구려와 백제는 전성기 때 강한 군사가 백만이어서 남으로는 오吳, 월越의 나라를 침입하였고, 북으로는 유연幽燕과 제노齊魯를 어지럽혀 중국의 큰 골칫거리가 되었습니다. 수나라 양제가 망한 것도 요동정벌에서 비롯된 것이며…….●

이 구절에서 마한이 고구려라는 최치원의 말은 공손도와 싸운 한국이 고구려일 수도 있음을 말해준다. 당나라 태사시중에게 보내는 편지에서 아무런 근거 없이 고구려・백제가 중국의 남쪽과 북쪽을 공격했다고 썼다면 최치원은 미친 사람 취급을 받았을 것이다. 최치원은 당나라 빈공과에 급제한 당대의 세계적 석학이었다.

그러나 한국 주류 사학계는 이병도가 『삼국사기』 주석에서 "마한은 고구려요 변한은 백제"라고 한 부분을 모두 "저자著者(최치원)의 오인誤認"이고 "진한은 신라"라는 부분은 "전래傳來의 그릇된 설을 도습蹈襲(그대로 따라함)"했다고 단정함에 따라 이병도의 설이 모두 맞고 최치원의 말은 틀렸다고 인식하고 있다. 1천 년 전 신라 지식인의 역사지리지식보다 1천 년 후 이병도의 역사지리지식이 더 정확할 수도 있겠지만 그 가능성은 극히 희박하다. 이긍익은 『연려실기술』 '삼한조'에서 최치원의 이 구절을 그대로 인용하며 "최치원은 삼한에서 그리 멀지 않은 시대의 사람이니 반드시 그 구역을 자세하게 알았을 것이다"라고 했다. 이긍익의 말대로 최치원이 삼국에 대해 잘 알고 있었을지, 이병도가 잘 알고 있었을지는 불문가지다.

5. 유물과 유적으로 살펴본 한사군

한반도에서 출토되는 중국계 유물

한사군이 한반도 내에 있었다고 주장하는 사람들이 근거로 삼는 것은 한반도에서 출토되는 중국계 유적과 유물이다. 한반도 내에서 중국계 유적과 유물이 출토되니 한반도가 과거 한사군 지역이라는 논리다. 소수 전문가만 볼 수 있는 문헌 사료에 비해 유적과 유물은 많은 사람들이 볼 수 있다. 그래서 이 유적과 유물이 한반도 내에 한사군이 있었다는 증거로 받아들여진 것이다. 그러나 언제부터 이 유적과 유물이 한사군의 것으로 받아들여졌는가를 우선적으로 검토해야 한다. 이런 과정을 생략한 채 평안남도 일대는 낙랑군, 황해도와 경기 북부는 대방군이란 사실을 전제로 삼고 하위 논리를 전개하기 때문에 문제가 생기는 것이다.

낙랑군과 대방군에 대한 이병도의 서술은 대단히 유려하다. 이병도는 『신수 한국사대관』 '낙랑 대방의 문화와 그 영향'에서 낙랑군과 대방군의 의의에 대해 서술했다.

> 낙랑·대방 2군은 서해안 지대에 위치하여 한漢 본토와의 연락관계가 가장 밀접하고 그중에서도 낙랑은 동방군현의 중추로 가장 오랜 역사를 가졌던 만큼 한의 관리 상인 기타 지식분자 부호 농민군이 계속 왕래하였으니, 한의 물질문명 내지 정신문명은 자연 물 흐르듯 들어와 특히 도시를 중심으로 일개의 문화를 형성하였다. 그래서 낙랑의 수부首府(현재 대동강 남안의 토성리 일대)는 마치 한漢의 Alexandria라고 말할 수 있었다. 당시 도시의 번영과 시민생활의 화사華奢한 풍風과 미술공예의 진보가 어떠하였는가는 근래 발견되는 그 시대의 유물을 통하여 알 수 있다.
>
> – 이병도, 『신수 국사대관』, 38쪽

설혹 이 지역에 한의 낙랑군과 대방군이 있었다고 해도 식민통치 기구였을 뿐이다. 그런데 이병도의 한사군에 대한 묘사는 미개한 원주민 지역에 번화한 도시를 세워주는 은혜를 베풀었다는 식이다. 그리고 그 증거로 각종 유적·유물이 등장한다.

그 유적으로는 낙랑·대방의 군현의 유적(토성土城 등)과 무수한 고분(전곽塼槨·목곽분木槨墳 등)과 용강龍岡의 석비(점제현신사비秥蟬縣神祠碑)가 있고 유물로는 고분 내의 부장품이 거의 대부분을 차지하거니와 그중에는 경감鏡鑑·칠기漆器·동기銅器·옥기玉器·무기武器·목간木簡·봉니封泥·연호전년號塼 내지 식점판式占板 등등이 있다.

― 이병도, 『신수 국사대관』, 38~39쪽

이병도의 말대로 평안도와 황해도 유역에서는 중국계 고분과 부장품 그리고 점제현신사비로 대표되는 석비石碑와 문서 따위를 봉할 때 쓰는 진흙 덩어리인 봉니 등이 출토되었다. 이런 유적과 유물은 상세한 연구와 검토를 거쳐 그 성격을 규정해야 한다. 그러나 이 지역의 유적·유물에 대한 성격은 이미 규정이 끝나 있다. 낙랑군을 비롯한 한사군의 유적·유물이라는 것이다. 현재 한국 주류 사학계에서는 대동강 유역에서 출토되는 중국계 유물을 뭉뚱그려 '낙랑문화'로 명명했다. 이러한 명명 자체가 이 지역의 중국계 유물에 대한 다양한 접근과 해석을 봉쇄하는 것이다.

이병도는 『신수 국사대관』에서 대방군 지역을 "지금의 자비령 이남의 황해도"로 규정지었다. 평안도에서 출토된 중국계 유물은 낙랑군의 유물, 황해도에서 출토된 중국계 유물은 대방군의 유물이라고 전제해놓고 다음 논리를 전개하는 것이다. 이는 학문적 접근방식과는 거리가 멀다.

예를 들어 현재의 중국 서북부 감숙성 장액張掖시에는 고대 로마의 유적이 있다. 장액시는 한나라 시절 흉노의 침략 루트였던 하서주랑河西走廊상에 있는 도시다. 후한後漢 사람들은 로마를 대진大秦이라고 했으나 여간驪軒이라고도 불렀다. 따라서 '여간'이란 말은

'로마'란 뜻이다. 몇 년 전 필자가 답사를 가보니 로마식 유물이 있고, 서양 사람과 흡사한 주민들도 살고 있어 탄성을 지르기도 했다.

중국 사회과학원은 최근 이 지역에서 유럽인 체형의 시신 99구를 발굴했다. 이곳은 로마에서 동쪽으로 1만 킬로미터나 떨어진 곳이다. 이를 한국 주류 사학자들 식으로 해석하면 '로마에서 1만 킬로미터 떨어진 중국 북서부는 과거 로마의 식민지였다'가 된다. 기록도 있고, 유물도 있고, 그 후예들도 있다. 평안도나 황해도의 중국계 유적보다 훨씬 개연성이 높다. 과연 하서주랑의 로마 유적의 정체는 무엇일까?

『한서』「진탕열전陳湯列傳」에는 기원전 36년경 진탕이 거느린 한나라 군사와 맞서 싸운 흉노 군사들에 대한 기록이 있다. 토성 밖에 중목성重木城을 쌓고, 어린진魚鱗陣을 펼친 군사들에 관한 것이다. 목책을 겹쳐 쌓는 중목성과 방패를 물고기 비늘처럼 엇물리는 어린진은 로마군의 고유전술이었다. 당시 로마 군사들은 이곳까지 왔던 것이다.

중국 내 로마 유적의 수수께끼가 풀린 것은 그리 오래되지 않았다. 줄리어스 시저, 폼페이우스와 함께 제1차 삼두三頭정치를 이끈 크라수스는 기원전 53년 7개 군단을 이끌고 현재 이란·이라크 지역에 있던 스키타이 혈통의 파르티아[安息國] 정벌에 나섰다. 크라수스 군단은 카레 전투에서 대패해 2만 명이 전사하고 1만 명이 포로가 되었으며 크라수스도 전사했다. 이때 1군단장으로 참전한 크라수스의 아들 푸블리우스가 6천여 명의 군사와 함께 탈출에 성공했지만 행방이 묘연했다. 기원전 20년 파르티아와 관계를 회복한 로마가 포로 송환을 요구했을 때에도 이 '사라진 군단'은 종적조차 찾을 수 없었다. 이 사라진 군단이 감숙성 장액시에 나타난 로마인들이라는 것이 가장 현실에 가까운 추측이다. 역사는 이런 수수께끼를 풀어나가는 과정이기도 하다. 중국에서 로마 유적이 나왔다고 곧바로 '로마 식민지'라고 결론내릴 수 없다는 이야기다. 이 전투에서 로마 군사는 흉노 편에 가담했고 진탕이 이끈 한군과 싸웠다. 그러나 흉노·로마 연합군 중 1천 5백여 명이 전사하고, 145명이 포로로 잡히고 1천여 명이 항복했다. 포로로 잡히거나 항복한 로마인들이 집단 수용된 곳을 장액군 여간현으로 보는 것이다.

고구려로 온 중국인들

고구려는 국제적인 나라였다. 중국계 유적과 유물이 출토되는 곳은 주로 고구려 강역이다. 고구려는 만주 서쪽의 한나라와 끊임없이 투쟁하며 성장했고, 그 과정에서 수많은 한나라인들을 포로로 잡아왔다. 먼저 고구려 태조대왕이 "요동 서안평을 침범하여 대방령을 죽이고 낙랑태수 처자를 사로잡았다"는 기사를 살펴보자. 낙랑태수의 처자를 잡아올 정도면 다른 포로들도 상당수 있었다고 보아야 한다. 또한 많은 유물을 함께 탈취해왔을 것이다. 고대의 전쟁은 경제행위의 일종이었다. 특히 유목적 성격이 강한 기마민족에게 전쟁은 주요한 경제수단이었다. 승전에는 당연히 수많은 전리품이 뒤따랐다. 대방령을 죽이고 낙랑태수의 처자를 사로잡아왔다는 것은 낙랑과 대방의 중심지를 유린했다는 뜻이다.

이때 포로로 잡아온 낙랑태수의 처자를 고구려는 어떻게 처리했을까? 『삼국사기』는 미천왕이 재위 3년(302) 군사 3만을 거느리고 현도군을 공격해 8천여 명을 사로잡아 평양으로 옮겼고, 재위 14년(313) 낙랑군을 공격해 남녀 2천여 명을 사로잡아 왔다고 전한다. 이 숫자만 해도 벌써 1만 명이다. 또한 미천왕 재위 16년(315)에도 현도성을 쳐부수어 죽이고 사로잡은 사람이 매우 많았다고 한다. 당시 미천왕이 잡아놓은 포로만 '1만 명+α'다.

주류 사학자들은 313년에 미천왕의 공격으로 낙랑군이 멸망하면서 한사군이 비로소 모두 소멸되었다고 결론내리고 있다. 그러나 『삼국사기』 '고국양왕 2년(385)조'는 고국양왕이 "요동과 현도를 함락시켜 남녀 1만 명을 사로잡아 돌아왔다고"고 기록했다. 주류 사학자들이 주장하는 한사군의 멸망 시점보다 72년이 지난 후에도 고국양왕은 요동과 현도를 공격했던 것이다. 한사군이 한반도 내에 있었다면 있을 수 없는 일이다. 한사군은 모두 만주 서쪽에 있었기에 끊임없이 고구려와 충돌했던 것이다.

고국양왕이 385년에 잡아온 1만 명에 달하는 포로들은 또 어떻게 되었을까? 당나라가 고구려를 멸망시킨 후 고구려 유민들을 어떻게 처리했는지를 살펴보면 참고가 될 것이다. 『구당서』「고종본기」 '총장 2년조'의 다음 기록을 보자.

669년 5월 고려호戶 2만 8천 200호와 수레 1천 80대, 소 3천 3백 두, 말 2천 9백 필, 낙타 60두를 장차 내지內地로 옮기기 위해 내주萊州와 영주營州에서 차례대로 발진해 강회江淮 지역의 남쪽과 산남山南, 병주幷州, 양주涼州 등 서쪽 여

> "五月庚子, 移高麗戶二萬八千二百, 車一千八十乘, 牛三千三百頭, 馬二千九百匹, 駝六十頭, 將入內地, 萊營二州般次發遣, 量配於江, 淮以南及山南, 幷, 涼以西諸州空閑處安置".(『舊唐書』,「高宗本紀」'總章二年')

러 주[西諸州]의 광활한 빈 지역에 안치했다.

고구려 유민들이 집단으로 끌려간 강회는 현재의 안휘성·강소성 지역이고, 산남은 섬서성·하남성·호북성 일대다. 또한 병주는 현재의 하남성 개봉開封이고, 양주는 북부 사막지대. 이처럼 전쟁 포로들은 포로들의 본국과 먼 곳에 집단적으로 이주시키는 것이 상례였다.

전쟁 포로들은 크게 전투력과 노동력(기술력)으로 활용되었다. 김유신의 조부 김무력처럼 가야계 후예들은 신라 전투력의 주요한 자원이 되었다. 고선지나 흑치상지처럼 고구려와 백제의 후예들도 훗날 당나라 전투력의 주요한 성원이 되었다.

우수한 기술력을 갖춘 포로들은 우대받았다. 탈레스 전투에서 포로로 잡힌 당나라 군사들에 의해 많은 동방문명이 서양으로 전파되었음은 유명한 사례다. 고구려가 중국인 포로들을 집단으로 끌고 온 이유는 이들을 활용하기 위해서였다. 포로들은 심사과정을 거친 후 활용 정도에 따라 여러 곳으로 분산되거나 집단 수용되었을 것이다. 고구려가 중국인 포로들을 평안남도와 황해도에 주로 수용한 것은 한나라를 비롯한 중국과 그만큼 먼 지역, 곧 도망을 방지하기 위한 것이었다. 고구려 지역에서 출토되는 유적과 유물을 해석할 때 고구려로 끌려온 포로들의 존재를 먼저 생각해야 하는 것이다. 실제로 평안남도와 황해도 지역에서는 한사군을 설치했다는 전한 때 유물은 거의 없고 후한 이후의 유물이 대거 출토된다.

예를 들어 황해도 봉산군 문정면 구봉리에 있는 대방태수帶方太守 장무이張撫夷의 무덤에 대해 살펴보자. 장무이 무덤은 1911년 일본인 학자들이 발굴했는데, 이병도는 이 무덤을 근거로 봉산군을 대방군 치소인 대방현 지역이라고 비정했다. 중국계 유물만 나오면 덮어놓고 한사군 유적으로 보는 것이다. 그런데 장무이란 이름이 새겨진 명문 벽돌 전면에는 어양漁陽이라 쓰여 있어 장무이가 유주 어양 출신임을 말해준다. 장무이 무덤 근처에 한 토성이 있는데, 이를『신증동국여지승람』에서는 당 토성唐土城이라고 기록했다. 당唐 자가 들어갔으니 이병도는 대방군 토성이라고 주장했으나 한반도 지명 앞에 붙은 당이란 말은 주로 당나라 이후에 생긴 말이란 점만 생각해도 당 자가 들어갔다고 무작정 한사군 유적이라고 볼 수 없는 것이다.

또한 장무이 무덤에서는 '무신戊申'년이 새겨진 명문 벽돌이 나왔다. 무신년은 서진 태강太康 9년(288)과 동진 영화永和 4년(348) 등이지만 보통 348년으로 해석한다. 앞에서 살펴보았듯이 주류 사학계는 313년에 낙랑군이 멸망하면서 한사군이 비로소 모두 소멸되었다고 본다. 그렇지만 348년이면 주류 사학계의 시각으로도 낙랑군을 비롯한 한사군이 멸망한 지 35년이 지난 후다. 낙랑군이 이미 없어졌는데도 황해도에는 대방군이 그대로 존속했다는 것이므로 있을 수 없는 일이다. 장무이는 고구려로 사로잡혀온 전직 대방태수이거나 망명객으로 해석하는 것이 더 합리적이다. 당시에는 고구려로 망명한 중국계 유력 인사들이 적지 않았다.

고구려 지역의 중국계 유적·유물을 해석할 때 망명자 집단의 존재는 대단히 중요하다.『삼국사기』「고구려본기」'고국천왕 19년

장무이 무덤(위)과 출토 유물(오른쪽). 이 병도는 이 무덤을 근거로 봉산군을 대방현 지역이라고 비정했으나 장무이는 고구려로 사로잡혀온 전직 대방태수이거나 망명객일 가능성이 높다.

(197년)조'를 보자.

• "中國大亂 漢人避亂來投者甚多 是漢獻帝建安二年也".(『三國史記』, 「高句麗本紀」, '故國川王 十九年')

중국에 대란大亂이 일어나서 한인들이 난을 피해 내투來投하는 자가 심히 많았다[甚多]. 이때는 한 헌제 건안 2년이다.•

고국천왕 19년에 중국은 대혼란기였다. 정월에는 원술袁述이 수춘壽春에서 황제를 자칭하고, 3월에는 원소袁紹가 대장군이 되어 기주·유주·청주淸州·병주 등 산둥반도와 북경 부근을 장악했다. 5월에는 원술이 여포呂布를 공격하다가 패배했고, 9월에는 조조가 원술을 공격하자 원술은 회남 지역으로 도주했는데, 이때 강회(안휘성) 지방에서는 대기근이 발생해 사람들이 서로 잡아먹는 지경에 이르렀다.16)

전쟁에 기근까지 들자 한인들이 대거 고구려로 밀려든 것이다. 한인들 중에는 정치적 이유로 망명한 귀족들도 있었을 것이고 생존하기 위해 고구려로 온 일반 피란민도 있었을 것이다. 북경 부근에서 고구려까지 오려면 적지 않은 비용이 들기 때문에 귀족들이 적지 않았다고 보아야 한다. '심히 많았다'고만 표현했으니 정확한 숫자는 알 수 없지만 최소한 수천 명 이상의 사람들이 몰려왔기에 이런 표현을 썼을 것이다.

『삼국사기』「고구려본기」'고구려 산상왕 21년(217)조'도 중국인들이 대거 망명했다고 전한다.

---

16) 剪伯贊 主編, 『中外歷史年表』, 中華書局, 1961년.

한나라 평주平州 사람 하요夏瑤가 백성 1천여 가家를 이끌고 와서 의지하므로 왕은 그들을 받아들여 책성柵城에 살게 했다.●

- "漢平州人夏瑤 以百姓一千餘家來投 王納之 安置柵城".(『三國史記』, 「高句麗本紀」 '山上王 二一年')
- ●● "永和十三年十月戊子朔二六日, □□使持節都督諸軍事, 平東將軍護撫夷校尉樂浪, 舊□ 昌黎玄菟帶方太守都, 侯幽州遼東平郭, □鄕敬上里冬壽字, □安年六十九薨官".(원문은 북학의 과학원 고고학 및 민속학 연구소에서 발간한 『문화유산』 3호(1957년)에 실린 김용준의 「안악 제 3호분의 년대와 그 주인공에 대하여」에 따름)

이때는 대가족제도였기에 1가의 숫자는 수십 명이 될 수도 있지만 가장 적게 5명으로 잡아도 5천 명이나 된다. 불과 20년 사이에 한나라에서 이렇게 많은 망명객들이 몰려든 것이다. 산상왕이 한나라 평주 사람들을 살게 했다는 책성이 어디인지는 분명하지 않다. 하지만 고조선의 준왕이 위만에게 국경 부근의 땅을 내주었다가 왕위를 빼앗긴 전례가 있었으므로 중국과 가장 먼 지역에 집단 거주하게 했을 것이다. 그 지역은 고구려 남쪽 영토일 가능성이 높다.

망명객들의 흔적은 유적에서도 나타난다. 황해도 안악군에서 발견된 무덤에 이름이 기록된 동수冬壽도 그런 망명객이다. 황해도 안악군 오국리 안악 3호분의 고분 벽화에는 동수라는 인물에 대한 묵서명墨書銘이 나온다.

영화 13년(357) 10월 무자삭 26일 계축에 □□사지절, 도독제군사, 평동장군, 호무이교위이며 낙랑, 옛□창려, 현도, 대방태수요, □향후인 유주 요동군 평곽현 도향 경상리 출신 동수의 자는 □안인데 나이 69세에 벼슬을 살다가 죽었다.●●

동수는 『자치통감資治通鑑』「진기晉記」'함강咸康조'에 나오는 연나라 귀족이다. 연나라 왕 모용황慕容皝이 왕위에 오르자 아우 모용인慕容仁이 군사를 일으켜 반발했다. 그런

> "丁衡, 游毅, 孫機等, 皆(慕容)仁所信用也, (慕容)皝執而斬之 ; 王冰自殺. 慕容幼, 慕容稚, 佟壽, 郭充, 翟楷, 龐鑒, 皆東走, 幼中道而還 ; (慕容)皝兵追及楷, 鑒, 斬之 ; 壽, 充奔高麗". (『資治通鑑』,「卷九十五, 晉紀 17」)

데 동수는 모용인에게 가담했다가 모용인이 패배하자 고구려로 망명한 것이다. 『자치통감』은 승자인 모용황이 반란세력 대부분을 죽였으나 오직 동수와 곽충郭充만은 고구려로 도망쳤다고 전한다. 곽충의 무덤은 발견되지 않았지만 그 역시 고구려 땅 어디엔가 묻혔을 것이다. 이 명문 기사가 없었다면 주류 역사학계는 안악 3호분을 한나라 지배층의 무덤으로 둔갑시켰을 것이다.

황해도 안악 3호분의 무덤 벽화. 연나라에서 망명한 동수라는 인물의 묵서명이 실려 있다. 이 묵서명이 없었으면 한사군 유물로 둔갑했을 것이다.

고구려 무덤에는 동리(㠍利)라는 망명객의 이름도 나온다. 1976년 발굴된 평안남도 강서군 강서면 덕흥리(현재의 남포직할시 강서구역 덕흥리)에서 발굴된 덕흥리 고분 벽돌에는 "영화 9년(353) 3월 10일, 요동·한·현도 태수령玄菟太守領을 지낸 동리가 만들었다"는 명문이 있다. 장무이 무덤과 비슷한 시기의 무덤이다.

이보다 후대지만 장수왕 재위 24년(436)에는 북연北燕 국왕이 고구려로 망명한 적도 있다. 위나라와 맞서 싸우던 북연왕 풍홍馮弘이 망명의사를 피력하자 장수왕은 장수 갈로葛盧와 맹광孟光에게 수만 군사를 주어 화룡和龍으로 보내 맞아오게 했다.『삼국사기』는 갈로와 맹광이 북연의 귀족 부인들에게 갑옷을 입혀 가운데 서게 하고 자신들은 기병을 거느리고 맨 뒤에 서서 위나라 군사의 추격을 막았는데, 그 방형方形진이 앞뒤로 80리나 되었다고 전한다.

이처럼 고구려 강역 내의 중국계 유적과 유물은 고구려로 끌려온 중국인 포로들과 고구려로 망명한 중국 지배층들과의 관련성을 일차적으로 검토해야 한다.

그러나 한사군이 한반도 내에 있었다고 주장하는 주류 사학계는 중국계 유적·유물에 대한 해석의 다양성을 모두 차단하고 '한사군은 한반도에 존재했다'는 전제에 맞추어 무조건 한사군의 유적과 유물이라고 주장한다. 그러다 동수와 동리처럼 문적이 뚜렷한 유적이 나오면 그것만 따로 떼어 독립적으로 해석한다. 이런 방식으로 고구려 강역의 중국계 유적·유물에 관한 전체적 해석, 곧 '한반도 북부에는 낙랑군과 대방군이 있었다'는 정설은 그대로 유지한다. 역사학의 가장 기초인 사료 비판 과정이 생략된 것이다. 지금부터 옛 고구려 지역, 현재 북한 지역의 유적과 유물에 대해 본격적으로 검토해보자.

중국계 유적과 유물에 대한 북한 학계의 견해

북한은 1960년대부터 평양 지역의 유적에 대해 대대적인 발굴조사를 실시했다. 먼저 고분의 형태를 보면 평양 일대에서 나무곽 무덤(목곽묘木槨墓), 귀틀 무덤, 벽돌 무덤(전축분塼築墳), 독 무덤(옹관묘) 등을 발굴했다고 밝혔다. 북한에서는 모두 850여 기의 나무곽 무덤을 발굴 조사했다.[17] 나무곽 무덤은 무덤 속에 관을 넣어두는 묘실을 목재로 만들었기 때문에 붙여진 이름이다. 귀틀 무덤은 200여 기를 발굴했는데, "방형 또는 장방형의 무덤구덩이를 깊이 파고 그 안에 긴 통나무 각재로 귀틀곽을 마련한 다음 곽 안에 부부의 널과 껴묻거리(부장품)를 넣은 수혈식 부부합장 무덤"[18]이라고 설명하고 있다. 벽돌 무덤은 1천여 기를 발굴했다. 북한에서는 벽돌 무덤을 횡혈식과 수혈식으로 구분하는데 "무덤구덩이 안에 벽돌로 무덤안길(널길)이 달린 무덤칸을 마련하고 널과 껴묻거리를 넣은 반지하의 횡혈식 무덤과 긴 장방형의 무덤구덩이를 파고 그 안에 벽돌을 쌓아서 무덤곽을 마련한 수혈식 무덤으로 구분된다"[19]고 밝혔다.

---

17) 안병찬, 「평양일대 락랑유적의 발굴정형에 대하여」, 『조선고고연구』 제4호(루계 97호), 사회과학원 고고학연구소, 1995년.
18) 안병찬, 같은 글, 8쪽.
19) 안병찬, 같은 글, 8쪽.

현재 남한 학자들은 북한 학자들의 견해를 무조건 믿을 수 없다고 주장한다. 가장 큰 이유는 북한에서는 중국계 무덤들이 한사군의 무덤이 아니라고 보기 때문이다. 북한에서는 한사군 무덤이 아니라는 근거로 무덤의 조성연대를 들었다. 리순진은 『평양일대 락랑무덤에 관한 연구』에서 일제 식민사학자들과 남한의 주류 사학자들이 낙랑군 무덤으로 분류한 나무곽 무덤의 연대에 대해서 이렇게 썼다.

> 평양 일대의 나무곽 무덤은 지금까지 발굴된 자료에 의하더라도 기원전 3세기 이전부터 기원전 1세기 말까지 존재한 것으로 볼 수 있다. 이 년대는 평양 일대의 나무곽 무덤이 '한의 락랑군' 설치시기로 전해지는 기원전 108년보다 수백 년이나 앞선 시기로부터 축조되기 시작하였다는 것을 실증해준다. 따라서 평양 일대의 나무곽 무덤은 '한의 락랑군 설치와 더불어 파급된 이질적인 유적인 것이 아니라 평양 일대에서 발생한 고조선 유적의 하나라고 말할 수 있다.[20]

남한 학계가 한사군 무덤으로 규정한 나무곽 무덤이 한사군이 설치되기 훨씬 전부터 존재했던 고조선 유적이라는 것이다. 위만의 망명에서 볼 수 있듯이 고조선 시기에도 중국계 인물들의 망명은 많았다.

북한에서 중국계 유적과 유물이 한사군의 것이 아니라고 주장하

---

20) 리순진, 『평양일대 락랑무덤에 관한 연구』, 사회과학원. 한국에서는 중심출판사에서 2001년에 같은 제목으로 출간되었다.

자 남한 학계에서는 '자료로서의 가치를 인정하기 어렵다', '설명한 내용조차 신뢰하기 어려운 측면이 많다'는 식으로 부정했다. 북한에서는 해방 이후 평양 지역의 발굴 무덤들의 조사 결과를 바탕으로 이 지역이 한의 낙랑군 지역이 아니라고 주장하는 반면 남한 학계는 일제 때의 발굴 결과를 근거로 낙랑군 지역이라고 주장하는 것이다. 이 경우 어느 주장이 맞는지를 판정하려면 총론이 아니라 각론으로 접근해야 한다. 거두절미하고 '못 믿겠다'고 할 것이 아니라 근거를 제시해야 하는 것이다.

  북한에서는 이 무덤들을 낙랑군의 것이 아니라고 보는 근거를 제시했다. 정백동 37호 무덤에서 '지절地節 4년'이란 기년명이 새겨진 칠곽이 나왔는데 이때는 서기전 66년이고, 정백동 2호 무덤에서는 '영시永始 3년'이란 기년명이 있는 양산대가 나왔는데 이때는 서기전 14년이다. 이런 명문들을 근거로 나무곽 무덤의 하한연대(가장 늦게 사용된 시기)를 서기전 1세기로 보았다. 서기전 1세기까지만 사용된 무덤이란 것이다. 그 상한연대는 놋과로 추정했는데 놋과가 나온 제2기의 나무곽 무덤은 늦게 잡아도 기원전 3세기에 축조되었다고 본다. 북한에서는 "나무곽 무덤의 상한 문제는 앞으로 발굴자료에 따라 명백히 밝혀지겠지만 정가자와에서 발굴된 나무곽 무덤을 고려하면 기원전 7세기 이전으로 추측할 수 있다"[21]고도 했다. 서기전 7세기까지 상한이 올라갈 수 있으나 안전하게 서기전 3세기로 보겠다는 것이다. 이 무덤들이 낙랑군 무덤이면 낙랑

---

21) 리순진, 같은 책, 63쪽.

군이 설치된 이후 더욱 확산되었어야 하는데 (낙랑군이 설치된 직후인) 서기전 1세기경에 소멸했기 때문에 낙랑군 무덤이 아니라는 것이다. 이런 주장에 대해 남한 학계는 북한 학계의 편년 조사가 잘못되었다는 등의 과학적 근거를 제시하며 대응해야 하지만 무조건 '믿지 못하겠다'고 감정적으로 대응해왔다.

물론 북한은 학문이 정치에 예속된 체제다. 그러나 정치에 예속되기는 일제 어용학자들도 마찬가지였다. 더구나 역사를 침략 도구로 이용한 일제 어용사학자들은 학자라기보다는 정치가의 하수인들에 가까웠다. 이런 일제 어용학자들의 정치적 주장은 정설로 받아들이고 북한 학자들의 견해는 무조건 부인하는 것은 학자들의 자세가 아니다. 이는 북한 정치 체제에 대한 호불호를 떠나 객관적 태도라고 볼 수 없다.

이 시점에서 일본의 고고학자 후지무라 신이치[藤村新一, 1950~]의 사례를 생각해볼 필요가 있다. 후지무라는 1981년 미야기[宮城]현 사사라기[座散亂木] 유적지에서 4만 년 전 유물을 발굴한 뒤 전국적으로 유명해졌는데, 그가 손을 대기만 하면 유적이 쏟아져 나와 '신의 손'이란 칭송을 받은 인물이다. 구석기시대가 없던 것으로 알려진 일본에 서기전 70만 년 전의 구석기시대가 있었다고 밝혀 환호를 받기도 했다. 그러나 그가 미야기현 가미타카모리[上高森] 유적지에 유물을 몰래 묻는 모습이 마이니치신문사의 비밀촬영으로 드러나 모든 유적 발굴이 사기임이 밝혀졌다. 후지무라 신이치가 전 세계를 상대로 사기극을 펼친 이면에는 한사군 유적 조작으로부터 시작된 일본 고고학계의 분위기가 깔려 있다고 보아야 한다.

북한에서는 귀틀 무덤은 서기전 1세기 말부터 서기 1세기까지 약 100년간 존재했고, 벽돌 무덤은 2세기 초에서 3세기 중엽까지 사용되었으며, 독 무덤은 나무곽 무덤 시기부터 벽돌 무덤 시기까지 사용된 것으로 주로 어린이들의 무덤이라고 보고 있다.[22]

북한에서는 자신들이 발굴한 무덤 개수가 일제가 발굴한 것보다 수십 배 많다며 자신감을 갖고 있다.

> 이 기간에 평양시 락랑 구역 안에서만 하여도 2,600여 기에 달하는 무덤과 수백 평방미터의 건축지가 발굴되었으며 15,000여 점에 달하는 유물들을 찾아냈다. 이것은 일제가 '락랑군 재평양설'을 조작하는데 자료적 기초로 이용하기 위해서 조선 강점 전 기간에 도굴한 무덤 수에 비하면 무려 26배에 달한다.[23]

일제 발굴조사보다 26배나 많다는 북한의 발굴 결과는 무조건 부정하면서 일제의 발굴 결과는 경전처럼 떠받드는 것을 학문적 태도라고 볼 수는 없다. 또한 북한은 1963년부터 1965년까지 중국과 공동 조사단을 구성해 요령성·길림성·흑룡강성의 이른바 동북 3성과 내몽골 일대의 청동기시대 유적과 고구려·발해 유적에 대한 답사와 발굴조사를 실시했다.[24] 공동 발굴조사였으나 두 나라는 공동 보고서를 작성하지 못했다. 그래서 북한은 1966년에 『중국 동북지방의 유적발굴조사』를 간행해 고조선의 강역을 만주까지로 비정하

---

22) 안병찬, 앞의 글, 8쪽.
23) 안병찬, 앞의 글, 7쪽.
24) 공동 조사 결과에 대해서는 이종호, 『과학으로 찾은 고조선』, 글로연, 2008년, 183~184쪽 참조.

고 요동반도 대련에서 발굴된 강상 무덤과 누상 무덤을 고조선 지배층의 순장 무덤이라고 발표했다. 요동반도 남단 대련시 감정자구 후목지구 강상 언덕에 있는 강상 무덤은 서기전 10세기, 누상 무덤은 서기전 7세기의 무덤으로 비정했다. 중국은 공식 견해를 내놓지 않다가 동북공정이 한창이던 1996년에야 보고서를 작성해 발표했다. 중국의 주장은 만주 지역에는 국가 단계의 고조선이 성립된 적이 없으며, 강상 무덤과 누상 무덤은 고조선 지배층의 무덤이 아니라 씨족 공동묘지라는 것이다. 일제 식민사학자들처럼 고조선을 평안남도 일대의 소국으로 한정하는 주장이다. 필자가 중국 동북공정과 일제 식민사학을 일란성 쌍둥이라고 거듭 주장하는 것은 이런 이유 때문이다.

1960년대부터 1980년대까지 북한은 고조선 연구에 관한 한 한국은 물론 중국과 일본을 통틀어 가장 많은 글을 발표했다. 고조선의 중심지는 만주 서쪽이었고 한사군은 한반도 내에 있지 않았다고 논증했다.

그러나 1990년대 들어 주체사관이 강조되고 북한 전체 역사를 평양 중심으로 재해석하면서부터 이런 연구 결과도 정치적으로 왜곡되었다. 예를 들어 1993년 평양 지역에 이른바 단군릉이 발굴되었다는 것이 그렇다. 고조선 강역이 만주까지 걸쳐 있었다는 견해를 바꾼 것은 아니지만 그 중심지에 대한 견해는 과거 요동에서 평양으로 크게 수정되었다. 북한 역사학자 박진욱의 글을 보자.

최근에 연구사업을 심화하는 과정에서 종전에 고조선의 수도가 료동지방에 있었다고 본 것이나 비파형 단검문화의 발원지와 중심지가 료동지방이었다고 본 것은 전혀 잘못된 것임을 알게 되었다…… 평양을 중심으로 하는 서북조선이 비파형 단검문화의 발상지인 것이 명백하다.[25]

고조선의 중심지에 대한 과거의 견해가 정치적 이유로 바뀐 것이다. 그나마 박진욱은 같은 글에서 "종전에는 비파형 단검문화의 발원지를 료동지방으로 보았으며 거기로부터 길림, 장춘 지방과 료서지방 그리고 남부 조선 지방에 보급된 것으로 간주하였다"고 써서 자신의 견해 수정을 비파형 동검의 분포지가 아니라 발원지 문제로 한정했다. 고조선은 여전히 만주 일대를 아우른 거대 제국이었다는 것이다. 그러나 중국의 내몽골 오한기 박물관에 있는 비파형 동검과 그 거푸집은 이 지역이 비파형 동검의 발원지임을 말해준다. 북한의 과거 고조선사 인식이 정확했던 것이다.

북한에서 출토된 봉니

주류 사학자들이 평양 일대를 낙랑군 지역이라고 주장하는 또 다른 근거는 봉니다. 봉니란 문서가 수신자에게 안전하게 전해질 수 있도록 봉함하는 장치다. 종이를 사용하기 전에 대나무로 된 죽간竹簡이나 나무로 된 목찰木札에 글씨를 썼는데, 대나무나 나무에 도장

---

25) 박진욱, 「고조선의 비파형 단검문화에 대한 재검토」, 『조선고고연구』 제2호(루계 제95호), 사회과학원 고고학연구소, 1995년.

을 찍을 수 없으니 상자에 넣어 묶은 다음 끈을 진흙으로 봉하고 도장을 찍은 것이다. 봉니는 지니芝泥, 이봉泥封이라고도 한다.

봉니는 우연한 기회에 발견되었다. 중국에서 발간한 『봉니-발견과 연구』는 "봉니의 발견은 갑골문과 같이 모두 농민이 우연히 먼저 채집하게 되었다"[26]고 적었다. 청 선종宣宗 도광道光 2년(1822) 사천성四川城의 한 농민이 우연히 발견한 것이 그 시초다. 이 농민은 도장 흔적이 있는 진흙의 용도가 무엇인지 알 수 없었다. 진흙에 도장을 찍었을 리 없다고 생각한 사람들은 도장을 주조하는 틀인 인범자印範子로 보았다. 그러나 청나라의 저명한 금석학자 유희해劉喜海 등이 이것이 인범자가 아니라 봉니임을 밝혀냈고, 왕국유王國維(1877~1927년)가 1912년 『간독검서교簡牘檢署攷』를 펴냄으로써 비로소 봉니에 대해 체계적으로 알려졌다. 그 후 중국의 몇몇 지역에서 봉니가 단편적으로 수습되었다.

그런데 일제 식민사학자들이 평양의 토성에서 봉니를 대량으로 발견했다고 주장했다. 일제가 '낙랑 토성'이라 명명한 이곳에서는 1918년 처음 봉니가 수습된 이래 1937년까지 무려 200여 개나 발견되었다. 봉니는 중국에서 진秦나라 때부터 남북조시대까지 사용되었는데, 평양 지역에서 출토된 것은 모두 한나라 때의 것이다. 이 지역에서 발견되었다는 인장印章도 그 사용 시기가 한나라 때로 한정된다. 왕망의 신나라 때 것을 제외하고 모두 한나라 때의 것만 출토되었다는 점이 일단 주목대상이다.

---

26) 孫慰祖, 『封泥-發現與研究』, 上海書店出版社, 2002년.

주류 사학계는 서기 313년에 평양 지역의 낙랑군이 멸망했다고 보고 있다. 그사이 중국은 한漢(서기전 206~서기 8년)나라가 멸망하고 신新(서기 8~25년)나라가 선 다음 다시 후한後漢(서기 25~220년)이 서고, 위·촉·오 삼국시대(서기 220~265년)를 거쳐 진晉(서기 265~316년)나라가 잠시 통일했으나 곧 오호五胡 16국시대(서기 302~581년)로 접어든다. 이처럼 중국은 수많은 왕조가 부침했으나 평양 지역에 설치된 한사군의 낙랑군만은 중원 왕조의 부침과는 아무 상관이 없이 313년까지 존속했다는 것이다.

평양 지역에서는 낙랑군 소속 25개 현 중 대부분 현명縣名 관인官印이 찍힌 봉니가 출토되었다. 열구현·탄열현·화려현 등의 관인 봉니를 제외한 22개 현의 관인 봉니는 물론 수성현 봉니도 있다. 일제 식민사학자들은 낙랑군 속현의 봉니들이 평양 일대에서 출토된 것이 이 지역이 낙랑군이었다는 결정적 증거라고 주장해왔다. 봉니는 발신자가 찍어 수신자에게 보냈기 때문에 낙랑군에서 관할하는 각 현에서 보낸 봉니가 나온 것은 평양 지역이 낙랑군 치소임을 뜻한다는 것이다.

문제는 이런 속현의 것들만 출토되어야 하는데 낙랑태수장樂浪太守章을 비롯해 낙랑대윤장樂浪大尹章·낙랑수승樂浪守丞·낙랑장사樂浪長史·낙랑우위樂浪右尉·낙랑대윤오관연樂浪大尹五官掾을 비롯해 낙랑군 중앙의 여러 관직 이름이 눌려 있는 봉니까지 출토된 점이다. 수성이란 관인이 찍힌 봉니가 평양 지역에서 출토된 것은 수신 지역에서 발견된 것이니 합당하지만 '낙랑'이란 관인이 찍힌 봉니가 발견된 것은 수신지에서 출토되어야 할 것이 발신지에서 나온

평양에서 출토되었다는 봉니. 일제 식민사학자들은 이 봉니들이 평양 일대가 낙랑군이었다는 증거로 주장해왔으나 위조품이라는 의견이 끊이지 않았다.

셈이기 때문이다. 그래서 일제강점기 때 이미 민족주의 역사학자인 정인보는 여러 의문점을 제기했다. 봉니의 보존상태가 너무 좋고 서체가 비슷하고 발견 사례가 너무 많다는 점 등을 들어가며 조직적인 조작의 가능성이 높다고 지적한 것이다. 정인보는 또 수신처에서 발견되어야 할 낙랑 봉니가 평양 지역에서 출토된 것은 평양 지역이 낙랑군 지역이 아님을 뜻한다고 주장하기도 했다. 실제로 낙랑 봉니가 위조품이라는 의견은 발견 당시에도 적지 않았다.

그러나 조선총독부 박물관은 낙랑태수장 봉니를 거금 150원圓에 구입하고 낙랑대윤장 봉니도 100원에 구입했다. 위조시비가 있는 유물을 거금을 주고 구입한 것은 박물관으로서는 이례적인 일이었다. 이처럼 일제가 낙랑군 유물이라고 주장하는 것들은 하나같이 문제투성이다. 일제 식민사학자들의 손이 닿은 유적·유물은 끊임없이 조작설에 휩싸이는 것이 특징이고, 그럼에도 한국 주류 사학계는 무조건 일제 식민사학자들의 견해를 추종하는 것도 특징이다.

봉니가 출토된 곳이 북한 지역이므로 이 문제에 대한 북한의 견해는 중요하다. 북한은 이 봉니를 어떻게 해석했을까? 북한은 해방 이후 이른바 '낙랑 토성'을 집중 발굴했다. 봉니를 찾는 것이 주요 발굴 목적이었다. 박진욱의 글을 보자.

> 1969년도에 낙랑 토성에서 해방 전에 봉니가 가장 많이 나왔다고 하는 곳을 300㎡나 발굴하여 보았는데 거기에서는 단 1개의 봉니도 발견되지 않았다.[27]

일제 식민사학자들이 길가에 돌 줍듯이 봉니를 주웠다는 지역을 300제곱미터나 발굴, 조사했으나 단 한 점의 봉니도 나오지 않았다는 것이다. 낙랑 토성만 발굴한 것도 아니다. 북한의 리순진은 "우리는 해방 후 락랑 토성과 운성리 토성, 소라리 토성, 청해 토성을 비롯한 그 밖의 토성을 발굴했지만 단 한 개의 봉니도 나온 예를 알지 못한다"[28]고 했다. 이러니 일제 식민사학자들의 '신의 손'에 대해 의심을 품지 않을 수 없다. 같은 글에서 박진욱은 평양 출토 봉니 가운데 위조품이 많다는 증거로 네 가지를 들었다.

---

27) 박진욱, 「낙랑유적에서 드러난 글자있는 유물에 대하여」, 『고조선고고연구』 제2호(루계 95호), 1995년, 12쪽.
28) 리순진, 앞의 책, 224쪽.

첫째로 거기에 찍힌 도장의 크기가 당시 도장의 크기와 맞지 않는데서 알 수 있다. 지금까지 락랑고분에서 드러난 은도장, 청동도장은 모두 한 변의 길이가 1.5cm 미만이다. 그런데 봉니에 찍힌 도장의 크기는 대부분 2~2.2cm이다. 그러니 그 봉니들은 실지도장을 찍은 것으로 볼 수 없다.[29]

이 지역에서 출토된 도장의 크기와 봉니에 찍힌 도장의 크기가 다르다는 설명이다. 서울시장 직인을 찍었는데 문서에 찍힌 도장의 크기가 다르다면 위조라고 보는 것과 마찬가지다.

둘째로 봉니 가운데는 같은 도장을 찍은 것도 있는데 그 도장의 크기가 서로 다른 것이 있다. 례컨대 '동이장인'의 도장이 찍힌 봉니가 2개 있는데 하나는 한 변의 길이가 2cm이고 다른 하나는 2.1cm이다. 같은 도장을 찍었는데 어떻게 그 크기가 다를 수 있겠는가? 그것은 봉니를 제가끔 위조하였기 때문에 나타난 현상이다.[30]

같은 도장을 찍었는데 크기가 다른 이유는 같은 도장이 아니라 각각 위조한 도장을 찍은 봉니이기 때문이라는 주장이다.
세 번째는 더 중요하다.

셋째로 봉니에 찍힌 관직명 가운데는 당시의 관직제도와 맞지 않는 것이 많다. 례컨대 봉니 가운데는 '장잠장인'의 도장이 찍힌 것과 '장잠령인'의 도장이 찍힌

---

29) 박진욱, 앞의 글, 11쪽.
30) 박진욱, 앞의 글, 11쪽.

것이 있는데 장잠장 왕경 무덤의 묘지명이 보여주는 바와 같이 장잠현은 소현이며 그의 장관은 장잠현장이다. 따라서 장잠령인은 위조품으로 보아야 한다. 또한 봉니 가운데 '락랑대윤장'이라는 것이 있는데 '대윤'이란 '태수'를 왕망 때 그렇게 고친 것이다. 그런데 왕망은 또한 '락랑군'을 '락선군'으로 고쳤던 것만큼 제대로 되자면 '락선대윤장'으로 되었어야 할 것이다. 그러니 '락랑대윤장'은 위조품이 틀림없다.[31]

봉니에 찍힌 관직명이 관직제도와 맞지 않는다는 것이다. 먼저 '장잠장인'이라고 찍혀야 하는데 '장잠령인'으로 찍힌 봉니가 있다는 것이다. 낙랑대윤장은 평양 출토 봉니가 위조품이라는 결정적 증거로 사용된다. 이것은 유일하게 한나라 때가 아닌 신나라 때의 봉니다. 왕망은 '태수'를 '대윤'으로 바꾸고 '낙랑'을 '낙선'으로 바꾸었다.

앞에서 살펴보았듯이 왕망의 신나라 때 낙랑군을 낙선군으로 개칭했는데, 『한서』「왕망열전」의 "군의 태수를 대윤으로 고치고, 도위都尉를 태위太尉로 고치고, 현의 영장令長을 재宰로 고쳤다"● 는 기록도 있다. 따라서 봉니가 왕망 이전의 것이라면 '낙랑태수장'이어야 하고 왕망 때 만들어졌다면 '낙선대윤장'이어야 하는데, 발견된 봉니는 '낙랑대윤장'인 것이다. 왕망 때 태수가 대윤으로 바뀐 것은 알았으나 낙랑군이 낙선군으로 바뀐 것은 채 알지 못하고 위조

● "改郡太守曰大尹, 都隊曰太尉, 縣令長曰宰".(『漢書』,「王莽列傳」)

---
31) 박진욱, 앞의 글, 11~12쪽.

했다는 뜻이다.

네 번째 의문은 정인보의 주장과 같다. 곧 봉니는 수신지에서 떼어보는 것인데 발신지의 것인 '락랑태수장', '조선령인' 등의 도장이 찍힌 봉니가 평양 지역에서 나왔다는 것이다. 또한 박진욱은 해방 전에 봉니를 위조해 일본 골동품 상인에게 팔아먹은 구체적 자료도 확인되었다고 했다.

이처럼 해방 전 북한 지역에서 일제 식민사학자들이 발견한 봉니는 다른 유적, 유물과 마찬가지로 의문투성이다. 위조시비가 일지 않을 수 없다.

아직도 일제 연구만 인용하는 주류 사학계

지금까지 살펴본 대로 평안남도와 황해도 지역에서 발견된 중국계 유적과 유물은 많은 문제점을 안고 있다. 일단 대동강 유역을 옛 낙랑군 지역으로 만들려는 조선총독부의 의도가 확인되었다. 그리고 이마니시 류와 세키노 다다시를 비롯한 일제 식민사학자들이 유적·유물의 발견과 해석의 중심에 서 있다. 이들이 늑대소년으로 판명된 지는 오래되었다. 조선사편수회 소속이 아니라면 당연히 의혹의 눈길을 보내야 하는 상황인 것이다. 그러나 한국 주류 사학자들은 아직도 늑대소년의 이야기를 정설로 믿고 있다. 같은 역사관을 갖지 않고서는 있을 수 없는 일이다.

일례로 동북아역사재단에서 발간한 『낙랑문화연구』에 수록된

「낙랑 토성의 철기와 제작」이란 논문을 보자. 국민세금으로 연구하고 발간된 이 논문에서는 해방 후 북한에서 발굴한 내용은 아예 언급도 하지 않았다. 일제는 낙랑 토성에서 발굴한 유물들을 대부분 반출해 도쿄대학교 문화부에 수장했고, 1965년에야 이 유물들에 대한 보고서를 냈으나 그 내용이 부실했다. 동북아역사재단도 일제의 조사가 부실하다는 사실을 알고 있었다.

> (도쿄대학교의) 보고서에서 강조한 조사 성과로는 채집품으로만 그 존재가 알려져 진위 여부를 둘러싸고 이견이 있었던 각종 봉니와 '낙랑예관樂浪禮官' 명 와당이 실제 발굴조사에서 출토된 사실을 들고 있다. 그러나 한편으로는 낙랑 토성의 축조 연대나 낙랑 군치로 기능한 기간, 그리고 낙랑 토성이 위만조선 이래의 왕검성인지 등의 논란을 확인해줄 구체적인 고고 자료는 확보하지 못했다고 밝히고 있다.[32]

조선총독부와 조선사연구회가 해체된 이후에 도쿄대학교에서 발간한 보고서는 낙랑 토성이 왕검성이라고 볼 만한 고고학적 근거가 없다고 자백한 것이다. 또한 낙랑 군치로 기능한 기간에 대한 고고학적 근거도 없다는 것이다. 더 이상 한반도가 식민지가 아니니 한국사를 중국의 식민지로 시작되었다고 강조해야 할 정치적 이유가 없어졌기 때문이다.

이런 상황이면 한국 주류 사학계는 해방 이후 평양 지역을 광범

---

32) 동북아역사재단, 「낙랑 토성의 철기와 제작」, 『낙랑문화연구』, 2006년, 134쪽.

위하게 발굴한 북한의 견해를 참고해 종합적 결론을 내렸어야 했다. 그러나 처음부터 북한의 발굴 결과나 그 연구 결과를 인용할 생각은 전혀 없었다.

> (도쿄대학교의) 보고서가 출간된 후에도 낙랑 토성 또는 그 출토 유물에 대한 연구는 거의 이루어지지 않았다. 그러다가 1980년대가 되어 곡풍신谷豊信(타니 토요노부)이 낙랑 토성 출토 유물에 대한 새로운 정리 작업과 연구를 시작했다······ 곡풍신의 일련의 연구 덕택에 낙랑 토성에 산재하는 여러 유구들의 성격이 더욱 분명해졌다.[33]

북한이 1960년대부터 줄기차게 발표한 연구 결과는 아예 무시한 채 1980년대 타니 토요노부가 도쿄대학교에서 수장하고 있는 이른바 낙랑 유물을 정리한 것을 마치 복음처럼 여기고 있다. 그러면서 다음과 같이 결론을 내렸다.

> 낙랑군의 설치는 동북아시아 고대 사회의 철기문화에 커다란 변용을 가져온 획기적인 사건으로 이해되어 왔다. 그러나 정작 낙랑군의 철기문화 그 자체에 대한 연구는 미진한 상황인데, 이는 역시 1차 사료 부족에 기인하는 바가 크다고 할 수 있다. 이번에 소개하는 도쿄대학 문화부 고고학 연구실 보관의 철기 자료가 이러한 자료 부족을 메워주는 역할을 하기를 기대한다.[34]

---

33) 동북아역사재단, 앞의 글, 134~135쪽.
34) 동북아역사재단, 앞의 글, 178쪽.

북한에서 발견된 수많은 유물은 애써 외면한 채 이미 위조시비에 휘말린 도쿄대학교 유물만 갖고 해석하겠다는 뜻이다. 이러니 식민사학 극복의 의지 자체가 없어 보인다는 비판을 받는 것이다.

그런데 뜻밖에도 1997년에 '임둔태수장臨屯太守章' 봉니가 발견되었다. 이 봉니를 분석하면 한사군에 대한 진실에 한걸음 더 다가설 수 있다.

임둔태수장 봉니가 출토된 요녕성 금서시

중국이 동북공정에 박차를 가하던 1997년 요녕성遼寧省 금서시錦西市 연산구連山區 여아가女兒街 태집둔邰集屯 소황지小荒池의 옛 성터에서 '임둔태수장'이라고 쓴 봉니와 승丞 자가 새겨진 봉니가 각각 1점씩 수습되었다. 금서시는 갈석산에서 발해 해안을 따라 올라와 금주만錦州灣을 끼고 있는 만주 서쪽의 해안도시다. 일제 식민사학자들이 한반도 북부에서 발견했다는 봉니는 조작과 위작 시비가 끊이지 않는 반면 금서시에서 발견된 봉니는 위작시비가 일 여지가 없다. 왜냐하면 중국 사회과학원에서 발간한 『중국역사지도집』은 임둔군이 한반도 내에 있다고 했는데 임둔태수장 봉니가 발견된 곳은 중국 요서 지역이기 때문이다. 중국에 불리한 사료가 중국에 의해 발견되었으니 위작시비가 일 수 없는 것이다.

먼저 임둔군에 대한 한국 주류 사학계의 견해를 살펴보자. 한국 주류 사학계는 임둔군이 현재의 함경남도 지역이라고 비정했다. 『한서』「지리지」'낙랑군조'에는 동부도위 관할의 7개 현의 이름이 나온다. 동이·불이·잠태·화려·사두매·전막·부조 현이 그것이다. 이 7개 현은 옛 임둔군의 잔현으로 추측된다. 임둔군의 위치를 비정할 때 가장 중요한 곳이 바로 동이현이다. 임둔군의 치소이자 수현이기 때문이다. 이병도는 동이현에 대해『무릉서武陵書』의 거리 비정을 근거로 함경남도 남단에 해당한다며 지금의 덕원군德源郡 부근으로 비정했다.

> 덕원군은 고구려시대의 천정군泉井郡-신라시대의 정천군井泉郡-으로서 그 속현에 '동허현東墟縣'-신라의 유거현幽居縣-의 이름이 보인다. 동허東墟의 위치는 분명치 못하나, 오늘의 덕원 부근인 것은 재언할 필요가 없으며, 이 '동허東墟'의 명칭이 발음상 동이東暆에 얼마나 가까운가를 직각적으로 환기시킨다. 墟의 고음古音은 우거偶舉로 반절反切되어 어語자음과 같고, 暆는 안사고顔師古의 주註에 '應卲曰音移(응소가 말하기를 음은 이다 - 필자 주)'라 함과 같이 '이'로 발음하였다. 그래서 나는 한漢 대 '동이현東暆縣'의 명칭이 고구려 소유시대에 와서 천정군泉井郡 소속의 '동허현東墟縣'의 이름이 되고, 또 근조선近朝鮮에 이르러서는 덕원德源의 명칭으로 변하였던 것이 아닌가 추찰推察된다.[35]

이병도가 덕원군을 임둔군의 동이현이라고 보는 근거는 그 속현 동허현과 동 자가 같다는 것 하나뿐이다. 동이현(한) → 동허현(고구

---

35) 이병도, 『신수판 한국고대사연구』, 197~198쪽.

중국 랴오닝성 금서시에서 발견된 임둔태수장 봉니. 중국 요서 지역이 한사군 지역임을 알게 해주는 유력한 물증이지만 주류 사학계는 외면하고 있다.

려) → 덕원군(조선)으로 변했다는 추론은 기발하다고 하지 않을 수 없다. 김정호는 『대동지지』에서 동허를 덕원도호부가 아닌 안변도호부 소속으로 설명했다.

덕원이란 명칭은 이병도의 추찰대로 동허의 음이 변한 것이 아니라 조선 태조 이성계의 조상들인 익조翼祖, 도조度祖 등이 살았다는 이유로 덕원이라고 바꾼 것이다. 부근의 공성현孔城縣이 '조선 왕조가 건국되는 경사가 일어났다'는 뜻의 경흥慶興으로 바뀐 것처럼 덕치德治를 내세운 조선왕조가 탄생한 '덕의 근원'이란 뜻으로 덕원이라고 바꾼 것이다. 그 전에는 동허가 아니라 의주宜州였고 의천宜川이었다. 동이는 물론 동허와도 전혀 관계가 없는 이름이다. 동이현을 함경도 덕원으로 볼 근거는 전혀 없는 것이다.

불이현을 살펴보자. 이병도는 불이현을 안변으로 비정했다.

안변의 고명古名인 '비열比列'이 저 '불이不而' '불내不耐'와 음상사音相似(음이 서로 비슷함-필자 주)한 까닭에 흔히 사가史家들은 이를 위치상으로 동일시하거니와 나는 비단 명칭관계에서뿐 아니라 그 이웃인 동이현東暆縣(덕원군)과 서로 전후하여 이 방면方面(동부)의 중심지를 이루고 있었다는 점에서도 불이를 비열홀比列忽(안변)에 구하는 것이 더욱 타당하다고 생각된다.[36]

임둔군 불이현이 함경도 안변이라는 것 역시 아무런 근거가 없다. 덕원군을 자기 마음대로 동이현으로 기정사실화해놓고 논리를 전개한 것에 불과하다. 『신증동국여지승람』 '안변도호부 건치연혁조'에 "본래 고구려의 비열홀군比列忽郡이었는데 일명 천성淺城이라고도 했다. 신라 진흥왕眞興王 17년에 비열주比列州로 하고는 군주軍主를 설치하였다"고 나오는데 비열과 불이의 음이 서로 비슷하니 임둔군 불이가 함경도 안변이라는 것이다. '비열'과 '불이'의 음이 어떻게 비슷한지 알 수 없는 노릇이다. 나머지도 이런 식으로 위치를 비정했으니 그 논거를 따지는 것은 의미가 없다.

문헌상으로 임둔군의 위치를 찾기는 쉽지 않다. 『후한서』 「동이열전」 '고구려조'에 "고구려가 예맥과 현도를 공략하고 화려성을 공격했다"는 구절이 있는데 그 주석에 "화려현은 낙랑군에 속해 있다"는 기사가 나온다. 여기에서 임둔군에 속했던 화려현은 낙랑군 지역에 있었음을 알 수 있으나 위치를 특정하기는 쉽지 않다. 이런 상황에서 발견된 임둔태수장 봉니는 임둔군의 위치비정에 대단히 중요할 수밖에 없다.

---

36) 이병도, 같은 책, 201쪽.

길림대학교 고고학과에서 박사학위를 받은 복기대는 「임둔태수장 봉니를 통해 본 한사군의 위치」[37]를 발표했다. 그러나 한국 주류 사학계는 마치 이 논문이 발표되지 않았다는 듯이 무시하고 있다. 그 이유는 간단하다. 임둔군이 함경남도 부근에 있어야지 요녕성 금서시 근처에 있어서는 곤란하기 때문이다. 임둔군이 함경남도가 아닌 요녕성 금서시 근처에 있었다는 물증이 나왔다면 비단 한국 사학자가 아니더라도 크게 환호할 일이지만 주류 사학계는 조용히 넘어간 것이다. 한사군이 한반도에 있었다는 일제 조선사편수회 이래의 정설을 모두 수정해야 하기 때문이다.

복기대의 「임둔태수장 봉니를 통해 본 한사군의 위치」가 중요한 이유는 '임둔태수장'이란 유물 하나만 분석한 것이 아니라 그 주위의 유적과 유물의 성격을 동시에 밝혀 한사군에 대한 종합적 이해를 돕기 때문이다. 복기대는 이 논문에서 "임둔군과 관계된 봉니가 지금의 요서 지역에서 수습되었고 요동 지역에서는 서한문화의 흔적이 산발적으로 보이는데 이것은 한사군이 지금의 요서 지역에 설치되었을 가능성을 말해주는 것이다"라고 했다. 임둔태수장 봉니는 한사군이 현재의 요하 서쪽에 설치되었을 가능성을 나타내는 유물이라고 볼 수 있다는 뜻이다. '임둔태수장' 봉니가 수습된 유적은 4개의 문화층으로 이루어져 있는데 봉니는 제3기층에서 발견되었다. 중국 발굴자들은 제3기층을 2개의 문화층으로 구분했는데, 2개의 문화층은 특별히 질그릇과 건축 재료의 형태와 수량에서 분명한

---

37) 복기대, 「임둔태수장 봉니를 통해 본 한사군의 위치」, 『백산학보』, 61집, 2002년.

변화를 보였다고 한다. 2개의 문화층 중 질그릇과 와당의 경우 아래쪽 제1단은 고조선문화의 특징을 그대로 보여주고, 제2단은 한나라문화의 특징을 갖는 와당의 수량이 증가한다는 것이다. 제1단의 문화층이 형성될 당시에는 이 지역이 고조선 지역이었다가 제2단 문화층 시기에는 한인들이 많이 거주하기 시작했음을 알게 해준다는 것이 복기대의 해석이다. 또한 복기대는 이 논문에서 다음과 같이 덧붙였다.

> 봉니와 함께 수습된 유물들에 대한 분석 결과는 다음과 같은 사실을 알게 해준다. 즉, 제3기층의 제2단에서 토착문화(고조선 문화-필자 주)로부터 한문화漢文化로 크게 변화를 보이고 있는데 지배 계층이 사용했던 유물이 많이 수습되었다. 이것은 지금의 요녕성 금서시 연산구 여아가 태집둔 소황지 지역에서는 제3기층 후반기인 중국의 서한西漢(전한)시대에 와서 한漢의 지배계층이 많이 이주하여 거주했음을 알게 해주는 것이다. 이 시기에 서한의 중앙정부에서 만들어 보낸 '임둔태수장'이라는 인장이 이곳에서 사용되어 봉니가 만들어졌을 것이다. 즉 한사군의 임둔군은 바로 이 지역일 가능성을 말해주는 것이다.

앞에서 설명했듯이 복기대는 임둔태수장 봉니만을 갖고 이런 결론을 내린 것이 아니다. 먼저 봉니가 나온 태집둔 소황지 주변의 유적에서 출토된 유물을 비교해 봉니의 성격을 다양하게 분석했다. 복기대는 같은 논문에서 소황지 유적과 금서시 서쪽의 대니大泥 유적 그리고 북쪽의 패묘貝墓 유적의 출토 유물을 검토한 후 이런 결론을 내렸다.

금서시錦西市에서 발굴된 위의 세 유적은 다음과 같은 사실을 말해준다. 첫째는 전국戰國시대에 속하는 대니大泥 유적에서는 고조선의 특징을 보여주는 유물이 주로 수습되었다. 이는 이 시기 이 지역에 고조선 사람들이 거주했을 것임을 알 수 있다. 둘째는 두 지역의 패묘貝墓에서는 전국戰國 말기에서 서한西漢 초기에 이르는 기간에는 고조선의 특징을 보여주는 유물과 중국의 특징을 보여주는 유물이 섞여서 수습되었다. 이는 이 시기에 중국인들이 거주하기 시작했음을 알게 해준다. 셋째는 그 후 서한西漢 중기부터 동한東漢(후한) 시기에 이르면 유물에서 고조선의 특징은 약해지고 거의 중국의 특징을 가진 유물이 주류를 이룬다. 이는 이 시기에 이 지역이 중국의 통치권 안에 속하게 되었음을 알게 해주는 것이다.

이 해석은 고대 중국과 고조선의 역사적 상황을 그대로 보여주는 것이다. 중국의 전국시대에 고조선 유물들만 발굴되는 것은 현재의 요녕성 금서시 지역이 고조선의 강역이었음을 말해준다. 그렇다면 전국 말기에서 전한 초기에 고조선 유물과 중국 유물이 섞여서 출토되는 것은 어떻게 해석해야 할까? 이를 이해하기 위해서는 연나라 장수 진개秦開가 조선을 공격해 2천여 리의 땅을 빼앗다는 기사를 주목해야 한다. 『삼국지』「위서 동이전」 '한조'에서 진수는 『위략魏略』을 인용해 이렇게 말했다.

> "後子孫稍驕虐, 燕乃遣將秦開攻其西方, 取地二千餘里, 至滿番汗爲界, 朝鮮遂弱".(『三國志』, 「魏書東夷」 '韓')

그 뒤에 (고조선 임금의) 자손이 점점 교만하고 포악해지자 연나라는 장군 진개秦開를 파견하여 (조선의) 서쪽 지방을 침공하고 2천여 리의 땅을 빼앗아 만번한滿番汗에 이르는 지역을 경계로 삼았고, 조선은 마침내 약화되었다.

> "其後燕有賢將秦開, 爲質於胡, 胡甚信之. 歸而襲破東胡, [東胡]卻千餘里".(『漢書』, 「匈奴列傳」)

『위략』은 현전하지 않지만 진수는 『삼국지』에서 『위략』을 여러 차례 인용해가며 보충 설명을 했다. 과거 식민사학자들은 이 구절 때문에 고조선이 대동강 유역의 작은 소국이면 어떻게 2천여 리의 땅을 빼앗기고도 만번한을 경계로 연과 대립할 수 있었겠느냐는 비판을 받기도 했다. 이 구절 하나로도 고조선은 대동강 유역의 작은 소국일 수 없는 것이다. 『한서』「흉노열전」에도 진개에 관한 구절이 있다.

> 그 뒤 연나라의 현명한 장수 진개가 동호東胡에 인질로 가서 그들의 신뢰를 받은 다음 연나라로 돌아오자 곧 동호를 습격하여 격파했는데, 이때 동호는 1천여 리나 후퇴했다.

동호, 동이 등은 한족이 동북 지역에 살던 고조선족·선비족 등을 통칭하는 말이다. 진개는 연나라 소왕昭王 때의 인물인데 소왕이 서기전 311년부터 서기전 297년까지 재위했으니[38] 그가 고조선을 공격한 시점은 이 시기였을 것이다. 이때 고조선은 금서시를 포함한 서쪽 강역을 일시 연나라에게 빼앗겼고, 만번한을 경계로 삼은 것이다. 전국시대는 서기전 210년 진시황이 전국을 통일한 뒤 끝났는데, 진시황이 자신의 강역 동쪽 끝으로 갈석산까지만 왔다는 것은 이 지역을 다시 고조선이 되찾았다는 뜻이다. 전국시대 말기부

---

38) 陳夢家, 『西周年代考·六國紀年』, 中華書局, 2005년, 91~92쪽.

터 전한 초기에 임둔태수장 봉니가 나온 소황지 옛 성터 유적에서 고조선 유물과 중국 유물들이 섞여 나오는 것은 이 지역을 두고 두 나라가 공방을 벌였기 때문이다. 또한 그 후 전한 중기부터 후한 전기까지 중국계 유물이 주로 출토된 것은 이 지역에 한사군이 설치되었기 때문이다.

 이 유적의 토성도 주목해서 살펴보아야 한다. 유적 발굴자들은 토성의 축조연대를 전국 후기라고 보았다. 고조선인들은 전국시대의 팽창 기운이 고조선에 미칠 것을 우려해 이 성을 쌓았던 것이다.

 임둔태수장 봉니가 출토된 금서시 서북쪽에 조양朝陽시가 있다. 조양시 남쪽의 소파적小波赤 유적에서는 춘추시대 중기에서 후기에 속하는 석곽石槨 무덤이 발굴되었는데 이 유적에서는 고조선 유물인 비파형 동검과 청동단추가 수습되었다. 또한 조양시 남쪽의 십이태영자十二台營子 유적에서도 비파형 동검과 청동거울 등 고조선 유물이 출토되었다. 복기대는 이런 출토 유물을 근거로 신석기시대부터 전국시대까지 조양 지역에 고조선 사람들이 거주했다고 보았다. 또한 조양시 건평현建平縣 서북부의 서호소태촌西胡素台村과 찰채영자촌札寨營子村 같은 유적지에서 출토된 유물도 전국시대까지는 고조선 사람들이 주로 거주하다가 전한 때 중국계 지배층들이 들어왔음을 알려준다.

 임둔태수장 봉니가 나온 금서시 소황지와 그 근처 조양시 등의 여러 유적을 종합적으로 검토한 복기대의 결론은 다음과 같다.

 다시 말하면 한사군은 지금의 요서遼西 지역에 설치되어 있었는데 그 가운데 지금의 금서錦西 지역이 임둔군이었던 것이다. 이러한 고고학 자료에 의한 고증 결과는 그간 논란을 빚어온 한사군에 관한 문헌 기록들의 해석을 재검토하도록 만들 뿐만 아니라 지난날 한사군의 위치를 한반도 북부와 지금의 요동 지역으로 본 통설을 재고해볼 필요가 있다는 것을 알 수 있었다. 이는 한국 고대사의 연구에 있어서 매우 중요한 의미를 갖는 것으로 볼 수 있다.[39]

이제 문헌 사료뿐만 아니라 유적과 유물을 통해서도 한사군이 현재의 요서 지역에 있었음이 명백하게 확인되었다. 또한 한 무제가 왜 전쟁에서 돌아온 순체와 양복 등의 장군들을 사형시켰는지도 이해할 수 있다. 한나라는 오랜 전쟁 끝에 고조선의 서쪽 강역 일부만을 차지한 뒤 그 강역(요서 지역)에 한사군을 설치했던 것이다. 나머지 고조선 강역에서는 고조선의 옛 제후국(거수국)들이 존속했다. 한반도에는 한사군이 설치된 적이 없다.

---

39) 복기대, 앞의 글.

2부

『삼국사기』 초기기록은 조작되었는가?

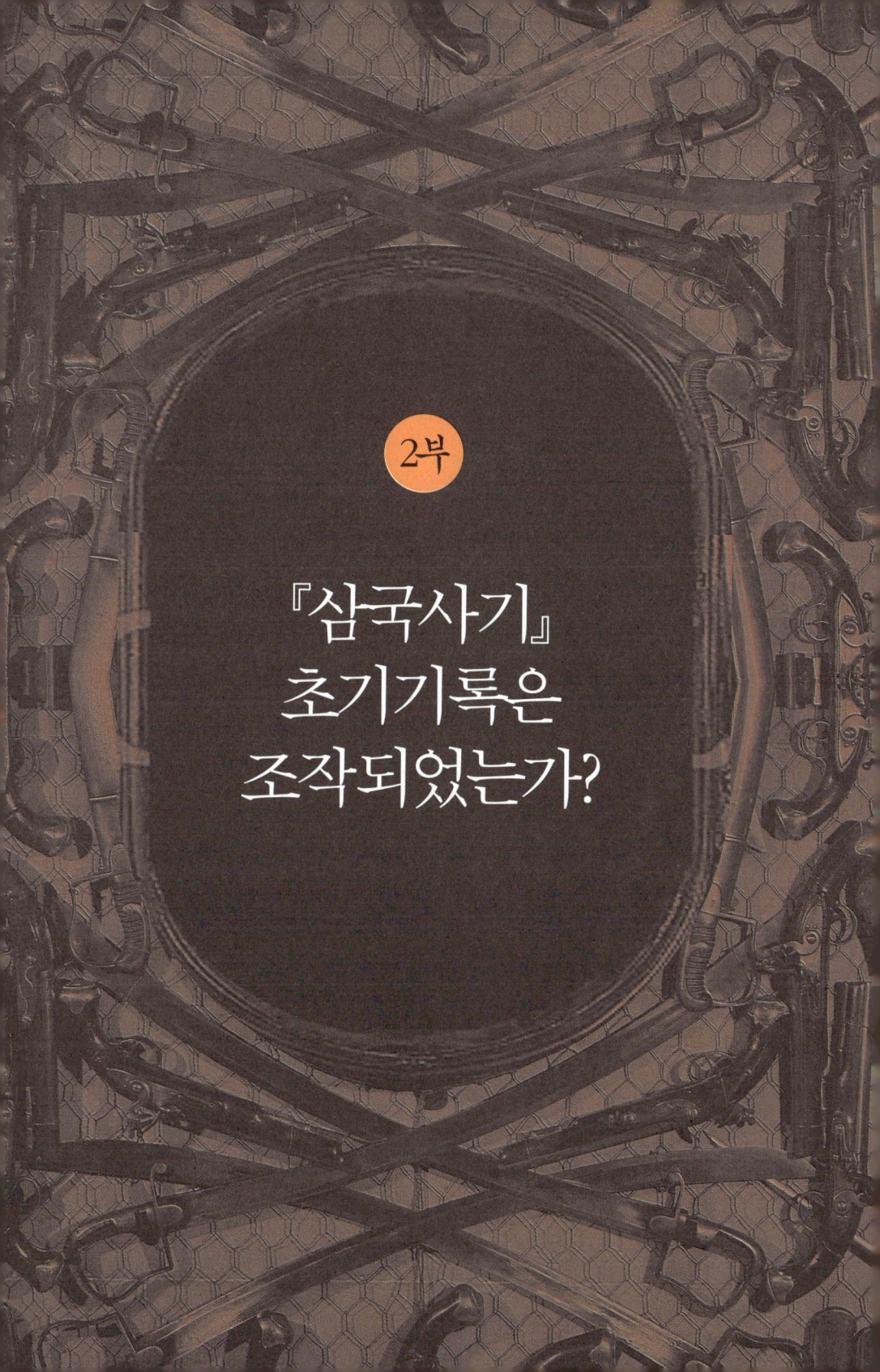

6. 『삼국사기』 초기기록 불신론

교과서에서 빠진 한사군

한국 주류 사학계의 연구 성과를 축약한 것이 『국사 교과서』다. 그간 『국사 교과서』에는 한사군에 관한 기술이 빠짐없이 들어가 있었지만 현재는 사라졌다. 『국사 교과서』는 여러 차례 논란이 되어왔는데 그 핵심에는 항상 고조선과 한사군에 대한 식민사학적 기술 문제가 자리잡고 있었다. 그러자 주류 사학계는 『국사 교과서』에서 한사군 자체를 서술하지 않는 것으로 전술을 전환했다. 문제는 한사군에 대한 서술이 학문적 검증 방법을 거치지 않고 누락되었다는 점이다. 『국사 교과서』에서 서술해온 한사군의 개념과 위치가 잘못되었다는 것을 자인하고 뺀 것이 아니라는 뜻이다. 한사군이 한반도에 있었다는 기존 정설은 옳지만 이 부분이 논쟁이 되고 식민사학의 후예라는 비판을 받으니까 서술 자체를 뺀 것이다. 한사군에 대한 과거의 인식체계는 그대로인 상태에서 그 부분만 누락시켰기 때문에 혼란만 가중되었다.

『국사 교과서』 '삼국의 성립' 중 백제편에는 "백제는 한강 유역으로 세력을 확장하려던 한의 군현을 막아 내면서 성장하였다(47쪽)"고 서술되어 있다. 한의 군현은 물론 한사군이며, 더욱 정확하게 말하면 황해도와 경기 북부에 있었다는 대방군을 뜻하는 것이다. 한 군현이 한강 북부 지역에 있었다는 것을 전제로 나온 서술이다. 고구려에 관한 기술도 마찬가지다. 『국사 교과서』는 '삼국의 정치적 발전'에서 "미천왕 때에 낙랑군을 완전히 몰아낸 고구려는 압록강 중류 지역을 벗어나 남쪽으로 진출할 수 있는 발판을 마련하였다 (49쪽)"고 적었다. 낙랑군을 몰아내고서야 압록강 중류 지역을 벗어나 남쪽으로 진출할 수 있는 발판을 마련했다는 것 또한 낙랑군이 대동강 유역에 있었다는 전제 아래 쓰인 서술이다. 이처럼 한사군이 한반도 내에 있었다는 인식은 여전한 채 한사군이란 이름만 누락시킨 것이다. 역사란 일정한 사관으로 서술되어 그 흐름을 이해해야 하는데 한 문단 안에 서로 다른 사관이 충돌하고 있으니 그저 외우는 수밖에 없다. 이해과목이어야 할 국사가 암기과목으로 전락한 근본원인이 여기에 있는 것이다.

그런데 『국사 교과서』에 한사군에 대한 언급이 누락된 것에 대해 공개적으로 문제를 제기한 책이 동북아역사재단에서 발간한 『낙랑문화연구』다. 제목이 『낙랑문화연구』인 것에서 이들의 시각이 단적으로 드러나며, 그 「머리말」을 보면 이들의 인식체계를 정확히 알 수 있다.

> 현재 사용되고 있는 제7차 교과과정의 고등학교 국사 교과서에서는 (한사군의) 그 존재 자체와 의미를 부정하는 방향으로 서술하고 있어, 삼한 등과 같은 주변 집단들의 역사적 변화발전 양상을 제대로 이해하지 못하고 왜곡시키는 결과를 낳고 있는 실정이다. 그나마 다행히 최근 들어 학회나 연구소의 기획에 의해 낙랑에 대한 집중적 연구가 행하여지고, 문헌사학이나 고고학 분야 전공자가 배출되어 양적·질적으로 연구의 수준이 향상되어 있는 것이 사실이나 아직 만족할 만한 단계에 도달해 있다고 말하기는 어려운 상태이다.

『국사 교과서』에 한사군이 한반도 내에 있었다고 쓰지 않은 것이 문제라는 말이다. 마치 조선사편수회 소속 학자들이 문제를 제기한 것 같다. 일본 국민이나 중국 국민들이 아닌 대한민국 국민들의 세금으로 동북아역사재단이 운영되는 사실에 대한 문제인식 자체가 없는 것이다. 같은 책의 「머리말」을 조금 더 살펴보자.

> 이러한 상황에서 고구려연구재단에 의한 이번의 연구 기획은 이제까지의 수준에서 한 단계 더 나아가 낙랑의 역사와 문화에 대한 이해에 있어 새로운 전기를 마련할 것으로 보인다…… 아울러 이번 연구를 적극 지원하여주신 고구려연구재단의 관계자 제위諸位께도 심심한 사의를 표하는 바이다.

이들에게 국민세금을 지원해준 것은 동북아역사재단의 전신인 고구려연구재단이라는 뜻이다. 『국사 교과서』에서 한사군을 서술하지 않은 이유는 『낙랑문화연구』 저자들이 이것을 '역사왜곡'이라고 보고 있기 때문이다. 낙랑군은 평양 지역에 있었고, 대방군은 황해도에 있었고, 임둔군은 함경도에 있었다는 인식이 사학계 주류의 정설인 것이다. 조선사편수회의 역사관과 동일한 인식구조다. 이런 인식을 가진 학자들이 중국의 동북공정과 일본의 역사왜곡에 맞서라고 설치한 고구려연구재단과 동북아역사재단의 주요 자리를 차지하고 국가의 지원을 받아 한국사를 연구하는 것이다. 지구상에 이런 나라가 또 존재할까? 한국은 이 문제에 관한 한 일반 상식이 통하지 않는 나라다. 일제 식민사학의 후예들이 모든 학문 권력을 장악했기 때문이다.

『삼국사기』 초기기록 불신론과 『국사 교과서』

『국사 교과서』가 한사군 문제를 서술하지 않음으로써 "삼한 등과 같은 주변 집단들의 역사적 변화발전 양상을 제대로 이해하지 못하고 왜곡시키는 결과를 낳고 있는 실정이다"는 동북아역사재단의 서술은 바로 한국 주류 사학계의 정설인 '『삼국사기』 초기기록 불신론'[40]에 기반을 둔 것이다. 현행 중·고등학교 『국사 교과서』는 일제 식민사학에 대한 전문적 지식을 갖고 있지 못한 사람은 이해할

---

40) 『삼국사기』 초기기록 불신론에 대해서는 이종욱, 「제1장 지난 100년 한국 고대사 통설의 문제점」, 『한국 고대사의 새로운 체계』, 소나무, 1999년을 참조.

수 없는 책이다. 전 세계 자국사 교과서 중에 가장 어렵고 혼란스러울 것이다. 특히『국사 교과서』의 고대 부분은 '『삼국사기』 초기기록 불신론'을 모르면 그 개념조차 이해하기 어려운 구조로 서술되어 있다.

먼저 고조선 다음의 초기 국가들을 서술한『국사 교과서』의 '여러 나라의 성장(36~40쪽)'을 살펴보자. 이 항목에서는 '부여, 고구려, 옥저와 동예, 삼한'에 대해 기술했다. 고대 국가를 설명한 것 같지만 '신라와 백제'가 누락된 부분을 주목해야 한다. '『삼국사기』 초기기록 불신론'에 따라 신라와 백제를 빼버린 것이다.『삼국사기』는 고구려가 건국된 B.C. 37년을 전후해 신라와 백제가 건국되었다고 전하지만 믿지 못하겠다는 것이다. 이런 인식은 어떻게 생긴 것일까? 뒤에서 자세히 서술하겠지만『삼국사기』 초기기록 불신론은 조선사편수회의 쓰다 소우키치가 만든 것이다. 그는『삼국사기』 초기기록을 부인하는 대신 진수의『삼국지』「동이열전」으로 대치했다.『삼국지』「동이열전」은 '부여, 고구려, 동옥저, 읍루, 예濊, 한韓(삼한)'의 순서로 기록했는데, 여기에서 읍루를 제외했을 뿐 나머지는 같다.

현행『국사 교과서』 36쪽의 지도는 강원도 지방에 동예를, 한반도 남부에 삼한을 그려놓았다. 그런데 진수의『삼국지』「동이열전」은 동예가 아니라 그냥 예라고만 했으며, 그 지역에 대해 "지금 조선의 동쪽이 모두 그 지역이다"●라고 서술했다. 한국 주류 사학계는 고조선을 대동강 유역으로 비정했으니 예는 그 동쪽인 강원도쯤에

● "今朝鮮之東皆其地也".(『三國志』, 「東夷列傳」)

있어야 하는 것이다. 물론 '제멋대로 위치비정'이다. 주류 사학계는 『삼국지』가 중국의 삼국시대를 기술했다고 해서 「동이열전」도 3세기 때를 기록한 것으로 주장하는데, "지금 조선의 동쪽이 모두 예 지역이다"는 구절은 3세기 때의 상황이 아니라 고조선이 멸망하기 전인 서기전 2세기 이전의 상황을 기록했음을 말해준다. 물론 고조선이 한나라에 멸망한 이후의 상황을 기록한 것도 있다. 이는 진수가 「동이열전」을 기록했지만 동이족 국가의 시말과 강역에 대한 정확한 인식을 갖지 못했음을 말해주는 것이다. 다시 말해 「동이열전」은 엄밀한 사료 선택과 비판 과정을 거쳐 쓴 것이 아니라 여기저기서 끌어 모은 사료를 대충 조합해 쓴 글이다. 게다가 『삼국지』는 한나라와 위나라에 맞선 동이족에 대한 반감도 가미된 책이다. 엄밀한 사료 비판 과정을 거쳐 취할 부분과 버릴 부분을 가려 제한적으로 받아들여야 할 기록인 것이다. 하지만 주류 사학계는 일제 식민사학자 쓰다 소우키치의 주장에 따라 『삼국사기』 초기기록은 모두 가짜라고 부인해버리고 『삼국지』 「동이열전」은 모두 진짜라고 모시고 있는 상황이다. 곧 쓰다 소우키치가 만든 조선사편수회의 인식이 현재까지 그대로 관철되고 있는 것이다.

제7차 교육과정 이전의 『국사 교과서』 부록인 '역대 왕조 계보'를 살펴보면 한국 주류 사학계가 어떤 사관으로 『국사 교과서』를 서술했는지 정확히 알 수 있다. 각 왕의 재위연대를 보면 고구려는 제6대 태조왕(53~146년)부터, 백제는 제8대 고이왕(234~286년)부터, 신라는 한술 더 떠서 제17대 내물왕(356~402년)부터 재위연대가 기록되어 있다.

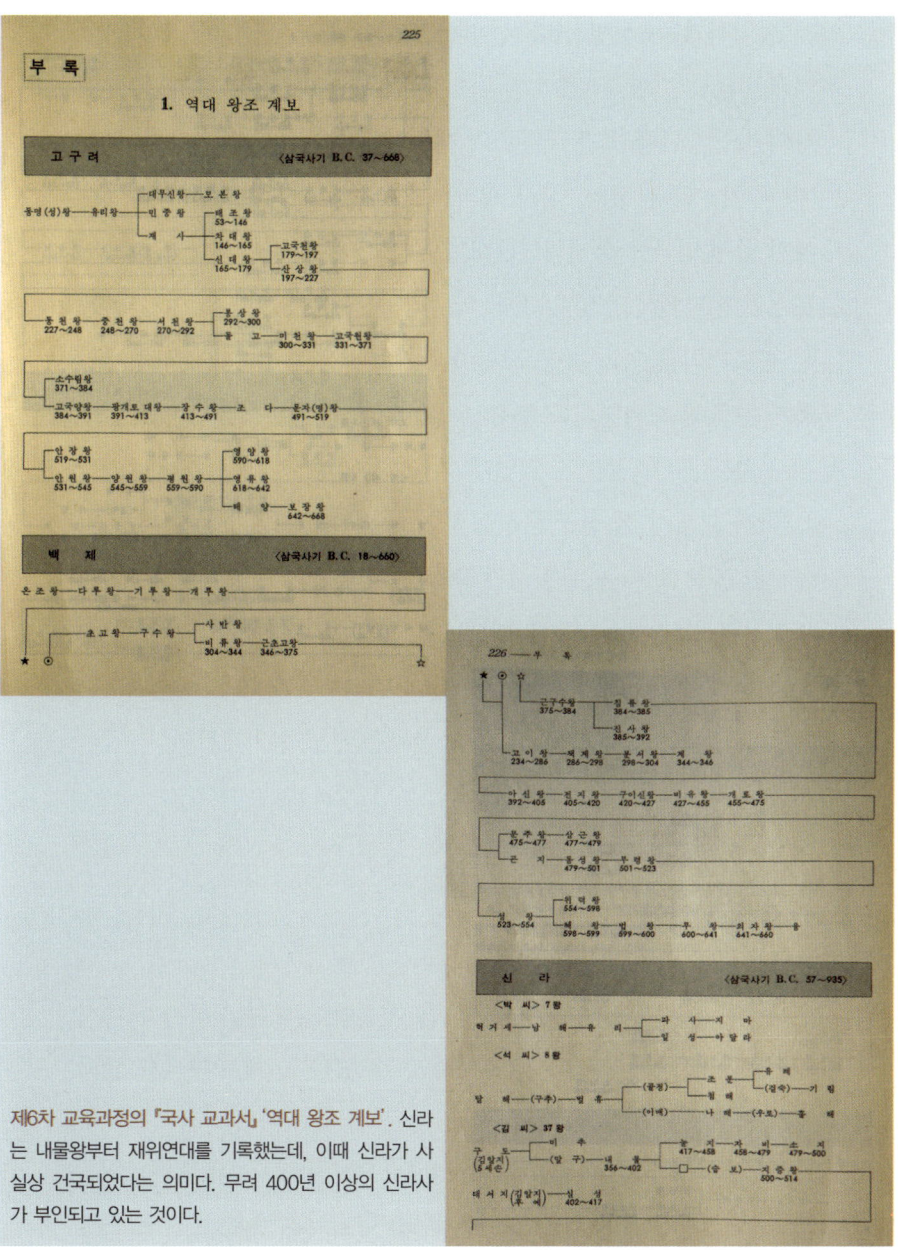

제6차 교육과정의 『국사 교과서』 '역대 왕조 계보'. 신라는 내물왕부터 재위연대를 기록했는데, 이때 신라가 사실상 건국되었다는 의미다. 무려 400년 이상의 신라사가 부인되고 있는 것이다.

『삼국사기』는 분명 신라의 건국연대를 B.C. 57년, 고구려의 건국연대를 B.C. 37년, 백제의 건국연대를 B.C. 18년으로 기록했음에도 자의적으로 삼국 초기 국왕들의 재위연대를 누락시킨 것이다. 그런데 제7차 교육과정의 『국사 교과서』부터는 그 부록의 왕계에 그간 빠져 있던 임금들의 재위연대도 수록했다. 주류 사학계가 자신들의 문제점을 자인하고 넣은 것이 아니라 이를 문제 있다고 여긴 교육부 관료들의 항의와 종용으로 마지못해 넣은 것이다. 이 과정에서 초기 왕들의 재위연대를 누락시키고 이미 인쇄한 『국사 교과서』를 폐기 처분하는 소동까지 있었다.

『국사 교과서』에 삼국 국왕들의 재위연대가 모두 들어간 것은 진일보한 것으로 이를 관철시킨 교육부 관료들은 표창 받을 일임에 틀림없다. 그러나 이 역시 한사군 문제를 고의적으로 누락시킨 방식과 유사하다. 비록 부록에는 모든 국왕의 재위연대를 서술했지만 본문에서는 여전히 초기 국왕들의 존재를 부인하기 때문이다

고구려의 시조는 누구인가?

현행 『국사 교과서』의 '삼국의 성립' 부분을 검토하면 국사 교과서가 어떤 사관으로 쓰였는지 자세히 알 수 있다. 먼저 고구려를 살펴보자.

삼국 중 제일 먼저 국가 체제를 정비한 것은 고구려였다. 졸본성에서 국내성으

로 도읍을 옮긴 고구려는 1세기 후반 태조왕 때에 이르러 정복활동을 활발히 전개하였다. 이러한 정복활동 과정에서 커진 군사력과 경제력을 토대로 왕권이 안정되어 왕위가 독점적으로 세습되었고, 통합된 여러 집단은 5부 체제로 발전하였다.

– 고등학교 『국사 교과서』, 49쪽

『국사 교과서』의 고구려에 대한 인식은 조금 나은 편이지만 이 기록은 고구려가 태조왕 때 고대 국가로 발돋움했다는 것인지 아닌지 불분명하다. 그나마 비교적 이른 세기의 인물인 태조왕을 써준 이유는 고구려에 대한 자부심을 느껴서가 아니라 『후한서』「동이열전」 '고구려조'에 "궁宮(태조대왕)이 죽고 아들 수성遂成(차대왕)이 왕이 되었다"는 기록이 있기 때문이다. 한국사 고대 국가의 국왕은 『삼국사기』에 나와서는 인정받지 못하고, 중국 기록에 등장해야 비로소 실존했다고 인정받는 것이다.

그렇지만 중국 기록에 나온다고 모두 인정받는 것도 아니다. 모본왕은 『삼국사기』와 『후한서』에 모두 등장함에도 인정받지 못했다. 먼저 모본왕에 대한 기사를 살펴보자.

『삼국사기』「고구려본기」'모본왕조'는 모본왕이 재위 2년(서기 49) "장수를 보내 한나라의 북평, 어양, 상곡, 태원을 습격하게 했는데 요동태수 채융蔡彤이 은혜와 신의로써 대하므로 이에 다시 화친했다"•고 기록했다. 중국 사회과학원에서 편찬한 『중국역사지도집』에 따르면, 북평은 현재 북경 서남쪽

• 二年, 春, 遣將襲漢, 北平·漁陽·上谷·太原, 而遼東太守, 蔡肜[祭肜], 以恩信待之, 乃復和親".(『三國史記』, 「高句麗本紀」, '慕本王')

2부 『삼국사기』 초기기록은 조작되었는가? **179**

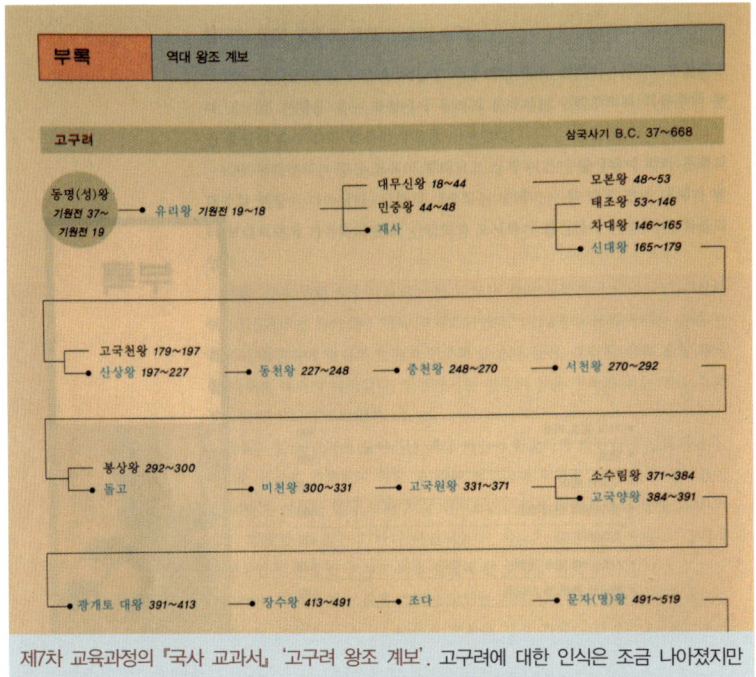

제7차 교육과정의 『국사 교과서』 '고구려 왕조 계보'. 고구려에 대한 인식은 조금 나아졌지만 이 기록은 고구려가 태조왕 때 고대 국가로 발돋움했다는 것인지 아닌지 불분명하다.

하북성 만성滿城현 부근을 뜻한다. 우북평도 있는데 지금의 북경 동쪽 300여 리 지점인 하북성 풍윤豊潤현이다. 이 기사는 북평이라고 썼기 때문에 하북성 만성현으로 보아야 한다. 어양은 북경시 밀운密云현 부근으로 북경 동부 지역이고, 상곡은 현재의 하북성 회래懷來현으로 북경 북쪽인데 중국의 북방 전진기지였던 요충지다. 태원은 오늘의 산서성 성도省都인 태원시로, 북중국의 중심지이자 훗날 당 태종의 발원지이기도 하다. 모본왕이 현재의 북경과 태원 부근을 공격했다는 이 기록은 주류 사학계로부터 외면받고 있다. 고구려의 서쪽 강역은 자고로 현재의 요하를 넘어가지 못했다고 보는데 이 기록은 중국 내륙 깊숙한 곳까지 공격했다고 하기 때문이다.

그러나 모본왕이 한나라를 공격한 기록은 중국 사서에도 나온다. 일제 식민사학자들과 한국 주류 사학자들의 '『삼국사기』 초기기록 불신론'에 따르면 이 기록은 김부식金富軾(1075~1151년)이 창작한 것이 되지만 『후한서』에도 같은 내용이 나온다는 점은 '『삼국사기』 초기기록 불신론'이 입론부터 성립될 수 없음을 말해준다. 『후한서』 「광무제본기」의 "(광무제) 25년(서기 49) 춘정월, 요동 변방의 맥인이 북평·어양·상곡·태원을 침략했는데, 요동태수 제융이 불러 항복시켰다"●는 구절이 그것이다. '고구려'가 '요동 변방의 맥인'으로, 요동태수 제융이 '은혜와 신의로 대하므로'가 '불러 항복시켰다'고 바뀌었을 뿐 완전히 같은 내용이다.

● "遼東徼外貊人寇右北平·漁陽·上谷·太原, 遼東太守祭肜招降之".(『後漢書』, 「光武帝本紀」 '第一下')

김부식이 『후한서』를 보고 썼는지 아니면 그때까지 전하던 『구삼국사舊三國史』를 비롯한 삼국의 고대 사서를 보고 썼는지는 분명하지 않지만 김부식이 이 구절을 창작하지 않았다는 것만은 분명하다. 당시 고구려는 기마부대를 북중국 여러 곳에 보내 공격함으로써 후한의 혼을 빼놓았다. 요동태수의 '은혜와 신의'는 막대한 금전을 뜻하는 것이다. 한나라가 흉노에게 막대한 예물을 주고 평화를 구걸한 것과 마찬가지 상황이지만 모본왕에 대한 기록들은 철저하게 외면당해왔다. 쓰다 소우키치가 태조왕만을 사실로 인정했기 때문이다. 『국사 교과서』가 태조왕을 고구려 시조로 삼는 것은 쓰다 소우키치가 쓴 다음의 글을 지금껏 추종하고 있기 때문이다.

국왕의 세계世系에 관한 고구려인의 기록은 불완전한 채로 후대에 전해져『삼국사기』「고구려본기」의 재료가 되었다. 그 기록에 있어서 백고伯固(신대왕 재위 165~179년) 이후의 부분은 본국本國(고구려)의 옛 사료에 의한 것이지만 그렇더라도 칭호稱號와 같은 것에는 고구려의 사가史家의 윤색이 행해진 경우가 있는 듯하다. 또한 궁宮(태조대왕, 재위 53~146년)과 수성遂成(차대왕, 재위 146~165년)과 같은 것은 틀림없이 지나支那(중국)의 사적史籍에 기초해서 추가된 것이다. 그것보다 앞선 것에 관해서는 본국本國에도 전하는 바가 없고 지나의 사적史籍에도 보이지 않는데, 혹은 위서魏書에 있거나 혹은 광개토왕비문에 기록되어 있는 공상적空想的 국왕이 먼 선조祖先로서 (적어도 두 사람[二樣]이) 만들어졌는데 그것이 어떤 것이든 주몽朱蒙(추모)의 이야기에 결합된 듯하다.

왕조의 변혁變革이 있었는지의 여부도, 이런 국왕의 세계世系가 만들어졌을 때의 고구려인들은 알 수 없었던 듯하다. 그것[世系]이 만들어진 광개토왕 때부터 틀림없이 멀리 떨어진 앞선 시대이기 때문이다. 고구려본기의 유리왕瑠璃王부터 모본왕慕本王까지의 세계는, 이 두 사람[二樣]의 기록을 기초로 하여 그것을 결합시켜 윤색을 더한 것이다. 그렇기 때문에 역사적 사실로서는 궁宮 이전의 국왕의 세계는 전혀 알 수 없고, 궁宮이 도騶(또는 추騶)의 가계家系에 속하는 것인지의 여부도 불명不明이다. 대체로 (고구려본기는) 이런 것이다.[41]

쓰다 소우키치의 이 글은 제8대 신대왕 이후의『삼국사기』기록은 고구려인들의 옛 기록에 의한 것이지만 제6대 태조대왕과 제7대 차대왕에 대한 기록은 중국 기록을 보고 추가했다는 것이며,「광개

---

41) 津田左右吉,「三國史記 高句麗紀の批判」,『津田左右吉全集-滿鮮歷史地理硏究』12권, 1913년, 416~417쪽.

토대왕릉비문」에 등장하는 시조 추모왕은 고구려인들이 만든 공상의 왕이란 주장이다. 물론 왜 그렇게 해석해야 하는지에 대한 근거는 전혀 제시하지 못했다. 또한 유리왕부터 모본왕까지의 세계는 공상적인 시조 이야기에 윤색을 해서 만든 것이라는 주장이다. "그렇기 때문에 역사적 사실로서는 궁宮(태조대왕)이전의 국왕의 세계는 전혀 알 수 없고"란 말은 그 이전의 국왕에 대해서는 쓰다 소우키치가 믿고 싶지 않다는 억지에 불과하다. 모본왕 때의 일을 인정하면 고구려가 지금의 북경 부근과 태원 지역까지 진출했던 강력한 고대 국가가 되므로 부인한 것이다.

도騊는 『삼국지』「동이열전」에 나오는 고구려 후侯(제후)의 이름인데 『한서』「왕망열전」에는 추騶로 기록되어 있다. 왕망이 고구려 군사를 동원해 흉노를 공략하려 했으나 고구려는 오히려 한군현을 공격했다. 왕망의 지시를 받은 요서대윤 전담이 고구려를 공격하다가 오히려 죽음을 당했는데 엄우嚴尤라는 인물이 고구려 후 구를 유인해 죽이고 그 머리를 베어 장안으로 보냈다. 왕망은 크게 기뻐해 천하에 고구려를 하구려라 부르라고 포고했다는 것이 『삼국지』「동이열전」과 『한서』「왕망열전」에 전하는 이야기다. 이 내용은 『삼국사기』 '유리왕 31년(서기 12)조'에도 나오는데, 엄우가 죽인 인물이 고구려 국왕이 아니라 장수 연비延丕라고 기록되어 있다. 곧 『삼국지』의 도는 고구려 유리왕이 아니라 고구려 장수 연비다. 고구려는 천자의 제국을 자처했기에 장수들에게도 후란 직책을 내린 것으로 추측된다.

그러나 고구려사를 헐뜯기에 바쁜 쓰다 소우키치는 도를 고구려

- "漢光武帝八年, 高句麗王遣使朝貢, 始見稱王."(『三國志』, 「東夷列傳」'高句麗')
- "三年, 春二月, 築遼西十城, 以備漢兵."(『三國史記』, 「高句麗本紀」, '太祖大王')

국왕이라고 단정 짓고 태조왕이 그 가계에 속하는지 알 수 없다고 한 것이다. '태조대왕 이전의 국왕의 세계는 전혀 알 수 없다'는 쓰다 소우키치의 주장은 그가 인용한 『삼국지』 「동이열전」에 의해서도 무너진다. 『삼국지』 「동이열전」에 "후한 광무제 8년(서기 32) 고구려 왕이 사신을 보내 조공했는데, 이때부터 왕을 칭한 것이 보인다"●는 구절이 있기 때문이다. 이때는 고구려 제3대 대무신왕 31년인데, 『삼국사기』는 그해 12월에 사신을 보냈다고 좀 더 자세한 내용을 전한다.

이처럼 중국 기록에도 태조대왕 이전 고구려 국왕들의 세계가 등장하지만 쓰다 소우키치는 아무 근거도 없이 횡설수설하며 태조대왕 이전은 '믿을 수 없다'고 주장했고, 이것이 현재까지 한국 주류 사학계의 정설로 행세하는 것이다.

『국사 교과서』가 태조대왕부터 인정한다고 해서 태조대왕의 사적을 자세하게 적어놓은 것도 아니다. 『국사 교과서』는 "고구려는 1세기 후반 태조왕 때에 이르러 정복활동을 활발히 전개하였다"고 모호하게 써놓았다. 어디를 상대로 정복활동을 펼쳤다는 것인지 알 수 없다. 『삼국사기』에 나오는 대로 동옥저, 갈사왕의 손자 도두 등을 복속시킨 것을 뜻할 수도 있다. 그러나 『삼국사기』 「고구려본기」 '태조대왕조'는 태조대왕의 주된 공략지가 서쪽 중국 영토임을 말해준다. 먼저 『삼국사기』 '태조대왕 3년(서기 55) 봄 2월조'는 "요서에 10개의 성을 쌓아 한나라 군사의 침략에 대비하였다"●●고 기록

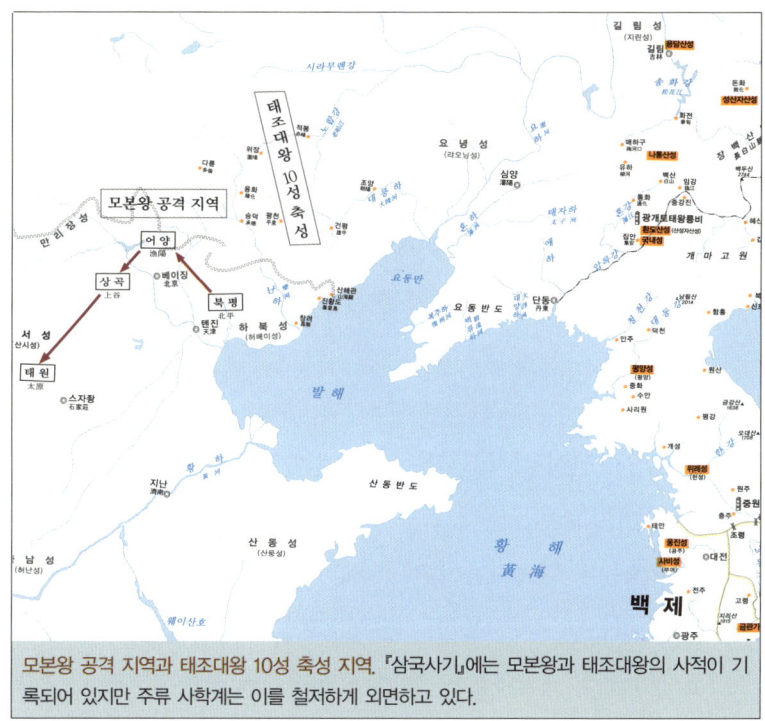

모본왕 공격 지역과 태조대왕 10성 축성 지역. 『삼국사기』에는 모본왕과 태조대왕의 사적이 기록되어 있지만 주류 사학계는 이를 철저하게 외면하고 있다.

했다. 이 기사는 그 지역을 영구히 차지하려는 태조대왕의 의지를 나타낸 것이다. 또한 요하 서쪽 요서에 10개의 성을 쌓았다는 것은 모본왕 2년의 공격 때 요서 지역까지 차지했음을 뜻한다. 그러나 고구려가 요서 지역에 성을 쌓았다는 중요한 이 구절은 한국사에 유리한 내용은 되도록 축소하거나 부인하는 일제 식민사학의 전통대로 무시되었다.

『삼국사기』'태조대왕 59년(111)조'를 보면 김부식이『삼국사기』초기기록을 조작했다는 통설이 전혀 근거가 없음을 알 수 있다.『삼국사기』'태조대왕 59년조'에 "사신을 한나라에 보내 방물을 바치

● "高句麗王宮與濊貊寇玄菟",(『資治通鑑』, '漢孝安皇帝五')

고 현도군에 소속되기를 요구했다"는 기록이 있는데, 김부식은 이 조항 뒤에 이런 의문을 표했다.

『통감』에는 "이해 3월에 고구려왕 궁이 예맥과 함께 현도를 노략질했다"고 되어 있으니 혹시 소속되기를 요구함인가? 혹시 침략함인가? 어느 쪽이 잘못인지 모르겠다.

김부식은 자신이 가지고 있는 사료에 따라 "사신을 한나라에 보내 방물을 바치고 현도군에 소속되기를 요구했다"고 적었으나 이는 『통감』의 기록과 다르다는 문제를 제기한 것이다. 『통감』은 『자치통감』을 뜻하는데, 『자치통감』 '한나라 효안孝安 황제 5년(111)조'에는 "고구려왕 궁(태조대왕)이 예맥과 함께 현도군을 공격했다"고 적혀 있다. 이처럼 김부식은 『삼국사기』 곳곳에서 자신이 텍스트로 삼은 삼국의 기록과 중국의 기록을 대조했으며, 그 내용이 서로 다를 경우 의문을 제기하는 주석을 달았던 것이다.

태조대왕의 주적은 주위 소국들이 아니라 후한이었다.

한나라의 유주자사 풍환馮煥, 현도태수 요광姚光, 요동태수 채풍蔡諷 등이 군사를 거느리고 침략해 예맥을 쳐서 우두머리[渠帥]를 죽이고 병마와 재물을 모두 빼앗아갔다. 그러자 태조대왕은 아우 수성(차대왕)에게 군사 2천여 명을 거느리고 풍환, 요광 등을 역습하게 했다. 수성이 사신을 보내 거짓 항복하니 풍환 등이 이것을 믿었다. 수성은 험한 곳에 의지하여 많은 적군을 막으면서 몰래 군사 3천

명을 보내, 현도·요동 두 군을 공격하여 그 성을 불사르고 2천여 명을 죽였다.
- 『삼국사기』, '태조대왕 69년조'

이 기사는 상당히 역동적인 내용이다. 먼저 한나라가 예맥(고구려)을 공격해 벼슬아치를 죽이고 재물을 약탈해가자 태조대왕이 거짓으로 항복하는 체했고, 그 후 역습해 대승을 거두었다는 기록이다. 후한과 밀고 밀리는 접전을 계속했다는 『삼국사기』의 이 기록은 『후한서』 '건광建光 원년(121년)조'의 "유주자사 풍환이 두 군의 태수를 거느리고 고구려와 예맥을 토벌했으나 이기지 못했다"●는 기록에 의해 사실로 드러난다. 김부식이 본 사료가 조금 더 생생하게 기록되어 있었던 것이다. 태조대왕과 후한의 접전은 이뿐만이 아니다. 『후한서』는 같은 해 여름 4월, "예맥이 다시 선비와 함께 요동을 공격하니 요동태수 채풍이 추격하다가 전사했다"●●고 전한다. 태조대왕은 요동태수 채풍을 전사시킬 정도로 후한을 압박했던 것이다.

『삼국사기』는 이에 대해 "태조대왕이 여름 4월 선비 군사 8천여 명과 함께 요대현遼隊縣(현재 요녕성 해성시 서북쪽)을 공격하니 요동태수 채풍이 전사했다. 공조연(후한 벼슬) 용단龍端, 병마연(후한 벼슬) 공손포가 몸으로 채풍을 보호하여 막았으나 모두 진영에서 죽었으며, 죽은 자가 100여 명이었다"고 더욱 자세한 내용을 전한다. 태조대왕 재위 당시 고구려와 후한의 전쟁

● "幽州刺史馮煥, 率二郡太守討高句驪, 穢貊, 不克".(『後漢書』, '孝安帝本紀 第五')
●● "穢貊復與鮮卑寇遼東, 遼東太守蔡諷追擊, 戰歿".(『後漢書』, '孝安帝本紀 第五')

은 시종 고구려의 우세로 이어졌던 것이다. 그러나 『국사 교과서』
는 태조대왕이 후한과 승리를 거둔 이런 전적은 모호하게 서술할
뿐이다. 『국사 교과서』의 다음 구절을 보자.

> 이후 2세기 후반 고국천왕 때는 부족적인 전통을 지녀 온 5부가 행정적 성격의 5부로 개편되었고, 왕위계승도 형제상속에서 부자상속으로 바뀌었으며, 족장들이 중앙귀족으로 편입되는 등 왕권강화와 중앙 집권화가 더욱 진전되었다.
>
> — 고등학교 『국사 교과서』, 49쪽

고구려는 개국한 지 2백여 년 후인 고국천왕 때에야 비로소 고대 국가로 발돋움했다는 기술이다. '고국천왕 때 왕위계승도 형제상속에서 부자상속으로 바뀐' 것을 중앙집권화의 증거처럼 서술한 대목을 검토해보자. 앞의 태조대왕을 기술할 때 이미 '왕위가 독점적으로 세습되었다'고 한 기술에 위배되는 것은 물론 『삼국사기』 「고구려본기」에 나타난 왕위계승 기사와도 완전히 배치된다. 왕계의 혈통에 관한 기록을 살펴보자.

2대 유리명왕-주몽의 맏아들이다.
3대 대무신왕-유리왕의 셋째 아들이다.
4대 민중왕-대무신왕의 아우다. 대무신왕이 세상을 떠났는데 태자가 어려서 정사를 맡아볼 수 없었으므로 나라사람들이 왕으로 추대하려 그를 세우게 하였다.
5대 모본왕-대무신왕의 맏아들이다.
6대 태조대왕-유리왕의 아들인 고추가 재사의 아들이며 어머니는 부여사람이

다. 모본왕이 세상을 떠나자(두로에게 살해) 태자가 불초해 나라를 맡을 수 없었으므로 나라사람들이 궁을 맞이하여 왕위를 잇게 하고 임금으로 세웠던 것이다.

고구려의 왕위계승 원칙은 개국 당시부터 부자상속이었다. 다만 선왕의 장자가 너무 어리거나 정변이 일어났을 경우 다른 왕족이 계승했다. 제3대 대무신왕이 사망했을 때 맏아들 모본왕이 너무 어렸으므로 대무신왕의 아우 민중왕을 즉위시킨 것이다. 또한 모본왕은 정변에 의해 죽었기 때문에 그 아들 대신 왕족인 태조대왕이 즉위했던 것이다. 이런 사례는 이때뿐만 아니라 고려, 조선에서도 얼마든지 찾을 수 있다. '고국천왕 때 왕위계승도 형제상속에서 부자상속으로 바뀌었다'는 것을 중앙집권적 고대 국가로 한발 더 나아가는 근거로 제시한 것은 주류 사학계의 '『삼국사기』 초기기록 불신론'이 얼마나 논리가 허술한지를 보여준다. 주류 사학계의 논리대로라면 고국천왕은 왕권이 허약했던 증거로 사용되어야 한다. 『삼국사기』 '고국천왕조'는 "신대왕 백고의 둘째 아들이다. 신대왕이 세상을 떠나자 나라사람들이 장자 발기拔奇가 불초하다는 이유로 함께 이이모伊夷謨(고국천왕)를 왕으로 삼았다"•고 전한다. 장자가 법에 따라 자연스레 즉위하지 못하고 나라 사람들이 차자를 왕으로 세웠다는 것은 아직 왕권이 그만큼 강하지 못하다는 증거인 것이다. 물론 그렇다고 해서 고구려가 이 시기에 아직 고대 국가로 발돋움하지 못했다는 뜻은 아니다. 권력을 둘러싼 싸움은 역대 어느 왕조

• "新大王伯固之第二子. 伯固薨, 國人以長子拔奇不肖, 共立伊夷謨爲王". (『三國史記』, 「高句麗本紀」 '大武神王')

에도 있었다. 다만 이때 고국천왕이 일부 외척을 숙청하고 을파소를 등용했다고 해서 그제야 겨우 고대 국가로 발돋움했다고 볼 수 없다는 이야기다.

고구려는 기마무사가 주축인 정복국가였다. 정복국가는 국왕 중심의 효율적인 군사 체제를 갖추고 있지 않으면 유지하기 어렵다. 고구려는 개국 초부터 주위 소국을 정복하는 것은 물론 서쪽 한나라 군현 세력과 치열한 전투를 치러야 했다. 효율적 군사 체제를 갖추고 있지 못하면 존속 자체가 불가능했던 것이다. 아무리 늦어도 고구려는 북경과 태원을 공격한 모본왕 때 이미 한나라가 위협을 느낄 만큼 강력한 고대 국가였다.

백제의 시조는 누구인가?

『국사 교과서』는 '삼국의 성립'에서 백제에 대해 이렇게 서술했다.

> 백제는 한강 유역의 토착 세력과 고구려 계통의 유이민 세력의 결합으로 성립되었는데(B.C. 18년), 우수한 철기문화를 보유한 유이민 집단이 지배층을 형성하였다. 백제는 한강 유역으로 세력을 확대하려던 한의 군현을 막아내면서 성장하였다. 3세기 중엽 고이왕 때 한강 유역을 완전히 장악하고, 중국의 선진 문물을 받아들여 정치 체제를 정비하였다. 이 무렵 백제는 관등제를 정비하고 관복제를 도입하는 등 지배 체제를 정비하여 중앙 집권국가의 토대를 형성하였다.
>
> — 고등학교 『국사 교과서』, 49~50쪽

백제는 제8대 고이왕(234~286년) 때 비로소 고대 국가가 되었다는 뜻이다. 백제의 건국자는 사실상 온조왕이 아니라 고이왕이라는 것이다. 고이왕 이전의 일곱 명의 임금들은 모두 허구상의 인물이거나 부락 단위 정치 체제의 수장에 불과했다는 말이다. 이런 인식의 근거는 무엇일까? 이는 이병도의 『조선사대관』을 보면 알 수 있다.

> 백제는 진마辰·馬(진한·마한) 50여 개국 중의 하나인 백제伯濟에서 발달된 나라여니와 처음에는 실상 한강 북쪽인 위례부락(경성 부근)을 중심으로 하여 일어났다가 후에 강남인 백제伯濟(광주)로 옮기어 국호를 그와 같이 정했다고 생각된다. 전설에 의하면 백제의 시조는 온조라 하여 그는 고구려 시조 주몽이 졸본 왕녀에게 낳은 아들인데…….
>
> – 이병도, 『조선사대관』, 51쪽

백제의 시조 온조는 졸지에 '전설상의 인물'로 격하되었다. 다음 구절을 보면 주류 사학계가 왜 고이왕을 건국 시조로 여기는지 알 수 있다.

> 온조가 과연 주몽의 아들이냐 아니냐 함은 별문제로 삼고 그가 남래南來(남쪽으로 옴) 즉시에 건국하였다는 것은 도저히 믿기 어렵다. 다만 후일 건국의 기초인 부락을 건설하였다는 것은 생각할 수 있다. 하여튼 일찍이 부여의 씨족을 중심으로 한 이민단移民團이 북에서 남하하여 혹은 위례부락, 혹은 미추부락, 혹은 기타에 분거分據하였다가 그중 위례부락의 일파가 유력하여 백제 왕실의 기초를

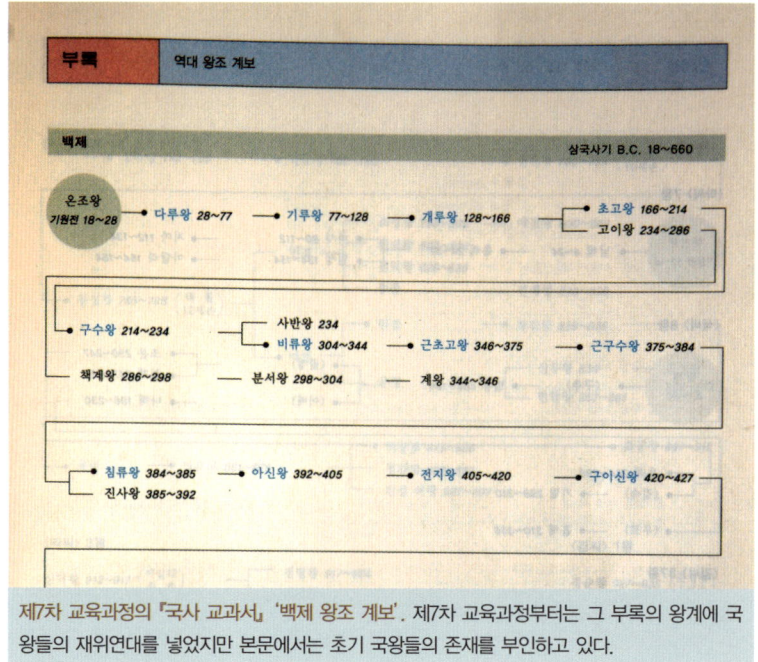

제7차 교육과정의 『국사 교과서』 '백제 왕조 계보'. 제7차 교육과정부터는 그 부록의 왕계에 국왕들의 재위연대를 넣었지만 본문에서는 초기 국왕들의 존재를 부인하고 있다.

이루었던 것이라고 볼 수 있다. 그러나 그 부락이 발전하여 중앙집권의 국가 형태를 이루기까지는 상당한 세월을 요하였을 것이다. 나의 연구한 바로는 엄밀한 의미의 백제의 건국은 온조로부터 제8대되는 고이왕 때에 되었다고 믿는 바이다. 고이왕 이전은 부락 정치 시대에 불과하였을 것이다.

― 이병도, 『조선사대관』, 52쪽

이번에도 이병도는 온조가 나라를 건국한 것이 '도저히 믿기 어려운' 근거는 제시하지 않았다. 일본 유학을 한 이병도가 일본에서 부락部落이 천민 마을을 뜻한다는 사실을 모르고 부락이란 용어를 사용하지는 않았겠지만 지엽적 문제이므로 넘어가자. 이병도가

"백제의 건국은 온조로부터 제8대 되는 고이왕 때에 되었다고 믿는 바"라고 한 뒤부터 고이왕 때 백제가 건국되었다는 것이 주류 사학계의 정설이 되었고 현행 『국사 교과서』도 그렇게 서술하고 있다. 이병도는 『조선사대관』과 『신수 한국사대관』에서 모두 '참고, 백제 시조에 관한 제설諸說과 비판'이란 항목을 두어 백제 시조에 대한 네 가지 설을 설명했다. 그중 온조가 시조라는 설이나 비류가 시조라는 설은 믿을 수 없다며 중국 고대의 『주서周書』를 근거로 구태仇台가 백제의 시조라고 주장했다.

> 구태설仇台說은 중국의 사자가 백제에 와서 직접 견문한 바에 의한 것으로, 그 국도國都에는 시조 구태묘가 있어 매년 네 번씩 제사를 지낸다고 하였다. 이는 가장 정확한 사료로 보지 아니하면 아니 된다. 그러면 구태는 어떤 사람인가? 나의 조사에 의하면 구태의 태台 자는 원음이 「이」 음音인 즉 구태는 즉 「구이」로 발음할 수 있는 동시에 이와 근사음인 백제의 고이왕을 연상치 않을 수 없다. 바꿔 말하면 구태(이)는 즉 고이의 이사異寫(달리 쓴 것)로 동일인임에 틀림없을 것이다. 실제 상술과 같이 고이왕 때라야 엄밀한 의미의 건국이 가능하므로, 이를 백제의 태조로 이정함에 하등 불가함이 없는 까닭이다. 고이왕 이전의 세계世系는 추존追尊일 것이다.
>
> - 이병도, 『조선사대관』, 53쪽

이병도는 『주서』 '백제조'를 "가장 정확한 사료"라고 했지만, 『주서』 '백제조'는 백제의 관직 체계와 도성의 구조, 풍습을 간략하게 적어놓은 단편적인 자료일 뿐이다. 더구나 구태에 대한 사료도 극

> - "百濟者, 其先蓋馬韓之屬國, 夫餘之別種. 有仇台者, 始國於帶方…… 每歲四祠其始祖仇台之廟".(『周書』,「異域列傳」'百濟')
> - "東明之後, 有仇台者, 篤於仁信, 始立其國于帶方故地. 漢遼東太守公孫度以女妻之, 漸以昌盛, 爲東夷强國. 初以百家濟海, 因號百濟".(『隋書』,「東夷列傳」'百濟')

히 간략하다. 『주서』 '백제조'의 구태 관련 기록은 "구태란 이가 있어 처음으로 대방에 나라를 세우니…… 해마다 네 번씩 그 시조 구태의 사당에 제사지낸다"●는 구절이 전부다. 이 짤막한 구절이 온조왕(재위 B.C. 18~A.D. 28년)부터 고이왕(재위 234~286년)까지 250년 이상의 역사를 조작으로 모는 근거가 되었다. 이병도가 구태를 주목한 이유는 『수서』 '백제조'의 기록에 백제가 후한의 요동태수이자 요동토호인 공손도 때(3세기경) 건국한 것처럼 그려놓았기 때문이다. 『수서』 「동이열전」 '백제조'의 해당 구절을 보자.

> 동명의 후손에 구태라는 자가 있으니, 매우 어질고 신의가 두터웠는데, 그가 대방의 옛 땅에 처음 나라를 세웠다. 한의 요동태수 공손도가 딸을 주어 아내로 삼게 하였으며, 나라가 점점 번창하여 동이 중에서 강국이 되었다. 당초에 백가百家가 바다를 건너왔다[濟]고 해서 나라 이름을 백제百濟라고 불렀다.●●

이 기록에 따르면 백제는 2세기 후반이나 3세기 초반에야 건국되었다. 그런데 『수서』 「동이열전」 '백제조'의 시작 부분을 보면 『수서』 편찬자는 부여·고구려·백제의 선후관계도 제대로 모른다는 사실을 알 수 있다.

광주광역시 신창동에서 출토된 수레 유물. 주류 사학자들이 경전처럼 여기는 『삼국지』 「위지 동이전」이 마한 사람들은 "소나 말을 탈 줄 모른다"고 쓴 것이 오류임을 말해주는 유물이다. 기마민족 부여족의 후예인 백제인들이 말을 탈 줄 모른다는 발상 자체가 말이 되지 않는다.

백제의 선조는 고구려에서 나왔다. 그(고구려) 국왕에게 한 시비(侍婢: 궁녀)가 있었는데 홀연히 임신했으므로 왕이 죽이려고 하였다. 시비가 말하기를 "계란같이 생긴 것이 내게 내려와 감응해서 임신했습니다" 하자 왕이 내버려두었다. 뒤에 드디어 한 사내아이를 낳았는데, 돼지우리[廁溷]에 버렸으나 오래도록 죽지 않았다. 왕이 신령스럽게 여겨 기르도록 명하고 동명東明이라고 이름 지었다. 장성해서 고구려왕이 꺼리자 동명이 두려워해서 도망해 엄수에 이르렀는데 부여인들이 모두 그를 받들었다. 동명의 후손에 구태라는 자가 있으니……. •

동명왕이 고구려에서 나와 부여를 세웠다고 혼동한 것이다. 중국사로 비교하면 수나라에서 당나라가 나왔는지 당나라에서 수나라가 나왔는지를 혼동한 셈이다. 만약 『삼국사기』에 이런 구절이 하나만 있어도 식민사학자들은 쾌재를 부르며 『삼국사기』 전체를 부인했을 것이

• "百濟之先, 出自高麗國. 其國王有一侍婢, 忽懷孕, 王欲殺之. 婢云: '有物狀如雞子, 來感於我, 故有娠也' 王捨之. 後遂生一男, 棄之廁溷, 久而不死, 以爲神, 命養之, 名曰東明. 及長, 高麗王忌之, 東明懼, 逃至淹水, 夫餘人共奉之, 東明之後, 有仇台者……".(『隋書』, 「東夷列傳」 '百濟')

> • "先是, 王娶帶方王女寶菓, 爲夫人."(『三國史記』,「百濟本紀」'責稽王')
> •• "一云 : 始祖沸流王, 其父優台".(『三國史記』,「百濟本紀」'始祖溫祚王')

다.『수서』가 가장 기초적인 계보조차도 틀리게 기록한 것은 결국 수나라를 멸망에까지 이르게 한 고구려에 대한 반감 때문일 수도 있지만 그보다는 국외자로서 타국의 역사를 정확히 기록하기가 얼마나 어려운가를 보여준다. 사정이 이러함에도 주류 사학자들은 국내 사가가 기록한『삼국사기』는 버리고 부정확한 전문과 단편적 기록에 의지한 외국 기록을 무조건 신봉하는 우를 범하고 있는 것이다.

『삼국사기』「백제본기」'책계왕조'는 "이에 앞서 책계왕은 대방왕의 딸 보과寶菓에게 장가들어 그녀를 부인으로 삼았다"•고 전한다. 이는 대륙백제설과 관련해 검토해볼 내용인데 책계왕의 재위연대(286~298년)는 이미 공손씨가 망한 서기 238년보다 50여 년이 지난 후다.『수서』는 이 기록을 혼동한 것인지도 모른다.

이처럼『수서』'백제조'를 근거로 구태가 고이를 다르게 적은 이사라는 이병도의 주장은 논리적 타당성이 없다. 구태는 중국음으로 '초우타이' 또는 '치우타이'고 고이는 '쿠얼'로 비슷하지도 않다. 구태와 음이 비슷한 인물은 우태優台일 것이다.『삼국사기』'온조왕조'는 온조의 형 비류와 함께 그의 부친을 우태라고 기록해놓았다.••
한치윤은『해동역사』「제사・묘제」에서 이렇게 말했다.

> 『수서』에 따르면 백제는 도성에 그 시조 구태의 사당을 세워 매년 네 번씩 제사 지낸다고 한다. 살펴보건대 구태, 혹 우태로도 되어 있는데, 이는 대개 구는 우가 음이 전이된 것이다. 백제의 시조는 온조인데 여기에서 구태라고 한 것은 구태

가 또 온조의 시조가 되기 때문이다.●

한치윤의 해석이 이병도의 해석보다 훨씬 합리적임은 말할 필요도 없다. 한치윤은 비류와 온조의 부친 우태가 구태로 변한 것으로 해석했으며, 구태 역시 온조의 시조이기 때문에 제사 지낸다고 본 것이다. 시조의 부친에게 제사를 지내는 것은 자연스런 일이다. 김부식이 구태라는 인물을 몰랐던 것도 아니다. 『삼국사기』 「잡지」 '제사조'는 구태에 대해 다음과 같이 언급했다.

● "百濟 立其始祖仇台廟於國城 歲四祀之(隋書) 案仇台 或作優台 蓋仇與優音轉也, 百濟始祖溫祚, 而此以仇台又爲溫祚始祖故也(『海東繹史』, 「祭祀·廟祭」)

●● "『册府元龜』云: "百濟, 每以四仲之月, 王祭天及五帝之神, 立其始祖仇台廟於國城, 歲四祠之."―按『海東古記』或云始祖東明, 或云始祖優台.『北史』及『隋書』皆云: "東明之後, 有仇台, 立國於帶方, 此云始祖仇台. 然東明爲始祖, 事迹明白, 其餘不可信也".(『三國史記』, 「雜志」'祭祀')

『책부원귀册府元龜』에 따르면 백제는 매번 사중월四仲月(2·5·8·11월)에 왕이 하늘과 오제신五帝神에게 제사지내고, 그 시조 구태의 사당을 도성에 세워 한 해에 네 번씩 제사지낸다고 했다.―『해동고기海東古記』를 살펴보면 혹 시조를 동명이라고도 하고 혹 우태라고도 했다. 『북사北史』와 『수서』에는 다 "동명의 후손 중에 구태가 있어 대방에 나라를 세웠다"고 했다. 그러나 동명이 시조인 것은 사적事迹에 명백하므로 그 나머지 말(『북사』·『수서』)은 믿을 수 없다.●●

김부식도 『책부원귀』·『북사』·『수서』 등의 중국 사료를 통해 구태의 존재를 믿고 있었다. 김부식은 지금은 전하지 않는 『해동고기』에서 백제의 시조를 동명, 혹은 우태라고 썼다는 사실도 기록했다. 김부식은 『북사』·『수서』 등이 백제의 시조를 구태라고 썼지만 동명이 시조인 것은 '사적'에 명백하므로 믿을 수 없다고 단언한 것이다. 김부식이 『삼국사기』「백제본기」를 쓸 때 기초 사료로 이용했던 '사적'은 분명히 온조가 건국했다고 썼다는 뜻이다. 『삼국사기』 초기기록 불신론자들은 김부식이 초기기록을 위조했다고 했지만 김부식은 "사적에 명백하다[事迹明白]"고 썼다. 과연 누구의 말이 맞을 것인가? 김부식은 그때까지 남아 있던 백제 관련 사적을 근거로 백제의 시조에 대해 서술한 것이다. 백제의 시조는 고이왕이 아니라 온조왕이다.

『삼국사기』와 「광개토대왕릉비문」

김부식이 『삼국사기』를 쓸 때까지만 해도 『구삼국사』 같은 역사서들이 남아 있었다. 『구삼국사』는 김부식이 『삼국사기』를 편찬할 때 주요 텍스트로 삼은 사료로, 여기에는 당연히 삼국의 시조에 대한 사적이 실려 있었을 것이다. 김부식보다 약 100년 후의 인물인 이규보李奎報(1168~1241년)도 「동명왕편」의 서문에서 "나는 지난 계축년(1193년) 4월에 『구삼국사』를 얻어 「동명왕본기東明王本紀」를 보았다"고 했다. 김부식이 살아 있을 때는 물론 이규보가 살아 있을 때도 『구삼국사』가 존재했던 것이다. 『구삼국사』의 내용을 정확히 알 수 없지만 김부식의 『삼국사기』와 이규보의 「동명왕편」을 비교해보면 그 일부 내용을 파악할 수 있다. 먼저 『삼국사기』「고구려본기」'시조 동명성왕조'에 기록되어 있는 고구려 시조 추모왕을 살펴보자. 그중에서도 고구려 시조 추모왕이 북부여에서 나와 엄리대수라는 강을 건너는 장면을 보자.

> • "朱蒙乃與烏伊·摩離·陜父等三人爲友, 行至淹㴲水[一名盖斯水, 在今鴨綠江東北]. 欲渡無梁, 恐爲追兵所迫, 告水曰: '我是天帝子, 何伯外孫, 今日逃走, 追者垂及如何?' 於是, 魚鼈浮出成橋, 朱蒙得渡, 魚鼈乃解, 追騎不得渡"(『三國史記』, 「高句麗本紀」 '始祖東明聖王')

주몽은 오이烏伊·마리摩離·협보陜父 세 사람을 벗으로 삼아 엄사수淹㴲水(일명 개사수인데 압록강 동북쪽에 있음)에 이르러 건너가려 했으나 다리가 없었다. 뒤쫓는 군사들이 곧 닥칠까 두려워서 강물에 고했다. "나는 천제天帝의 아들이고, 하백의 외손자다. 지금 도주하는데 뒤쫓는 자들이 거의 닥치게 되었으니 어찌해야 하겠느냐?" 이에 물고기와 자라가 떠올라 다리를 만들어 주몽이 건너가자 물고기와 자라가 곧 흩어져 뒤쫓는 기병은 건널 수 없었다.•

『삼국사기』는 주몽이 세 친구와 함께 엄사수를 건너려 했으나 다리가 없자 강물에 "나는 천제의 아들이고, 하백의 외손자다"라며 하소연하자 물고기와 자라가 다리를 만들어주어 건넜다고 전한다. 이규보는 『동국이상국집』 「동명왕편」 중간 중간에 『구삼국사』에서 본 내용을 발췌해 넣었는데, 강을 건너는 내용을 살펴보자. 진한 부분이 이규보가 『구삼국사』를 보고 쓴 내용으로 추측된다.

가만히 세 어진 벗을 맺으니/그 사람들 모두 지혜가 많았다-오이·마리·협보 등 세 사람이었다.
남쪽으로 순행하여 엄사수에 이르렀는데-일명 개사수盖斯水인데 압록강 동북쪽에 있다. 건너려 해도 배가 없었다.-**건너려 해도 배가 없었다. 뒤쫓는 군사들이**

- "暗結三賢友-其人共多智. 烏伊, 摩離, 陜父等三人-南行至淹滯 一名蓋斯水 在今鴨綠東北-欲渡無舟艤-欲渡無舟. 恐追兵奄及. 迺以策指天. 慨然嘆曰. 我天帝之孫 河伯之甥. 今避難至此. 皇天后土. 憐我孤子. 速致舟橋. 言訖. 以弓打水. 魚鼈浮出成橋. 朱蒙乃得渡. 良久追兵至…… 追兵至河. 魚鼈橋卽滅. 已上橋者. 皆沒死".(李奎報, 『東國李相國集』, 「東明王篇」)

곧 닥칠 것을 두려워하여 채찍으로 하늘을 가리키며 개연히 탄식했다. "나는 천제의 손자요, 하백의 외손인데 지금 난을 피해 여기에 이르렀으니 황천과 후토后土는 나 고자孤子를 불쌍히 여기셔서 속히 배와 다리를 주소서." 말을 마치고 활로 물을 치니 물고기와 자라가 떠올라 다리를 만들었는데, 주몽이 건너고 한참 뒤에 뒤쫓는 군사가 이르렀다…… 쫓아온 군사가 강물에 이르니 물고기와 자라가 즉시 사라져 이미 다리에 오른 자는 다 빠져 죽었다.●

『삼국사기』는 주몽을 '천제의 아들'이라고 기록했지만 「동명왕편」은 '천제의 손자'라고 달리 적었다. 「동명왕편」에서는 천제의 아들은 해모수이고 그의 아들이 동명이라고 보았기 때문인데 『구삼국사』에 그렇게 적혀 있었을 가능성이 높다. 그런가 하면 『삼국사기』와 「동명왕편」은 모두 '물고기와 자라가 다리를 만들어주어 건넜다'는 동일한 이야기 구조로 되어 있다. 『구삼국사』에도 같은 내용이 실려 있었다는 뜻이다.

이 내용은 「광개토대왕릉비문」과 비교해볼 필요가 있다. 김부식과 이규보는 「광개토대왕릉비문」의 존재를 몰랐다. 비문은 19세기 말 일본군 참모본부 소속의 사쿠오 중위에 의해 광대토대왕의 것이란 사실이 알려졌다. 고구려인들이 직접 세운 「광개토대왕릉비문」에는 이 내용이 어떻게 실려 있을까?

길을 떠나 남으로 순행하시는 도중에 부여의 엄리대수奄利大水를 거쳐 가게 되셨다. 왕이 물가에 임해 말씀하시기를 가로되, "나는 황천皇天의 아들이며 어머니는 하백의 따님이신 추모왕이다. 나를 위해 갈대를 연결하고 거북은 떠오르라" 하시니 말씀에 감응해서 즉시 갈대가 연결되고 거북이 떠올랐다. 그런 연후에 강물을 건너가셔서……. •

「광개토대왕릉비문」에는 엄사수가 아니라 엄리대수로 나온다. 또한 다리를 만들어준 '물고기와 자라'가 비문에서는 '갈대와 자라'인 것도 조금 다르다. 『삼국사기』는 강물에 가로막힌 추모왕이 강물에다 "어찌해야 좋겠느냐"고 하소연하고, 「동명왕편」은 황천과 후토에게 "나 고자를 불쌍히 여겨달라"고 호소하지만 「광개토대왕릉비문」은 "나를 위해 갈대를 연결하고 거북은 떠오르라"고 명령한다. 하소연과 명령의 차이는 크다. 고구려인들은 '황천의 아들이며 어머니는 하백의 따님이신 추모왕'이 자연물에 명령할 수 있는 자격을 갖추었다고 믿었다. 그러나 「광대토대왕릉비문」도 갈대와 자라라는 자연물의 도움으로 강을 건넜다는 사실을 전하는 것이다. 김부식은 「광개토대왕릉비문」을 보지 못했으나 같은 내용이 『삼국사기』에 거의 그대로 나온다는 것은 『삼국사기』 초기기록이 김부식의 창작물이 아니라는 사실을 말해주는 증거다.

『삼국사기』를 조금만 연구하면 김부식이 초기기록을 창작했다는 말은 근거 없는 왜곡에 지나지 않음을 쉽게 알 수 있다. 김부식은 당시까지 남

• "巡幸南下, 路由夫餘奄利大水, 王臨津言曰, 我是皇天之子, 母河伯女郞, 鄒牟王, 爲我連葭浮龜, 應聲卽爲葭連浮龜, 然後造渡".(「國岡上廣開土境平安好太王碑」)

광개토대왕릉비. 김부식과 이규보는 이 광개토대왕릉비의 존재를 몰랐으나 비문에 등장하는 시조 이야기를 자신들의 저서에 실었다. 『삼국사기』 초기기록이 창작이나 중국 기록을 보고 베낀 것이 아니라는 증거다.

아 있던 고대 사료를 반영해 『삼국사기』를 편찬했던 것이다. 다만 유학자이기 때문에 합리주의에 기초해 약간의 윤색을 거쳤을 뿐이다. 『사기』는 한나라 시조 유방의 모친 유오劉媼가 교룡蛟龍과 관계한 후 유방을 임신했다고 전한다. 사마천이 이렇게 썼다고 해서 『사기』를 위서라고 주장하는 학자는 없다. 『사기』에 대해서는 아무 말도 못 하는 학자들이 유독 『삼국사기』에 대해서만 시비를 거는 것이다.

김부식은 백제 시조 온조왕에 대해 서술한 다음 "일설에는~"이라며 비류왕에 관해서도 서술했다. 온조왕을 시조로 서술한 사료를 위주로 기록하고 비류왕을 시조로 기록한 사료도 병기해 후세 사람들이 온조왕 외의 사적도 알 수 있게 배려한 것이다. 또한 사료에 나와 있는 기록이 앞뒤가 맞지 않다고 마음대로 빼지 않고 그대로 신되 자신의 견해를 덧붙이거나 의문을 제기했다. 『삼국사기』「고구려본기」 '태조대왕 70년(122)조'에는 "태조대왕이 마한·예맥과 함께 요동을 침략하니 부여왕이 군사를 보내 현도를 구원하여 우리 군사를 격파시켰다"는 구절이 나온다. 이 구절 뒤에 김부식은 "마한은 백제 온조왕 27년에 멸망했는데, 지금 고구려왕과 함께 군사를 보냈다 하니 아마 멸망했다가 다시 일어난 것인가?"● 하며 의문을 표시했다.

> ● "七十年, 王與馬韓·穢貊侵遼東, 扶餘王遣兵救破之−馬韓以百濟溫祚王二十七年, 滅, 今與麗王行兵者, 盖滅而復興者歟?(『三國史記』, 「高句麗本紀」 '太祖大王')

　『삼국사기』의 정확성은 1971년 우연히 발견된 충청남도 공주시의 백제 무령왕릉 지석에서도 여실히 입증되었다. 이 릉이 무령왕의 무덤이라는 사실을 알 수 있었던 것 자체가 『삼국사기』 덕분이었다. 무령왕릉에서 출토된 지석에는 '영동대장군 백제 사마왕寧東大將軍百濟斯麻王'이라고 새겨져 있다. 『삼국사기』「백제본기」 '무령왕조'는 "왕의 휘諱는 사마斯摩인데, 혹은 융隆이라고도 한다"고 적혀 있어서 무령왕의 무덤이라는 사실을 알게 된 것이다. 또한 『삼국사기』는 무령왕이 재위 23년(523) 5월 "세상을 훙薨하셨다"고 전하는데, 무덤에서 나온 지석에는 "계묘년(523년) 5월 7일 임진일에 붕崩하셨다"고 적혀 있다. 김부식은 황제의 죽음을 뜻하는 붕만 제후의 죽음을 뜻하는 훙으로 바꾸었을 뿐 내용 자체는 사망월까지 정확하게 기재한 것이다. 이를 통해서도 『삼국사기』 초기기록 불신론의 허구성과 악의적 왜곡을 여실히 알 수 있다.

신라의 시조는 누구인가?

이번에는 『국사 교과서』가 신라에 대해 어떻게 기술하고 있는지 알아보자.

> 신라는 진한 소국의 하나인 사로국에서 출발하였는데, 경주 지역의 토착민 집단과 유이민 집단이 결합해 건국되었다.(기원전 57) 이후 동해안으로 들어온 석탈해 집단이 등장하면서 박, 석, 김의 3성이 교대로 왕위를 차지하였다. 유력 집단의 우두머리는 이사금(왕)으로 추대되었고, 주요 집단은 독자적인 세력 기반을 유지하고 있었다.
> 4세기 내물왕 때, 신라는 활발한 정복 활동으로 낙동강 동쪽의 진한 지역을 거의 차지하고 중앙집권 국가로 발전하기 시작했다. 이때부터 김씨에 의한 왕위 계승권이 확립되었다. 또한 왕의 칭호도 대군장을 뜻하는 마립간으로 바뀌었다.
> – 고등학교 『국사 교과서』, 50쪽

먼저 신라가 진한 소국의 하나인 사로국에서 출발했다는 전제가 일제 식민사학에서 나온 것이다. 『삼국사기』 「신라본기」에는 사로국이라는 말이 나오지 않는다. 사로국은 『삼국지』 「위서 동이전」 '한조'에 진한과 변진의 24개 소국 중 하나로 기록되어 있을 뿐이다. 『삼국사기』 '시조 혁거세거서간조'는 박혁거세가 등장하기 전에 고조선 유민들이 여섯 세력을 이루고 있었는데, 이들이 나중에 진한 6부가 되었다고 전한다. 이중 고허촌장 소벌공蘇伐公이 양산楊山 기슭 나정蘿井 곁의 숲에서 말이 무릎 꿇고 울고 있어 가보니

경주 나정 유적. 박혁거세가 나타났다는 나정으로 추정된다.

말은 없고 알 하나가 있었는데, 깨어보니 갓난아이가 나왔다. 그 아이의 출생이 신기하므로 6부 사람들이 그를 임금으로 삼았는데 "거서간은 진한에서는 임금을 말한다"고 덧붙였다. 이처럼 『삼국사기』는 처음부터 박혁거세가 진한의 임금으로 출발했다고 전하는데, 『국사 교과서』는 진한의 12개 소국 중 하나인 사로국으로 출발했다고 낮춰 적은 것이다. 출발점에 대한 인식부터 서로 다르다. 『삼국사기』와 다른 이야기가 정설로 행세하는 그 뿌리에는 십중팔구 일제 식민사학자들이 있다. 『삼국사기』 초기기록 불신론의 창안자 쓰다 소우키치는 「삼국사기 신라본기에 대하여」에서 이렇게 주장했다.

그 상세한 것을 적을 겨를은 없지만 3세기에, 신라는 진한 12국 중의 하나에 지나지 않는 일개 소부락小部落이었고, 게다가 반도의 경우에 당시 문화의 중심지였던 낙랑, 대방에서 가장 먼 동남쪽 구석으로 지금의 경주 지역에 있어서 그 문화의 정도가 낮았을 것으로 상상되어진다.[42]

쓰다 소우키치가 『삼국사기』 「신라본기」를 연구한 것은 신라사 자체를 연구하기 위한 것이 아니었다. 쓰다 소우키치의 「삼국사기 신라본기에 대하여」란 글이 『고사기 및 일본서기의 신연구古事記及び日本書紀の新研究』의 부록으로 서술되었다는 사실은 그가 『삼국사기』를 연구한 배경을 설명해준다. 쓰다 소우키치는 일본 고대 사서인 『고사기』와 『일본서기』의 왜와 관련된 기록과 비교하기 위해 『삼국사기』 「신라본기」를 살펴본 것이다. 쓰다 소우키치는 이 사실에 대해 이렇게 썼다.

> 조선반도의 고사古史로 고려시대에 편찬된 『삼국사기』, 특히 「신라본기」의 상대上代 부분에는 소위 왜倭 혹은 왜인倭人에 관한 기사가 자못 풍부하게 포함되어 있다. 그러므로 그(「신라본기」) 기사는 기기記紀(『고사기』 · 『일본서기』)와 더불어 우리(일본인)의 상대사上代史를 천명闡明하는 데 귀중한 사료인 것같이 생각되어진다.[43]

그런데 쓰다 소우키치는 『삼국사기』의 풍부한 왜 관련 기록을 검

---

42) 津田左右吉, 「三國史記の新羅本紀について」, 『津田左右吉全集』 別卷第一, 東京, 岩波書店, 1967년, 500~501쪽.
43) 津田左右吉, 같은 글, 500쪽.

토하는 과정에서 『고사기』·『일본서기』와 크게 다르다는 사실을 발견했다. 『삼국사기』는 신라가 강력한 고대 국가이고 왜는 작은 정치세력으로 본 반면 『고사기』·『일본서기』는 왜가 한반도 남부에 임나일본부란 식민통치기관을 운영했다고 썼기 때문이다. 둘 중 하나는 사실과 다른 기술을 한 것이 분명했다. 쓰다 소우키치는 임나일본부를 살리려면 『삼국사기』 초기기록을 부인해야 한다고 생각했다. 그래서 그는 이른바 '『삼국사기』 초기기록 불신론'을 창안해 냈다. 쓰다 소우키치는 『일본서기』의 제14대 쥬아이[仲哀]천황까지는 신화시대의 천황으로 후대인에 의해 조작되었고 제15대 오진[應神]천황부터 실재한 국왕이라고 주장했는데 동일한 잣대를 『삼국사기』에도 들이댔던 것이다. 그러나 그리스·로마신화 비슷한 『고사기』·『일본서기』 등과 달리 『삼국사기』는 기전체 형식의 편년체 사서이기 때문에 조작이라고 주장하기가 쉽지 않았다. 그래서 그는 있지도 않은 다른 역사학자들을 끌어들였다.

> 그러나 도대체 『삼국사기』 상대 부분이 역사적 사실의 기재로 인정하기 어렵다고 하는 것은 동방東方아시아의 역사를 연구한 현대의 학자들 사이에서는 거의 이론異論이 없기 때문에 왜에 관한 기록 역시 마찬가지로 사료로서는 가치가 없다고 보지 않으면 안 된다. 그러면 어떤 이유로 그것을 신용하기 어려운가를 정리해 설명하는 것이 아직 구체적이지 않기 때문에 여기에 신라본기에 관한 그 대요大要를 적어서 독자가 참고할 수 있게 제공하려는 생각이다.[44]

---

44) 津田左右吉, 같은 글, 500쪽.

가야의 말머리 가리개. 일제는 가야를 고대판 조선총독부인 임나일본부라고 주장했으나 거꾸로 가야가 고대 일본을 지배했다는 물증이 속속 드러나면서 현재는 일부 국수주의자를 제외하고는 그런 주장을 하지 못하고 있다.

　쓰다 소우키치는 자신이 처음으로 『삼국사기』 초기기록 불신론을 주장하면서도 많은 학자들의 지지를 받은 것처럼 위장했다. 쓰다 소우키치의 말 중에 핵심은 "(『삼국사기』의) 왜에 관한 기록 역시 마찬가지로 사료로서 가치가 없다"는 것이다. 『삼국사기』의 왜 관련 사료가 『고사기』·『일본서기』와는 다르기 때문에 『삼국사기』가 가짜라는 뜻이다. 그가 같은 글에서 "(『삼국사기』에는) 4세기 후반부터 5세기에 걸쳐 '우리나라(일본)가 가야를 근거로 신라에 당도했다'는 명백한 사건이 거의 나타나지 않는다"고 쓴 것이 그의 의도를 말해준다. 한반도 남부에는 고대 왜가 설치했다는 임나일본부가 존재해야 하는데 『삼국사기』에는 그런 흔적이 전혀 보이지 않기 때문에 초기기록 자체가 조작되었다고 몰겠다는 뜻이다. 쓰다 소우키치는 『조선역사지리』에서 이렇게 썼다.

> (한반도) 남쪽의 그 일각一角에 지위를 점유하고 있던 것은 우리나라[倭國]였다. 변진弁辰의 한 나라인 가라加羅(가야)는 우리 보호국이었고 임나일본부가 그 땅에 설치되어 있었다.[45]

쓰다 소우키치는 한반도 남부에 임나일본부가 있었다고 믿었지만 『삼국사기』에는 임나일본부의 흔적이 전혀 보이지 않았다. 그래서 그는 「삼국사기 신라본기에 대하여」에서 "『삼국사기』「신라본기」 상대에 보이는 외국관계나 영토에 관한 기사는 모두 사실이 아닌 것으로 이해된다"며 『삼국사기』「신라본기」를 부정했던 것이다. 그러나 그의 논리는 허술하기 짝이 없다.

> 그런데 『삼국사기』「신라본기」는 그 최초의 국왕(거서간)을 혁거세로 하여 건국의 해를 전한前漢의 선제宣帝의 오봉 원년五鳳元年(B.C. 57년)으로 했다. 그리고 그때로부터 연대기가 만들어졌다. 이것이 매우 괴이한 일이며 이런 연대기가 후에 전傳할 정도라면, 1, 2세기에 지나(중국)의 문화는 상당히 깊숙이 신라에 이식되었다고 보지 않으면 안 됨과 동시에 진한 다른 여러 나라들도[諸國] 같은 모습이어야만 한다…… 이것을 생각해보면 전체 기년紀年이나 역대 국왕의 세계世系도

---

45) 津田左右吉, 『朝鮮歷史地理』, 남만주철도주식회사, 1913년, 3~4쪽.

또한 허구임을 추측할 수 있다. 특히 혁거세의 건국을 갑자년甲子年(B.C. 57년)으로 한 것은, 간지干支의 시작에 맞춰놓은 것으로 이 갑자년 4월에 즉위하고 다음 갑자년(A.D. 4년) 3월에 죽었다고 했고 그 재위를 정밀하게 만 60년으로 한 것도, 같은 사상思想에서 파생된 듯하다.[46]

쓰다 소우키치는 신라가 미개하다는 것을 전제로 삼고 신라를 바라본 것이다. 서기전 1세기에 신라가 건국되었다는 연대기가 전할 정도면 중국문화가 신라에 깊숙이 들어와 있어야 한다는 뜻이다. 중국문화가 들어왔으면 인정할 수 있고 그렇지 않으면 인정할 수 없다는 말이니 주객이 전도된 것이다. 또한 그는 신라의 건국을 갑자년이라고 쓴 것이 조작의 증거라고 주장했다. 신라는 갑자년(서기전 57년)에 건국되었고, 고구려는 갑신년(서기전 37년)에 건국되었으며, 백제는 계묘년(서기전 18년)에 건국되었다. 고구려의 건국을 갑신년이라고 썼다고 조작의 증거라고 볼 수 없는 것처럼 신라가 갑자년에 건국되었다고 쓴 것을 조작이라고 볼 수 없다. 김부식은 자신이 본 사료에 따라 기록했을 뿐이다. 신라가 갑자년에 건국되었다고 쓴 것이 조작의 증거라는 것은 굳이 반박할 필요조차 느끼지 못할 만큼 저열한 수준이다.

『삼국사기』를 부정해야 했던 쓰다 소우키치의 눈에 확 들어온 것이 진수의 『삼국지』 '한조'였다. 『삼국지』 '한조'는 "마한은 50여 개국이 있는데 큰 나라는 만여 가이고 작은 나라는 수천 가로 총 10여

---

46) 津田左右吉, 같은 글, 1967년, 501쪽.

만 호"라고 했으며, 『후한서』 「동이열전」 '한조'는 "마한은 54개, 진한과 변한은 각각 12개 소국으로 도합 78개 소국이 있다"라고 썼다. 진수가 『삼국지』 '한조'에서 "한은 대방의 남쪽에 있다"고 썼기 때문에 대방군의 위치에 따라 삼한의 위치도 달라질 수 있었던 것이다.

그러나 쓰다 소우키치는 대방이 한반도에 있었으며 삼한도 모두 한반도 남부에 있었다고 전제하고 논리를 전개했다. 한반도 남부가 50여 개 또는 78개 소국으로 나뉘어 있었다면 임나일본부가 존재할 수 있다는 생각에 『삼국사기』 초기기록을 말살한 자리를 『삼국지』 '한조'로 대치시켰던 것이다. 쓰다 소우키치는 "한지韓地(한반도)에 관한 확실한 문헌은 현존하는 것으로는 『삼국지』 「위서」의 '한전'과 그것에 인용된 위략이 최초의 것으로서 그것에 의하면 3세기의 상태가 알려졌다"고 주장했다. 『삼국지』가 중국 3세기 삼국시대에 대한 기술이니 '한조'도 당연히 3세기의 상황을 반영했다는 것이다. 이를 그대로 받아들이면 3세기 한반도 중남부에는 강력한 고대국가 신라·백제가 아니라 78개 부락 단위의 소국이 우글대고 있었던 것이 된다. 진수의 『삼국지』 「동이열전」은 예濊나라를 설명하면서 "지금 조선의 동쪽이 모두 그 지역이다"라고 서술했다. 서기 3세기가 아니라 고조선이 멸망하기 전인 서기전 2세기 이전의 상황을 기록한 구절이다. 물론 3세기의 상황을 기록한 구절도 있다. 이처럼 『삼국지』 「동이열전」은 진수가 부정확한 전문에 의거했거나 정리되지 않은 사료를 바탕으로 쓴 부정확한 기록에 불과하다.

쓰다 소우키치는 『삼국지』 「동이열전」을 사실로 만들어야 『고사

- "遂爲新羅, 亦曰斯盧".(『北史』,「新羅列傳」)
- "其王本百濟人, 自海逃入新羅, 遂王其國".(『北史』,「新羅列傳」)

기』・『일본서기』의 임나일본부를 살릴 수 있다는 생각에서 『삼국사기』 초기기록을 『삼국지』「동이열전」으로 대체했다. 그러면서 "그 상세한 것을 적을 겨를은 없지만 3세기에 신라는 진한 12국 중의 하나에 지나지 않는 일개 소부락小部落이었다"고 다급하게 주장했다. 쓰다 소우키치의 제자인 이병도는 여기에 호응해「삼한문제의 연구」에서 그 특유의 언어 조합실력을 발휘해 『삼국유사』에 나오는 서나벌徐那伐 등이 진한의 사로국과 같다고 비정했다.[47] 발음의 유사성을 갖고 지명을 비정하는 이병도식 위치비정의 문제점은 한사군 문제에서 여러 번 검증했으므로 여기에서는 생략하겠다. 다만 『북사』 '신라조'에 "신라는 사로라고도 한다"●는 구절이 있으나 『북사』는 같은 글에서 "신라의 왕은 본래 백제 사람이었는데 바다로 도망쳐 신라로 들어가 마침내 그 나라의 왕이 되었다"●●고 쓴 책이다. 신라왕이 백제 사람이라고 한 책이니 옳다 그르다 평할 가치도 없다. 또한 현재 일본 학계에서도 임나일본부를 허구라고 보는 것이 대세이기 때문에 쓰다 소우키치가 『삼국사기』 초기기록을 부인했던 논거의 가장 중요한 부분은 이미 무너졌다고 볼 수 있다.

---

47) 이병도,「삼한문제의 연구」,『한국고대사연구』, 276쪽.

『만주원류고』와 삼한의 위치

삼한의 원위치를 찾기 위해서는 『흠정 만주원류고欽定滿洲源流考』를 주목해야 한다. 흠정이란 말은 황제가 직접 지은 서적이나 황제의 명으로 지은 책을 뜻한다. 『만주원류고』 역시 청 고종(건륭제)이 청나라를 세운 만주족의 연원에 대해 역사지리적으로 고찰하라는 명을 내림에 따라 청 고종 42년(1777) 만들어진 역사지리서다. 『청사고淸史稿』 「예문지」 '지리류조'는 "아계阿桂 등이 황제의 명을 받아 편찬했다"● 고 전한다. 아계를 비롯한 5명의 대학사가 총재總裁로 총지휘했고 당대 최고의 학자들이 찬수관纂修官, 제조관提調官, 수장관收掌官 등의 직함으로 편찬에 참여했다. 그러므로 『청사고』는 만주의 역사지리에 관한 한 역사상 최고 수준의 저술이라고 볼 수 있다.

홍이섭은 『백산학보』(1966년 12월)에 『만주원류고』 연구의 필요성을 언급한 적이 있으나 한국 주류 사학계는 이 책의 존재 자체를 철저하게 외면하고 있다.[48] 그러나 『만주원류고』는 한국사의 고대 역사지리에 대한 많은 정보를 담고 있는 중요한 책이다. 『만주원류고』는 비단 삼한뿐만 아니라 숙신, 부여, 말갈, 신라, 발해 등에 대해서도 많은 정보를 제공하지만 여기에서는 삼한만 살펴보자.

『만주원류고』 권1부터 권7까지는

● "滿洲源流考二十卷. 乾隆四十二年, 阿桂等奉敕撰".(『淸史稿』, 「藝文志」 '史部 地理類')

---

48) 최근 『만주원류고』가 번역되어 이 방면의 연구자에게 많은 정보를 제공해준다. 장진근 역주, 『만주원류고』, 파워북, 2008년.

- "方位準之蓋在今奉天東北吉林一帶 壤接朝鮮與我國朝始基之地相近".(『滿洲源流考』卷2,「邵族2」'三韓')
- "謹案三韓在夫餘挹婁二國之南所統 凡七十八國合方四千里馬韓在西辰韓 在東弁韓在辰韓之南馬韓北與樂浪接 所轄則在今盖平復州寧海".(『滿洲源流考』卷8,「疆域」'三韓故地')

부족部族에 관한 것인데 그중 권2에 읍루, 물길과 함께 삼한이 기재되어 있다. 삼한의 위치에 대해 『만주원류고』는 "삼한의 방향과 위치는 대개 지금의 봉천奉天 동북에서 길림吉林 일대까지 준해 있었고, 그 지역은 조선 땅과 접해 있으며 우리 국조가 처음 터를 잡았던 곳과 가까운 곳이다"●고 기록했다. 청나라 때 봉천은 현재의 심양시를 뜻하고 길림은 현재의 길림시를 뜻한다. 대체로 현재의 요녕성과 길림성 자리에 삼한이 있었다는 뜻이다. 『만주원류고』 「강역」 '삼한고지조'에는 다음과 같은 기록이 있다.

생각건대 삼한은 부여·읍루 두 나라의 남쪽에 있었는데 무릇 78국을 통할했고 면적은 합해서 사방 4천 리였다. 마한은 진한의 서쪽에, 진한은 동쪽에, 변한은 진한의 남쪽에 있었다. 마한은 북쪽으로 낙랑과 접해 있었는데 그 관할지는 지금의 개평蓋平·복주復州·영해寧海다.●●

『만주원류고』는 마한의 위치를 개평·복주·영해라고 한 것인데, 이 지역들은 모두 요동반도의 남쪽에 위치해 있었다. 청나라 때의 개평은 현재의 요녕성 개현蓋顯이고 복주는 현재의 복현復顯 서북부 지역이며 영해는 여순시와 대련시보다 약간 위쪽이다.

또한 진수는 『삼국지』 '한조'에서 "한은 대방의 남쪽에 있는데, 동쪽과 서쪽은 바다로 한계를 삼고 남쪽은 왜와 접경하니 면적이

사방 4천 리다"●라고 했다. 쓰다 소우키치나 현재 한국의 주류 사학자들처럼 삼한을 한강 이남에 비정하

● "韓在帶方之南, 東西以海爲限, 南與倭接, 方可四千里".(『三國志』, 「魏書」 '韓')

면 과거의 1리가 지금의 1리보다 약간 더 짧았다고 하더라도 삼한의 면적이 사방 1천 리보다 조금 더 클 뿐이어서 맞지 않는다. 그래서『삼국지』에 기록되어 있는 바다를 한반도의 서해와 동해로 볼 것이 아니라『만주원류고』의 편찬자들처럼 요동반도를 기준으로 서쪽의 발해와 동쪽의 서해로 보면『삼국지』의 위치비정과 들어맞는다. 이 경우『삼국지』'한조'의 "후한의 환제·영제 말년에 한·예가 강성해서 군현이 통제할 수 없자 백성들이 다수 한국으로 유입되었다"는 구절도 자연스럽게 이해된다. 후한 때 요동의 지배력이 약화되었다고 하더라도 고조선의 후손들이 고구려를 지나 한반도 남단까지 간다는 것은 불가능한 일이다.

이처럼 한국 고대 국가의 위치비정에서는 한족이 아니라 동이족이 편찬한 고대 사서의 내용을 살펴보아야 한다. 거란족에 대한 역사서로는 원나라에서 편찬한『요사』나『금사金史』등이 있다.

신라는 내물왕 때 건국되었는가?

『국사 교과서』는 신라의 건국을 내물왕 때부터라고 서술했다.

4세기 내물왕 때, 신라는 활발한 정복 활동으로 낙동강 동쪽의 진한 지역을 거

의 차지하고 중앙집권 국가로 발전하기 시작했다. 이때부터 김씨에 의한 왕위 계승권이 확립되었다. 또한 왕의 칭호도 대군장을 뜻하는 마립간으로 바뀌었다.

— 고등학교 『국사 교과서』, 50쪽

내물왕 때 신라가 사실상 건국되었다는 것이다. 내물왕의 재위연대는 356~402년이다. 김부식이 『삼국사기』에서 기록한 신라의 건국과는 무려 400년 이상 차이가 난다. 도대체 어디에서 이런 논리가 생길 수 있었을까? 이 역시 이병도의 『조선사대관』을 보면 알 수 있다.

원시국가로서 지지遲遲(아주 늦음)한 걸음을 걸어온 신라가 부근의 제諸 소국을 병합하여 중앙집권의 정치로 진전하기는 제17대 내물왕 때로부터니 『삼국유사』 「왕력표」에 의하면 이때 왕호로 '마립간麻立干'의 칭稱을 시용始用(처음 사용)하였던 것이다.(이전의 왕호는 거서간, 차차웅, 이사금) '마립간'은 즉 두감頭監 상감上監의 의義로 한문류의 폐하 전하와 같은 존칭이니 신라인의 권력 관념 계급 시설施設이 제법 두드러진 때의 소산이었다. 이런 칭호 사용으로 보더라도 신라의 국가 정치의 태세가 내물 시時로부터 시작되었다고 하겠다.

— 이병도, 『조선사대관』, 61~62쪽

이병도는 내물왕 때 마립간이란 용어가 사용되었으며, 재위 26년 (381) 전진前秦에 사신을 보냈다는 기록을 바탕으로 신라가 내물왕 때 건국되었다고 주장했다. 『국사 교과서』는 여기에 발맞추어 내물왕 때 "낙동강 동쪽의 진한 지역을 거의 차지하고 중앙집권 국가로 발전하기 시작했다"며 내물왕이 강력한 정복군주인 것처럼 서술했

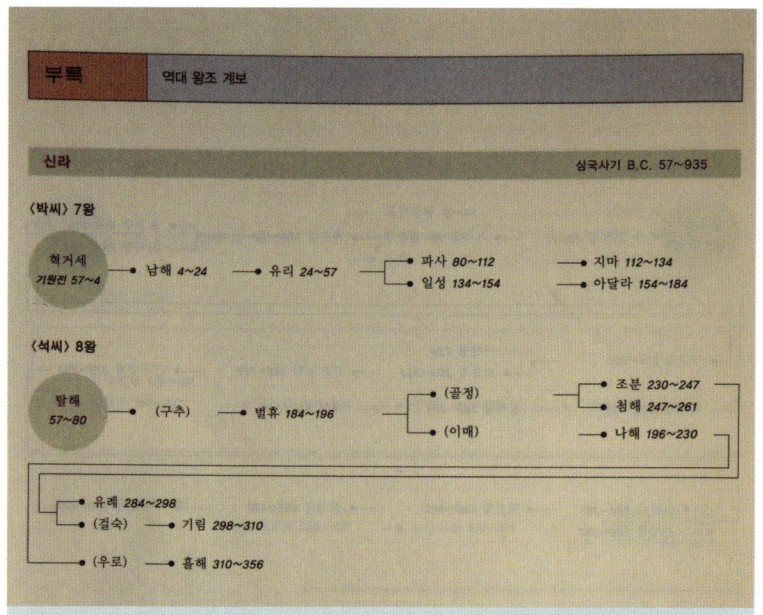

제7차 교육과정의 『국사 교과서』 '신라 왕조 계보'. 그간 빠져 있던 임금들의 재위연대도 수록했지만 주류 사학계가 자신들의 문제점을 자인하고 넣은 것이 아니라 이를 문제 있다고 여긴 교육부 관료들의 항의와 종용으로 마지못해 넣은 것이다.

다. 과연 내물왕이 위대한 정복군주인지 사료를 통해 살펴보자.

내물왕에 대한 현존 사료는 『삼국사기』 '내물왕조'와 『삼국유사』 '내물왕과 김(박)제상조', 「광개토대왕릉비문」 등이 있다. 『국사 교과서』의 기록대로 내물왕이 낙동강 동쪽 진한 지역을 차지했는지 살펴보자. 『삼국사기』 '내물왕조'의 전쟁 기사는 세 차례인데, 재위 9년과 38년 신라를 침략한 왜병을 물리쳤으며 40년에는 북쪽 변경을 침략한 말갈을 물리쳤다고 기록되어 있다. 백제와는 재위 11년과 13년 우호관계를 맺을 정도로 사이가 좋다가 18년에는 300여 명의 백제인들을 받아들이는 바람에 근초고왕의 항의를 받았다고 전하고, 재위 26년 봄에 전진의 부견符堅에게 위두衛頭를 사신으로 보냈다는 기사도 있다. 또한 재위 37년(392)에 '고구려가 강성하기 때문'에 이찬 대서지의 아들 실성實聖을 고구려에 인질로 보냈다는 기사가 있다.

이처럼 내물왕이 진한을 정복했다는 기록은 어디에도 없다. 『삼국사기』 「신라본기」에 따르면 진한 지역은 내물왕 때가 아니라 그 이전에 이미 정복된 지 오래였다. 『삼국사기』는 신라 3대 유리왕(24~57년) 때부터 주변 국가 정복에 나서 12대 첨해왕(247~261년) 때쯤이면 진한 전 영역을 정복한 상태라고 전한다. 내물왕 이전까지는 경주 일대의 작은 소국이었던 신라가 내물왕 때 갑자기 강국이 되어 진한 일대를 정복했다는 주장은 적어도 『삼국사기』에서는 그 근거를 찾을 수 없는 비실증적 내용들이다. 『삼국사기』에 기록된 내물왕이 치른 세 차례의 전쟁이 모두 방어전인 것은 그가 정복군주가 아니라 수성守城군주임을 말해주는 것이다.

『삼국유사』에는 김제상과 관련한 유명한 이야기가 실려 있다. 『삼국유사』 '내물왕과 김제상조'는 내물왕이 셋째 아들 미해를 왜국에 인질로 보내고 아우 보해는 고구려에 인질로 보냈는데, 김제상이 자신의 목숨을 대신 바치고 두 왕자를 환국시켰다고 한다. 외국에 아들과 동생을 인질로 보낸 내물왕은 정복군주의 모습과는 거리가 멀다. 「광개토대왕릉비문」은 내물왕이 고구려에 자신을 '노객奴客'이라 비칭하며 군사지원을 요청했다고 적었다. 이 역시 위대한 정복군주의 모습과는 걸맞지 않다. 각각 실증주의를 주장하는 이병도의 『조선사대관』과 『국사 교과서』에 혜성처럼 등장하는 정복군주 내물왕은 실증주의에 따른 사료 상으로는 초라하기 그지없는 모습이다.

• "苻堅時, 其王樓寒遣使衛頭朝貢".(『通典』卷185, '邊防')

마립간이라는 용어에 지나치게 집착할 필요도 없다.『삼국유사』 '왕력조'는 내물왕을 마립간이라고 적었지만『삼국사기』는 마립간이 아니라 이사금으로 기록했다. 일연은 또『삼국유사』「기이편」의 '지철로왕(지증왕, 500~514년)조'에 "우리말[鄕稱]에 왕을 마립간이라고 부르는 것은 이 임금 때부터 시작되었다"고 적어 지증왕을 최초의 마립간으로 보았다. 마립간이란 용어에 대해 일연은『삼국유사』에서『화랑세기』의 저자 김대문金大問의 말을 인용해, "마립이란 말뚝[橛]이란 뜻의 방언"이라고 했다. 후세의 품계석처럼 왕의 말뚝 아래 신하의 말뚝이 늘어서므로 이렇게 이름 지은 것이라는 설명이다. 그러나 이병도는『삼국사기』 '내물왕조'에 대한 주석에서 중국 기록에 나오는 전진의 부견에게 사신 위두를 보낸 신라왕 루한樓寒이 마립간을 중국식으로 적은 것이라고 주장했다.• '루'를 '마루'로 훈독하면 '마립'과 같이 볼 수 있고, 한은 간처럼 취음取音한 글자라는 것이다. 그러나 '루'가 '마루'이고 '마립'으로 연결된다는 주장은 어떤 언어학적 근거도 없는 비약일 뿐만 아니라 '한'의 중국음은 'han'이고 '간'의 중국음은 'gan'으로 전혀 다른 글자다. 이 역시 억지로 꿰어 맞춘 자의적 해석일 뿐이다. 내물왕 때 신라가 건국되었다는 것은 이병도의 발명에 불과하다.

7. 식민사관 뺨치는 한일역사공동연구위

한일역사공동연구위원회

한일역사공동연구위원회란 조직이 있다. 일본의 역사교과서가 문제가 되자 두 나라 역사의 공통성 확장을 위해 한·일 두 나라 정상의 합의로 2002년 발족하여 2005년까지 3년간 활동한 단체다. 물론 이 단체는 양국 국민들의 국고로 운영되었다.

한국교육개발원 누리집 '열린마당'에는 '한일역사공동연구위원회 연구결과보고서 공개 안내'라는 글이 떠 있었다. '한일역사공동연구지원위원회' 명의의 2005년 6월 1일자 글이다.

한일역사공동연구보고서 공개에 즈음하여

한국과 일본의 양국 정상 합의로 2002년 5월에 시작된 한일역사공동연구위원회가 3년간의 공동연구를 마침에 따라, 양국의 지원위원회는 2005년 6월 1일에 그 결과를 공개하기로 결정하였습니다.(중략)

이번에 진행되었던 공동연구는 한일 양국의 역사 가운데 19개의 주제를 가려 뽑아 그 인식에서 드러나는 공통점과 차이점을 분명히 하는 데에 목적을 두고 진행되었습니다. 이는 그 역사인식에서 서로 다른 부분들을 일치시켜 나가는 데에 있어서 가장 기본적 작업으로 평가되고 있습니다.

한국과 일본 양국은 추후 이 보고서를 조속히 출판하여 양국의 역사교과서 집필자와 정부의 각급 기관, 역사교과서 관련기관 및 연구자, 출판사 등에 널리 배포하여 장래 양국 역사교과서 편수에 참고할 수 있도록 할 예정입니다.

한국과 일본 양국의 대표적인 역사학자들이 공동으로 참여한 이번의 첫 연구 성과가 만족스러운 것만은 아니지만, 한·일간의 역사인식 공유를 향한 양국 학계 간의 최초의 의미 있는 시도인 만큼, 한일관계에 관심 있는 분들의 애정 어린 격려와 많은 이용을 부탁드립니다.

2005년 6월 1일
한일역사공동연구지원위원회

위원회 중 제1분과가 고대사, 제2분과가 중세사, 제3분과가 근·현대사를 다루었다. 그간 이 연구에 참여한 한국 학자들은 기자들에게 여러 차례 일본 학자들과 많은 이견이 있었던 것처럼 말해왔고, 그런 식으로 보도되어왔다. 그래서 대다수의 한국 국민들은 한국 위원들이 일본 위원들과 치열하게 논쟁하며 한국사의 올바른 정립을 위해 노력하는 것으로 믿어 의심치 않았다. 그중 제1분과, 곧 고대사 분과의 한국 학자는 '일본 중등학교 역사교과서 문제-한일 역사공동연구위원회의 활동과 관련하여'라는 글에서 이렇게 회고했다.

> 제1분과의 주제는 고대한일관계사에서 가장 문제가 되는 4·5·6세기의 한일관계사를 세기별로 공동연구하기로 하였다. 한일 양국 학자가 공동의 주제를 선정하여 공동으로 연구하여 발표하고 토론하게 되었다는 것이 일차적인 성과라 할 수 있다.
>
> 그러나 연구를 해나가는 방식에 있어서도 한일 양국 위원 사이에 차이가 드러났다. 한국 측 위원은 4~6세기에 왜가 한반도 남부지역을 지배하였다는 이른바 '임나일본부설'이 성립될 수 없다는 것을 밝히는데 주력한 것과는 달리 일본 측 위원은 교과서와 관련한 문제는 가능하면 언급을 피하면서 공동 주제와 관련한 사료에 대해 세밀한 분석을 하거나 여러 가지 세부 주제를 설정하여 개괄적으로 검토해 나가는 형식이었다.

또한 위원회는 두 달에 한 번씩 한국과 일본에서 번갈아가며 회의를 개최했다. 연구 발표를 마친 후 두 차례의 좌담회를 열었는데, 한국 학자는 좌담회에 대해 다음과 같이 평가했다.

> 두 차례에 열린 좌담회는 매우 유익한 시간이었다. 이를 통해 각자가 발제문을 내고 자유롭게 토론하면서 상대방이 문제를 어떻게 인식하고 있고 또 동일한 역사적 사건을 어떠한 시각에서 바라보고 있는가에 대해 보다 정확하게 파악할

수 있었다. 그러나 2회의 좌담회만으로는 심도 깊은 논의를 하기 어려웠다. 앞으로의 공동연구에서는 좌담회에 더 많은 시간을 할애하는 것이 좋을 것으로 생각한다.

양국 학자가 치열한 논쟁 끝에 연구 발표를 하고 두 차례의 좌담회를 열었는데 아주 유익했으며, 앞으로의 공동 연구에서는 좌담회에 더 많은 시간을 할애하자는 뜻이다. 그리고 이 과정을 거쳐 나온 『한일역사공동연구보고서』(2005년)를 각 기관과 연구자에게 널리 배포해 '장래 양국 역사교과서 편수에 참고할 수 있도록 할 예정'이라는 것이다.

그럼 한국 학자들이 국민세금으로 연구한 결과물인 『한일역사공동연구보고서』(2005년) 중 제1권(제1분과, 고대사편) 중 '4세기 동아시아 정세와 한일관계'란 항목을 보자. 여기에는 고구려가 언제 건국했는지를 말해주는 구절이 있다.

> 중국 동북부 및 한반도 지역에서는 무질서하던 열국列國이 상호 통합되어 고구려·백제·신라·가야의 4국이 정립되었다. 그중에서도 가장 북쪽에 자리 잡고 있던 고구려는 3세기 후반 서천왕 때에 이르러 각 지역에 온존하던 고유명부固有名部를 일소함으로써 연방제적인 초기 고대국가를 벗어나 왕과 중앙 귀족에 의한 중앙집권적 통치 체제를 완비하였다.
>
> — 『한일역사공동연구보고서』, 58쪽

고구려가 제13대 서천왕(270~292년) 때 사실상 건국되었다고 기술한 것이다. 종래의 정설이던 태조대왕(53~146년) 때보다도 150년 이상 후퇴했다.

> 거듭되는 외환 속에 고구려는 주변 국가에 대한 거시적 외교와 안정된 지배질서 창출의 필요성을 절실히 느꼈다. 그리하여 제17대 소수림왕은 전진 왕 부견과 교류하여 불교를 받아들이고 태학을 세우고 373년에 율령을 반포함으로써 성숙한 고대 국가 체제를 완성하였다.
> – 『한일역사공동연구보고서』, 58쪽

한술 더 떠 고구려가 고대 국가 체제를 완성한 것은 17대 소수림왕(371~384년) 때라는 주장이다. 한국 학자가 쓴 이 글대로라면 고구려는 4세기 후반에야 비로소 고대 국가가 된다. 만약 쓰다 소우키치가 봤다면 무릎을 치며 "나는 왜 이렇게까지 주장 못했을까?"라며 한탄할 내용이다. 고구려가 한나라와 전개했던 그 수많은 전쟁 기록은 완전히 묵살되었다. 국가 대 국가의 전쟁이 아니라 일개 부락이 한나라 변방을 상대로 한 소요에 불과했다는 식이다.

백제로 가면 한 술 더 뜬다. '백제의 정세편'을 보자.

> 한강 유역 백제의 정세는 어떠하였을까? 『삼국사기』 백제본기에 의하면 고이왕 27년(260)조에 6좌평 및 16관등제 등의 중앙집권적 관료제를 완비했다고 나오나, 이는 후세 백제인들의 고이왕 중시 관념에 의하여 조작된 것이다. 이 시기 백제의 발전 정도는 좀 더 낮추어 보아야 할 것이다. 유적 분포를 살펴보면 3세기 후반에 백제의 왕성인 서울 강동구의 몽촌토성과 풍납토성이 축조되었으

며…….

— 『한일역사공동연구보고서』, 59쪽

진짜 한국학자가, 그것도 국민세금을 지원받아 쓴 것인지 의심하지 않을 수 없는 글이다. 이병도는 『삼국사기』 「백제본기」 '고이왕 27년조'의 주석에서 백제가 이때 6좌평과 16관등제 등의 중앙집권적 관료제를 완비한 것을 고대 국가 성립의 근거로 들었다. 물론 고이왕 때 백제가 건국되었다는 이병도의 주장은 '『삼국사기』 초기기록 불신론'의 아류로 아무런 근거가 없다.

그런데 『한일역사공동연구보고서』는 서기 3세기 후반, 곧 고이왕 27년에 백제가 건국되었다는 「백제본기」의 기사 자체가 '후세 백제인들의 고이왕 중시 관념에 의하여 조작되었다'는 것이다. 「백제본기」 '고이왕 27년조'의 기사 자체가 조작되었으니 이를 토대로 고이왕 때 백제가 건국되었다고 본 이병도의 학설도 틀렸으며 '이 시기 백제의 발전 정도는 좀 더 낮추어 보아야' 한다는 것이다. 그간 식민사학자라고 비판받아온 이병도가 민족사학자로 격상하는 순간이 아닐 수 없다.

'3세기 후반에 백제의 왕성인 서울 강동구의 몽촌토성과 풍납토성이 축조되었다'는 대목은 자신들이 머릿속에 그려놓은 도그마와 다르면 과학적 데이터도 믿지 않겠다는 선언에 다름 아니다. 국립문화재연구소는 풍납토성에서 출토된 유물 13점에 대한 탄소연대 측정을 실시했다. 1997년 1월부터 그해 11월까지 국립문화재연구소가 발굴한 토성 안쪽 풍납 현대아파트 건축 예정지에서 나온 목탄 6점을 비롯해 2000년 10월까지 수습된 목탄, 목재, 토기 등 13점이었다. 그 중심 연대가 가장 빠른 것은 서기전 199년으로 나타났으며 가장 늦은 것은 서기 231년으로 나타났다. 풍납토성이 서기전 2세기부터 축조되기 시작해 계속 확장되다가 서기 200년경에는 왕성이 완공되었음을 보여주는 데이터다. 2000년에 이미 풍납토성에 대한 이런 연구 결과가 발표되었으나 2005년에 발간된 『한일역사공동연구보고서』는 '3세기 후반에 풍납토성이 축조되었다'고 주장한 것이다. 10개 이상의 시료를 대상으로 측정한 결과에 대해 기본 상식이 있는 학자라면 아무리 자신들의 머릿속 도그마와 다르다 해도 믿지 않을 수 없는 것이다. 그러나 한국 주류 사학계에는 이런 상식이 통하지 않는다. 이런 주장을 하는 이들이 국가의 대표 학자로 선발되어 국민세금을 가지고 외국을 왔다 갔다 하며 자국사를 매도하고 있는 것이다. 이들의 주장을 더 살펴보자.

> 백제는 그 후 한동안 외부 문제로 인한 왕통의 혼란을 겪은 후 346년에 근초고왕이 왕위에 오르면서 폭발적인 성장을 하기 시작하였다. 이는 313년과 314년에 낙랑군과 대방군이 고구려에게 멸망되고 거기서 높은 문화를 지닌 유민들이 백제에 편입된 것과 관련이 있을 것이다. 근초고왕은 369년과 371년의 대 고구려 전쟁을 승리로 이끌고 나서 372년에는 동진東晉에 사신을 파견하여 진동鎭東장군 영낙랑태수領樂浪太守를 책봉 받고 이를 전후하여 박사 고흥에게 국사인 『서기』를 편찬케 하였다. 얼마 후 침류왕 원년 및 2년(385)에 백제 왕실이 불교를 공인하였다는 것으로 보아 그를 전후한 시기에 고대 국가 체제가 완비되었다고 볼 수 있다.
>
> – 『한일역사공동연구보고서』, 60쪽

백제의 왕성인 서울 풍납토성. 탄소연대 측정 결과 서기전 2세기 무렵부터 축조되기 시작한 것으로 밝혀졌으나 '한일역사공동연구위원회'의 한국 쪽 학자들은 서기 3세기 후반에야 축조되었다고 주장했다.

백제가 근초고왕(346~375년) 때 사실상 건국되었다는 주장이다. 이병도가 주장한 고이왕 27년(260)의 건국연대보다도 100년 정도 더 후퇴한 것이다. 이들은 무엇을 근거로 이렇게 인식한 것일까? 이런 주장의 근거를 찾기 위해서는 일제 식민사학자들의 글을 살펴보아야 한다.

여기에서도 역시 쓰다 소우키치를 주목해야 한다. 이 글들은 한국 주류 사학계의 진정한 교주는 이병도가 아니라 쓰다 소우키치라는 자기 고백이나 마찬가지기 때문이다.

쓰다 소우키치가 1921년에 쓴 글 중에 「백제에 관한 일본서기의

- "五五年, 百濟肖古王薨, 五六年, 百濟王子貴須爲王".(『日本書紀』,「神功皇后紀」)

기재"⁴⁹⁾가 있다. 쓰다 소우키치의 전집 제2권 『일본 고전의 연구(하)』에 「백제 왕실의 계보 및 왕위 계승에 관한 일본서기의 기재"⁵⁰⁾라는 제목의 부록에도 같은 내용이 실려 있다. 쓰다 소우키치의 글을 보자.

> 백제 왕실의 계보에 관해서 첫 번째로 알게 된 것은 『삼국사기』 「백제본기」에 근초고왕 및 근구수近仇首(귀수貴須)왕으로 기록되어 있는 국왕이 『일본서기』 「응신기應神紀」에는 초고왕肖古王 및 귀수왕貴須王으로 되어 있고 다른 비슷한 자는 없다는 것이다. 이 응신기는 백제본기에서 나온 것인 듯하지만 백제본기의 기록을 따온 것으로 볼 수밖에 없는 흠명기 2년 조에도 성명왕聖明王이 말한 "나의 선조는 속고왕速古王과 귀수왕이다"라는 것이 있는데, 그것 역시 삼국사기의 근초고왕과 근구수왕에 해당될 수밖에 없는 사람이다.⁵¹⁾

쓰다 소우키치는 줄곧 『일본서기』·『고사기』를 중심으로 사고했다. 일제 식민사학자의 정체성을 분명하게 인식하고 있었던 것이다. 『일본서기』 「응신천황기」에는 신공황후 섭정기가 기록되어 있는데 그 55년에 "백제 초고왕이 훙하였다"는 기록과 56년에 "백제의 왕자 귀수가 왕이 되었다"•는 기록이 있다. 『일본서기』에 나오는 초고왕과 귀수왕이 『삼국사기』 「백제본기」의 근초고왕과 근구수왕이라

---

49) 津田左右吉,「百濟の關する日本書紀の載」,『滿鮮地理歷史硏究報告』 8, 1921년.
50) 津田左右吉,「百濟の王室の系譜及び王位の繼承に關する日本書紀の記載」,『津田左右吉全集 - 日本古傳の研究』2권, 1956년, 岩波書店, 571쪽.
51) 津田左右吉, 같은 글, 571쪽.

는 것이다. 『일본서기』에 등장하므로 근초고왕부터는 사실로 인정할 수 있다는 뜻이다.

『삼국사기』에 등장하는 백제 국왕들은 『일본서기』에 등장해야만 실존 인물이 되는 것이다. 쓰다 소우키치는 백제 국왕들에 대해 이렇게 결론 내렸다.

> 『삼국사기』에 보이는 계왕契王 이전의 백제에 관한 기사는 모두 사실로써 믿기 어려운 것이고, 그것은 후세의 사가史家들에 의해 만들어진[構造] 것이다.[52]

12대 계왕(344~346년) 이전의 『삼국사기』 「백제본기」는 모두 조작되었다는 주장이다. 그러니 제13대 근초고왕부터가 실재한 국왕이 된다. 근초고왕 때 백제가 고대 국가가 되었다는 『한일역사공동연구보고서』는 바로 여기에 뿌리를 두고 서술된 것이다. 어찌 이병도가 아니라 쓰다 소우키치가 한국 주류 사학계의 진정한 교주라는 자기고백이 아니겠는가? 쓰다 소우키치의 식민사학은 21세기 대한민국에서 화려하게 부활한 것이다. 그것도 국민들의 세금으로. 『한일역사공동연구보고서』의 '백제의 정세' 부분을 조금 더 살펴보자.

> 여기서 주목해야 할 것은 4세기 후반의 30여 년에 걸쳐 옛 대방지역의 소유권을 둘러싸고 고구려와 백제 사이에 기나긴 쟁탈전이 벌어졌다는 점이다. 백제로 볼 때는 근초고왕, 근구수왕, 진사왕, 아신왕에 걸치는 기간이었고, 고구려로 볼

---

52) 津田左右吉, 같은 글, 571쪽.

때는 고국원왕, 소수림왕, 고국양왕, 광개토왕에 걸치는 기간이었으며…… 고구려와 백제 사이의 쟁탈전은 단순한 영역 다툼에 그치는 것이 아니라 고대국가 운영에 필요한 고급문화에 대한 소유권 다툼이기도 했다. 옛 낙랑군과 대방군 지역은 기원상으로는 고조선의 유민들이 살고 있었다고 하나 후한後漢 초기 이후 한화漢化가 급속히 진행되어 당대의 중원문화를 시차 없이 수용해왔던 귀족층이 광범위하게 존재하고 있었다.

- 『한일역사공동연구보고서』, 61쪽

낙랑군과 대방군이 평안도, 황해도·경기도에 있었다는 것을 전제로 쓴 글이다. 문화가 저급한 고구려, 백제가 '고대국가 운영에 필요한 고급문화를 습득하기 위해 전쟁을 벌였다'는 발상은 기발하기까지하다. 우수한 문화를 가진 막강한 식민통치 기관이 왜 고구려, 백제 사이의 먹이가 되었는지에 대한 설명은 없다. 문화는 우수하지만 군사력은 약했다는 것인가? 문화 수준은 높지만 군사력은 미미한 식민통치 기관이 존재할 수 있을까? 이들의 기발한 논리는 계속 이어진다.

고구려는 이 지역을 무리하게 직접 통치하기보다 4세기 중엽부터 5세기 초에 걸쳐 평동장군·낙랑상 동수冬壽, 대방태수 장무이張撫夷, 유주자사 진鎭 등의 중국 망명객을 대표자로 내세워 그들의 막부조직을 통해 간접 통치하였다. 백제가 빼앗으려고 한 것도, 고구려가 막으려고 한 것도, 바로 그들의 선진문화와 기술 인력이었다.

- 『한일역사공동연구보고서』, 61쪽

고구려가 중국 망명객들을 대표자로 내세워 중국인들의 막부조직을 통해 간접 통치했다는 희한한 이론의 근거가 어디에 있는지 알 수 없다. 막부라는 단어는 어디에서 튀어나왔는가? 평안도, 황해도 지역의 중국계 유적·유물들을 무조건 한사군의 유적·유물이라고 주장하다가 한사군 소속이 아닌 동수, 장무이 등의 유적이 출현하자 고구려로부터 통치권을 위임받은 막부 지도자로 둔갑시킨 것이다. 그리고 그들의 선진문화와 기술인력을 빼앗기 위해 고구려와 백제가 전쟁을 벌였다고 주장하는 것이다.

이런 목적으로 전쟁을 벌일 경우 평안도, 황해도 지역이 고구려 영역이기 때문에 백제가 선제공격을 해야 한다. 그러나 백제 근초고왕 24년(369) 고구려가 보기 2만으로 백제를 선제공격하고 동왕 26년(371)에도 선제공격했으며, 진사왕 2년(386)에도 고구려가 먼저 공격했고, 진사왕 8년(392)에도 고구려가 4만 대군으로 먼저 공격했다. 중국인 망명객들을 지키기 위해 고구려가 선제공격했다는 말인가? 『한일역사공동연구보고서』는 "그 당시 고대국가 백제의 남쪽 경역에 대해서 생각해볼 수 있는 기사는 『일본서기』 '신공 49년조' 기사 밖에 없다"고 서술했다. 쓰다 소우키치처럼 『일본서기』를 유일한 잣대로 그 시대를 바라보는 것이다. 몸은 한국인이지만 머릿속은 쓰다 소우키치와 동일한 한국 학자들과 일본 학자들의 만남이었으니 "좌담회는 매우 유익한 시간이었다"는 회고가 나오지 않을 수 없다.

쓰다 소우키치의 고민과 김부식

실증주의를 표방한 쓰다 소우키치에게는 고민이 있었다. 『일본서기』를 연구하면 연구할수록 허위사실이 많이 발견된 것이다. 쓰다 소우키치는 일제 식민통치를 위해 『삼국사기』 초기기록을 조작으로 몰았지만 『일본서기』를 연구할 때는 진지했다. 그 결과 쓰다 소우키치는 1942년 비공개재판에서 나카니시 요이치[中西要一] 재판장에게 다음과 같은 이유로 금고 3개월, 집행유예 2년의 판결을 받았다.

> 혹은 스진[崇神, 10대 천황]·스인[垂仁, 11대 천황] 이조二朝의 존재를 가정한다고 말하거나, 또 혹은 제기帝紀 편찬 당시에 있어서 쥬아이[仲哀, 14대 천황] 이전의 역대歷代에 대하여서는 그 계보에 관한 재료가 존재한 형적이 없고 그에 관한 역사적 사실도 거의 전하여 있지 않다는 등 황공하게도 진무[神武, 초대 천황]천황으로부터 중애천황에 이르는 역대 천황의 존재에 대하여 의혹을 품게 할 우려가 있는 강설講說을 감히 함으로써 황실의 존재를 모독하는 문서를 제작하고……

일본 제15대 오진천황 이전의 천황들은 그 실재가 불분명하다는 쓰다 소우키치의 말이 황실을 모독했다는 것이다. 쓰다 소우키치가 대표적 황국사관론자라는 점에서 이는 『일본서기』가 갖고 있는 고민을 단적으로 보여준다. 제14대 쥬아이천황까지는 아무리 찾아도 흔적이 없다. 『일본서기』 초기기록은 사실로 볼 수 없는 내용들이 적지 않은 것이다.

그래서 '주갑제周甲制'가 등장한다. 주갑이란 환갑還甲, 회갑回甲과 같은 말로 60년을 뜻한다. 1주갑은 60년, 2주갑은 120년, 3주갑은 180년이다. 앞서 말한『일본서기』'신공황후 섭정 55년(서기 255)조'는 "백제의 초고왕이 훙했다"고 했지만『삼국사기』「백제본기」는 근초고왕 사망연대를 375년이라고 기록했다. 두 갑자甲子, 곧 120년 차이가 난다. 또한『일본서기』의 귀수왕 사망연대인 신공 섭정 64년(264)도『삼국사기』는 근구수왕 10년(384)이라고 되어 있어 120년 차이가 난다. 이처럼『일본서기』는 120년 정도를 끌어내려야 사실과 들어맞는다. 또한『삼국사기』「백제본기」의 진사왕 즉위년(서기 385년)을『일본서기』는 신공 섭정 65년(265),『삼국사기』「백제본기」의 아신왕 즉위년(서기 392년)을『일본서기』는 응신 3년(272)이라고 했다. 그러던 것이 유랴쿠[雄略, 제21대 천황] 20년(476)이 되어서야 비로소『삼국사기』와 연대가 맞아 들어간다.

『일본서기』는『삼국사기』와 비교해 그 진위를 가려야 한다.『삼국사기』가 진위를 판정하는 저울 역할을 하는 것이다. 그런데 한국 주류 사학자들은 거꾸로『삼국사기』에 주갑제를 적용해 시기를 끌어내렸다.『삼국사기』는 백제의 온조왕이 재위 27년(서기 9) 마한을 정복했다고 기록했는데 이를 3주갑(180년) 끌어내려 초고왕 24년(서기 189)의 일로 보거나 4주갑(240년) 끌어내려 고이왕 16년(서기 249)의 일로 본다. 심지어 6주갑 끌어내려 근초고왕 24년(서기 369)의 일이라고 해석하기도 한다. 180년에서 360년 사이를 오간다는 사실은 주갑제가 아무런 원칙이 없음을 말해주는 것이다. 다시 말해 온조왕의 마한 정복 기사를 180년에서 360년까지 끌어내려 해석해야

> ●『高句麗秘記』曰 : 不及九百年, 當有 八十大將, 滅之".(『三國史記』,「高句 麗本紀」'寶藏王')

할 아무런 과학적 근거가 없다는 뜻이다.

『일본서기』에 조작 흔적이 많다는 것은 국제적 상식이다. 그런데 한일역사공동위원회는 "그 당시 고대국가 백제의 남쪽 경역에 대해서 생각해볼 수 있는 기사는 『일본서기』 신공 49년조 기사밖에 없다"며 거꾸로 『일본서기』를 신봉하고 『삼국사기』를 부인한 것이다. 여기에 『삼국사기』의 편찬자 김부식이 사대주의자이므로 그가 편찬한 기록은 사대주의적 잣대에 의해 왜곡되었을 것이라는 혐의까지 덧씌웠다.

한때 『국사 교과서』는 김부식을 비판하는 신채호의 글을 실은 적이 있다. 겉으로는 김부식을 사대주의자로 인식하게 한 것이지만 속내는 김부식이 편찬한 『삼국사기』 초기기록을 부인하게 하기 위해서 고안해낸 것이다. 신채호는 실제 「고구려와 신라 건국연대에 대하여」에서 『삼국사기』에 기록된 두 나라의 건국연대에 이문을 제기했다. 『삼국사기』 「고구려본기」 '보장왕조'에는 당나라 가충언賈忠言이 당 고종에게 "고구려비기秘記에 의하면 고구려는 900년이 못 되어 80세 대장에게 멸망할 것이다"●라고 말했다는 기록이 나오는데 신채호는 810년 이상은 되어야 900년이라고 했을 것이 아니냐고 본 것이다. 또 「광개토대왕릉비문」에는 추모왕의 17세손이 광개토대왕으로 기록되어 있는데, 『삼국사기』의 세대世代로 따지면 13세손밖에 되지 않는다는 것이다.[53]

---

53) 신채호, 「고구려와 신라 건국연대에 대하여」, 『신채호전집』 별집, 24~29쪽.

신채호의 지적은 일리가 있다. 태조왕의 재위연대(53~146년)가 93년이나 되는 것은 왕통을 태조왕 중심으로 정리했기 때문으로 보인다. 고구려인들이 그렇게 정리했는지, 김부식이 그렇게 했는지는 분명하지 않다. 그러나 신채호 주장의 핵심은 「신라본기」나 「백제본기」가 조작되었다는 뜻이 아니라 고구려의 역사가 2백 년 더 올라갈 수도 있다는 것으로, 『삼국사기』 초기기록이 조작되었다는 식민사학자들의 주장과는 정반대의 내용이다.

마지막으로 『한일역사공동연구보고서』는 신라를 어떻게 기록했는지 살펴보자.

> 결국 신라는 4세기 후반 나물이사금 때 고구려의 지원을 받아 초기 고대국가를 이룩할 단서를 잡았으나 고구려의 간섭 속에 이루지 못하고, 5세기 전반 눌지마립간 때에 와서 단위 정치체인 6부를 왕권에 종속적으로 연합하여 초기 고대국가를 형성하였다.
>
> — 『한일역사공동연구보고서』, 64쪽

이병도가 제17대 내물왕(356~402년) 때는 신라가 사실상 건국되었다고 서술했으나 『한일역사공동연구보고서』는 제19대 눌지왕(417~458년) 때 건국되었다고 본 것이다. 내물왕과 눌지왕은 재위연대의 연속성이 불과 20년도 안 되는데 이들은 왜 굳이 눌지왕을 고집하는 것일까? 식민사학의 교주 쓰다 소우키치의 글에 역시 답이 나와 있다.

원삼국 시기의 철제 무기. 철제 무기의 출현은 고대 국가 성립의 지표로 해석하는 것이 세계 고고학계의 통설이지만 한국에서는 서기전 1세기부터 서기 3세기까지 신라와 백제는 부락 수준에 불과했다면서 굳이 원삼국이란 틀에 가두어 설명하고 있다.

창원 다호리에서 출토된 검과 검집. 한강과 낙동강 유역에는 서기전 1세기를 전후해 철제 무기류가 다수 출토되어 이들 지역에 강력한 고대 정치체가 존재했음을 말해준다.

『삼국사기』「신라본기」의 상대에 대한 비판을 반드시 여기에서 모두 쓸 수 있는 것은 아니지만 왜인에 관한 기록을 가려내 (상대기록이 조작되었다는 것을—필자 주) 증명하는 것은 이 정도로 충분하다고 생각된다. 그리고 대체적으로 말해 앞에서 서술한 것과 같이 실성이사금實聖尼師今(402~417년) 때에도 명백한 허구로밖에 볼 수 없는 기사가 있기 때문에, 그 앞선 내물이사금㮈勿尼師今(356~402년) 때, 즉 우리 군軍(일본군)이 처음으로 신라를 압박했다고 추측되는 시대의 기사도 다른 확실한 사료의 기록에 조응照應하는 것이 아닌 한 신용할 수 없다.[54]

쓰다 소우키치의 말은 제18대 실성왕 때의 『삼국사기』「신라본기」 기사에도 허구로 보이는 내용이 있

• "童曰 我本冶匠 乍出鄰鄕 而人取居之 請掘地檢看 從之 果得礪炭 乃取而居 焉".(『三國遺事』,「紀異」'昔脫解')

으므로 제19대 눌지왕 때부터야 사실로 볼 수 있다는 뜻이다. '5세기 초반 눌지마립간 때 신라가 초기 고대국가가 되었다'는 『한일역사공동연구보고서』의 내용과 정확히 일치한다. 신라가 5세기에 사실상 건국되었다는 황당한 내용이다. 이런 주장에까지 반론을 제기해야 하는 것이 대한민국 역사가 처한 서글픈 현실이다.

고대 사회에서 국가 형성의 중요한 지표로 보는 것이 철 생산이다. 먼저 문헌 사료를 살펴보자. 『삼국유사』 '석탈해조'에는 어린 탈해왕(신라 제4대 왕, 재위 57~80년)이 경주 호공瓠公의 집을 빼앗을 때 자신을 대장장이[冶匠]라고 주장했고, 그 땅을 파보니 과연 숫돌과 숯이 나왔다•고 전한다. 1세기 무렵에 철기를 제작하는 대장장

---

54) 津田左右吉, 앞의 글, 509~510쪽.

이가 있었다는 문헌 사료가 전하는 것이다. 고고학에서는 철제 유물이 출토된 유적의 종합적 성격을 중요시한다. 해당 유적이 지배층의 유적인지, 곧 해당 시기에 계급 분화가 이루어졌는지를 중요하게 여기는 것이다. 지배층의 유적이 확실하다면 고대 국가 성립의 근거로 해석하는데 경주 조양동 유적에서 출토된 철제 유물들의 경우 서기 1세기 전후의 유적으로 보고 있다. 이 시기 때 이미 국가 단계에 접어들었다고 해석할 수 있다는 이야기다. 그뿐만 아니라 경주 사라리 유적이나 경주 황성동 유적에서 출토된 철제 유물들도 서기 1~2세기로 비정할 수 있다.

여러 논란이 있지만 적어도 서기 5세기경에야 신라가 건국되었다는 주장은 어떤 경우에도 성립할 수 없다. 고고학계에는 한국에서 철 생산 시기는 아무리 늦어도 서기 1세기 이전으로 보는 견해가 성립되어 있다. 『한일역사공동연구보고서』에서 신라 건국 시기를 5세기 무렵이라고 서술한 것은 조선사편수회를 추종하는 일본 사학계 일부의 강변에 불과하다. 조선총독부 산하 조선사편수회는 해방과 동시에 해체되었지만 그들이 만든 식민사학 이론은 주류 사학계에 그대로 계승된 것이다.

3부

노론사관은 어떻게 조선 후기사를 왜곡시켰는가?

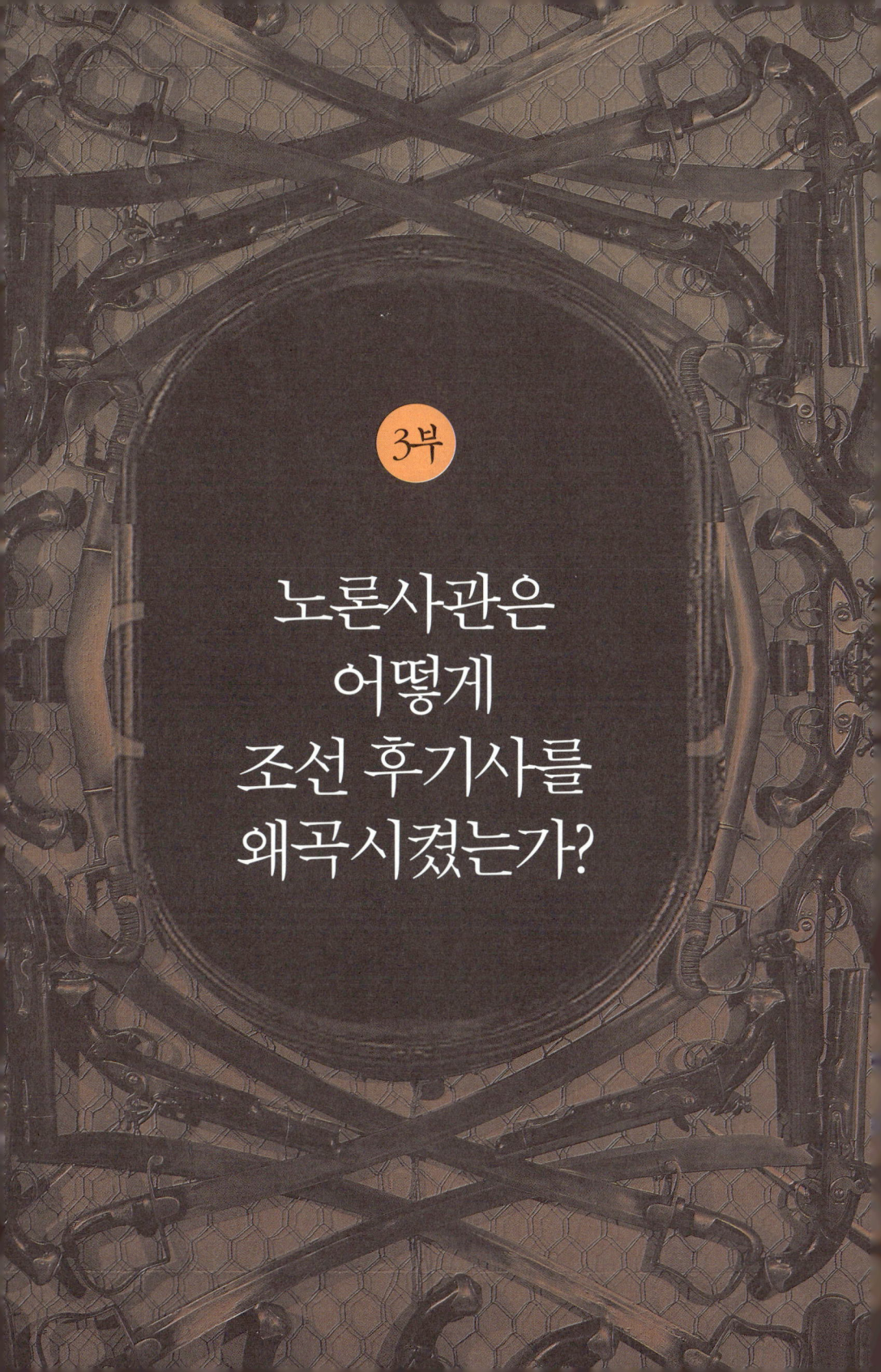

8. 노론 후예 학자들이 만든 신화들

십만양병설에 대한 네 가지 변조

한국 주류 사학계를 관통하는 두 가지 사관이 있다. 하나는 지금까지 살펴본 일제 식민사관이고 다른 하나는 조선 후기 노론사관이다. 몸은 21세기에 있지만 역사관은 20세기 초반의 일제시대와 17~19세기 조선 후기에 두고 있는 것이다.

노론이란 어떤 정치세력인가? 광해군을 내쫓은 인조반정을 주도한 서인에 그 뿌리가 있다. 서인들은 국왕 축출의 명분이 필요하자 자신들의 진정한 임금은 명나라 황제이고 광해군은 제후에 불과하다고 주장했다. 그래서 명 황제의 신하인 광해군이 후금(청)과 등거리 외교로 임금을 배신했기 때문에 자신들이 광해군을 내쫓은 것은 임금(명 황제)에 대한 충성이라는 논리를 만들어냈다. 조선 후기 서인 사대부들이 명에 대한 극도의 사대주의 성향으로 일관한 이유는 그것이 쿠데타 명분이었기 때문이다. 인조반정 당시 신하들이 임금을 내쫓은 데 대한 반발이 심해지자 서인들은 남인을 끌어들여 체제 내 야당으로 삼았다. 그로써 쿠데타 체제의 외연을 넓히려 한 것이다.

그러나 남인들은 체제 내 야당에 만족하지 않았다. 남인은 제2차 예송논쟁 와중인 현종 15년(1674)부터 숙종 1년(1675)까지 서인들이 선왕(효종)의 왕통을 부인했다고 공격하면서 정권을 장악했다. 절치부심하던 서인들은 숙종 6년(1680) 남인들을 내쫓고 재집권에 성공하는데 이를 경신환국이라고 한다. 경신환국 후 서인들은 남인들의 재기를 막기 위해 정치공작을 동원해 남인들을 역모로 몰아 죽였다. 이를 두고 서인들은 둘로 갈렸다. 서인 노장층은 이런 정치공작도 모두 당(서인)을 위한 것이었다고 주도하거나 용인한 노론이 되었고, 이를 정치공작으로 규정하며 강하게 비판한 서인 소장층은 소론이 되었다.

노론은 장희빈의 왕비 책봉을 계기로 숙종 때 잠시 남인에게 정권을 빼앗기고, 경종의 왕권을 무력화하려다 소론에게 잠시 정권을 빼앗긴 것을 제외하고는 조선이 멸망할 때까지 정권을 장악했다. 정조 때 소론과 남인들이 일시 정계에 진출했으나 소수에 지나지 않았고 노론 우위는 계속되었다.

조선 말 노론 중 일부는 위정척사운동에 가담했지만 일부는 일제의 대한제국 점령에 협조하고 그 대가로 기득권을 유지했다. 식민사관과 노론사관은 자기정체성 부인과 사대주의 극대화라는 점에서 인식이 같을 뿐만 아니라 인맥으로도 서로 연결된다. 조선 후기 노론을 거쳐 일제 때 조선사편수회에 가담했던 일제 어용학자들이 해방 후에도 사학계의 주류가 됨으로써 한국사 서술은 일제 식민사관과 조선 후기 노론사관으로 얼룩졌다.

이들이 집필한 교과서는 국정이기 때문에 학생들이 무조건 암기해야 하는 하나뿐인 도그마가 되었다. 이들은 역사학의 방법론에 불과한 실증주의를 표방하며 살아남았다. 이는 일제 식민사학을 해방 후에도 온존시키려는 술책에 불과하다. 식민사학에 불리한 것은 아무리 사료가 많아도 무시해온 것이 그 반증이다.

한국 주류 사학계의 고대사 인식은 일본 식민사관에 깊게 경도되어 있고, 조선 후기사 인식은 노론사관에 깊게 경도되어 있다. 그런 사례들 중에 몇 가지를 살펴보자.

한때 국사 교과서에 실려 있었고, 현재도 일부 도덕 교과서에 실려 있는 율곡 이이의 십만양병설이 있다. 이이의 십만양병설은 이병도가 『조선사대관』과 수정판 『국사대관』, 『한국사대관』에 거듭 사실인 것처럼 적어놓았고 그의 제자들이 국사 교과서에까지 실음으로써 전 국민의 상식으로 승격했다. 이병도는 『한국사대관』에서 이렇게 서술했다.

특히 이이는 선조에게 군사 10만을 양성하여 완급緩急에 대비하자는 것을 건의하여 만일 그렇게 아니하면 10년을 넘지 못하여 토붕土崩(흙이 무너짐)의 화를 당하리라 하였다. 이때는 임진왜란이 일어나기 10여 년 전의 일이니, 장래를 투시하는 그의 선견先見의 명명이 어떠하였던가를 알 수 있다. 그러나 이에 대하여 당시의 국왕 선조는 아무런 반응이 없었고 조신朝臣들 중에도 찬동 지지하는 사람이 별로 없었다. 동료 중에 식견이 높은 유성룡까지도 무사한 때에 양병養兵(군사를 기르는 것은 도리어 화禍를 기를 뿐이라고 하여 반대하였다. 당시 조신들이 얼마나 타성과 고식에 기울어졌던가는 추측할 수 있다.

— 이병도, 『한국사대관』, 378쪽

십만양병설의 요체는 임란 전 이이가 선조에게 10만의 군사를 길러야 한다고 주장했는데 선조는 대답이 없고 유성룡까지 반대해 무산되었다는 것이다. 이병도는 같은 책들의 '참고' 항목에서 율곡의 십만양병설에 대해 부연설명했다.

본문에 말한 그의 양병십만론은 연월은 미상未詳하나 그의 문인 김장생金長生 소찬所撰의 율곡행장 중에 적혀 있으니 이것이 설령 그의 만년지사晚年之事라 할지라도 임란 전 10년에 당한다. 이 건의에 반대하던 한 사람인 유성룡이 후일에 그 선견의 명명을 추억하면서 "이珥는 진성인眞聖人이라"고까지 하였다 함은 역시 위의 행장에도 실려 있지만 유명한 이야기이다.

— 이병도, 『한국사대관』, 380쪽

이병도의 말대로 십만양병설의 진원지는 김장생(1548~1631년)이 찬술한 「율곡행장」인데, 그 내용은 다음과 같다.

일찍이 경연에서 청하기를 "10만의 군병을 미리 길러 완급에 대비해야 할 것입

경기도 파주시 법원읍의 자운서원(위). 율곡 이이를 모신 서원으로 제자 김장생도 배향되어 있다. 김장생은 율곡의 십만양병설을 창작해 사실인 것처럼 전파했다.

이이 초상(오른쪽). 이이는 군역 개혁과 공안 개정을 주장했으며, 백성들의 생활 안정을 강조했다.

> 嘗於筵中. 請預養十萬兵. 以備緩急. 否則不出十年. 將有土崩之禍 柳相成龍以爲無事而養兵. 養禍也…… 逮壬辰之後. 柳相於朝嘗語人曰. 到今見之. 李文靖眞聖人也.(金長生, 『沙溪先生遺稿』, 「栗谷李先生行狀」)

니다. 그렇지 않으면 10년을 지나지 않아서 장차 토붕와해土崩瓦解의 화禍가 있을 것입니다" 하니 유柳정승 성룡이 말하기를 "사변事變이 없는데도 군병을 기르는 것은 화근을 기르는 것입니다"라고 하였다…… 임진왜란이 닥쳐온 후에 유정승이 조정에서 일찍이 다른 사람에게 말하기를 "이제 와서 보니 이문정李文靖은 참으로 성인이다……".

이이의 십만양병설은 몇 단계의 과정을 거쳐 전 국민의 상식으로 승화한다. 첫 번째는 이이가 십만양병설을 주장한 것처럼 창작하는 단계로 이는 김장생이 만들어냈다. 그러나 이런 중대한 발언을 기록하려면 언제 어디에서 했는지를 특정해야 하는데 그럴 수 없기 때문에 "일찍이 경연에서[嘗於筵中]"라고 모호하게 기술한 것이다. 『선조실록』에 십만양병설이 한 번도 나오지 않는 것은 다 이유가 있다. 이이의 제자들인 서인들이 인조반정을 일으킨 후 효종 8년(1657)에야 작성한 『선조수정실록』의 기사 말미에 사관의 논평으로 "이이가 일찍이 경연에서 이이가 '미리 십만 군사를 길러 뜻하지 않은 변란에 대비해야 합니다'라고 말하자 유성룡이 '군사를 기르는 것은 화를 키우는 것입니다' 하며 극력 변론하였다"[55]는 설명이 실려 있을 뿐이다. 사실관계를 정확히 기재해야 하는 본문에는 싣지 못하고 모호하게 본문 끝에 사관의 논평으로 넣었으나 이 내용 역시 김장

---

55) 『선조수정실록』 15년 9월 1일.

생의 행장을 보고 삽입한 것이다.

두 번째는 "일찍이 경연에서"라고 모호하게 기술한 것이 정확하게 "선조 16년(1583, 계미년) 4월"의 일로 특정화되는 단계다. 이는 김장생의 제자인 송시열宋時烈(1607~1689년)이 만들어낸 것이다. 송시열이 쓴 「율곡연보」는 이렇게 기록하고 있다.

> "癸未年 四月······ 先生於經筵啓曰. 國勢之不振極矣. 不出十年. 當有土崩之禍. 願預養十萬兵. 都城二萬. 各道一萬. 復戶鍊才. 使之分六朔遞守都城 而聞變則合十萬把守. 以爲緩急之備. 否則一朝變起. 不免驅市民而戰. 大事去矣. 柳公成龍以爲不可曰. 無事而養兵. 是養禍也. 筵臣皆以先生言爲過慮 遂不行. 先生退謂柳公曰. 俗儒固不達時宜. 而公亦有是言耶. 仍愀然久之. 壬辰亂作. 柳公於朝堂歎曰. 李文成. 眞聖人也".(宋時烈,『栗谷全書』,「栗谷行狀」)

> 계미癸未(1583) 4월······ 선생(이이)은 경연에서 계청하기를 "국세가 부진한지 극도에 이르렀으니 십 년이 지나지 않아서 마땅히 토붕와해의 화가 있을 것입니다. 원컨대 10만의 군병을 미리 길러 도성에 2만 명, 각도에 1만 명씩을 비치하소서······ 그렇지 않으면 하루아침에 사변이 일어날 때 시정市井의 백성을 몰아내어 싸우게 함을 면치 못할 것이니 큰일이 그르칠 것입니다" 하였으나 유성룡이 불가하다면서, "무사한 때에 양병함은 화를 기르는 것이다" 했다. 선생이 물러나면서 유성룡에게 "속유는 진실로 시의에 통달할 수 없지만 경까지도 어찌 이렇게 말하는가" 하며 오래도록 추연했다. 임란이 일어나자 유성룡이 "이문성李文成(이이)은 진실로 성인이다[眞聖人也]" 하며 탄식했다.

임진왜란이 선조 25년(1592) 4월 발생했으니 선조 16년 4월은 임란 발발 10년 전 그달이다. 이이가 임진왜란이 일어날 해와 달까지 정확히 예언했다고 주장한 것이다. 자신의 스승은 특정하지 못했던 발언 날짜를 이이가 살아 있을 때는 태어나지도 않은 송시열이 정

- • "甲子四年(인조 2년) 八月 贈諡曰文成".(『栗谷全書』 卷34, 符錄2. 「年譜」)
- •• "三十年年 丁未(선조 40년) 五月六日戊辰辰時 終于寢".(『懲毖錄』 卷2, 「年譜」)
- ••• 乃以沆先識之遠, 嘆曰, "李文靖眞聖人也", 當時遂謂之 '聖相'.(『宋史』 卷282, 「李沆列傳」)

확하게(?) 적시했던 것이다. 이러한 단계를 거쳐 이이는 임란 발생 10년 전 그달에 임란을 예언한 현인이 되었다.

세 번째는 문정이 문성으로 바뀌는 단계다. 앞서 김장생이 쓴 「율곡행장」에는 이문정李文靖이라고 나오는데 송시열이 쓴 「율곡연보」에는 이문성李文成으로 나온다. 문성은 이이의 시호다.

이재호 선생이 『조선사 3대 논쟁』에서 밝혔듯이 유성룡이 이이를 이문성으로 지칭한 것 자체가 있을 수 없는 일이다.[56] 이이가 '문성'이란 시호를 받은 시기는 인조 2년(1622)•이고, 유성룡이 별세한 시기는 선조 40년(1607)••이다. 유성룡이 죽은 지 17년 후에야 이이의 시호가 내려진 것이다. 이는 십만양병설이 사후의 창작이라는 결정적 증거다.

"이문정은 참으로 성인이다"라는 것은 『송사宋史』에 나오는 말이다.••• 송나라 재상 문정공文靖公 이항李沆과 관련된 고사다. 이항은 진종眞宗이 토목공사를 크게 일으킬 것을 경계하면서 후배인 왕단王旦에게, "나는 미처 볼 수가 없지만, 나의 젊은 참정參政(왕단)은 후일에 이 일을 근심할 것이오"라고 말했는데, 후일 진종이 과연 토목공사를 크게 일으키자 왕단이 그 선견지명에 감탄하며 "이문

---

56) 이재호, 『조선사 3대 논쟁』, 역사의 아침, 2008년, 123쪽.

정은 참으로 성인이다"라고 말한 것이고,⁵⁷⁾ 김장생이 이를 이이에게 적용시킨 것이다. 서애가 율곡을 회상하며 훌륭한 사람이라고 말했을 개연성은 높다. 그러나 십만양병설과 관련해 "참으로 성인이다"라고 말했을 가능성은 없다.

김장생이 쓴 『사계집沙溪集』의 「율곡행장」에는 '이문성'이 아니라 '이문정'으로 기록되어 있다. 영조 25년(1749)에 간행된 『율곡전서』에도 모두 '이문성'이 아닌 '이문정'으로 기재되어 있다. 송시열도 이문성이 아니라 이문정으로 기록했다는 뜻이다. 그런데 순조 14년(1814)에 간행한 『율곡전서』에는 '이문정'이 아닌 '이문성'으로 기재되어 있다. 노론의 일당 지배력이 확고해지자 이문정을 이문성으로 고쳐 유성룡이 직접 "이문성(이이)은 참으로 성인이다"라고 말했다고 전파하기 시작한 것이다.

네 번째는 이문성을 이이로 바꾸어 국사 개설서나 국사 교과서에 실어 전 국민적 상식으로 만든 단계다. 앞서 인용했듯이 이병도는 『한국사대관』에서 "이 건의에 반대하던 한 사람인 유성룡이 후일에 그 선견의 명을 추억하면서 '이珥는 진성인眞聖人이라'고까지 하였다 함은 역시 위의 행장에도 실려 있지만 유명한 이야기"라고 기술했다. 그리고 이를 그의 제자들이 국사 개설서나 국사 교과서에 실어 전 국민적 상식으로 만든 것이다. 노론사관이나 일제 식민사관은 역사왜곡에 관한 한 그 뿌리가 대단히 깊은 정치세력임을 알 수 있다.

---

57) 이재호, 같은 책, 99쪽.

유성룡은 십만양병을 반대했는가?

십만양병설의 가장 큰 문제는 있지도 않은 율곡의 십만양병론을 창작해낸 것이 아니다. 바로 유성룡의 반대로 십만양병론이 무산된 것으로 서술되어 있다는 점이다. 이이가 서인의 영수라면 유성룡은 남인의 영수였다. 존재하지도 않은 발언을 있었던 것처럼 가정해 반대 당파의 영수를 공격하는 것은 전형적인 정치공작이다. 이이와 유성룡은 반대 당파의 영수지만 국익을 위해서 서로 협력하던 사이였다. 잠곡 김육金堉이 쓴 「이 통제사 충무공 신도비명李統制使忠武公神道碑銘」에는 이런 일화가 전한다.

> 서애西厓 유상공柳相公(유성룡)은 공(이순신)과 어릴 때부터 서로 좋아하던 사이고 매번 장군감이라고 칭찬했다. 율곡栗谷 이선생李先生이 인사권을 가진 장관으로 있을 때 서애를 통해 만나 보기를 청했으나, 공은 즐겨하지 않으면서 "같은 본관(덕수 이씨)이니 서로 만나도 괜찮겠지만, 인사권이 있는 자리에 있으니 불가하다"고 말했다.●

이이와 유성룡은 당파는 다르지만 불우한 이순신을 함께 도와주려고 했다. 두 정치가는 당파를 떠나 불우한 인재를 등용하기 위해 서로 상의하던 사이였지만 이이의 제자들은 당심黨心에 찌들어 있지도 않은 십만양병설을 창작해 반대 당파의 영수를 비난하고 둘 사이를

● "西厓柳相公與公少相善. 每稱才可將. 栗谷李先生長銓時. 因西厓求見. 公不肯曰. 同宗可相見在銓地則不可".(金堉, 「李統制使忠武公神道碑銘」)

이간질했던 것이다. 김장생이 유성룡을 모함한 사례는 이것뿐이 아니다. 김장생은 「송강 정철 행록松江鄭澈行錄」에 이렇게 썼다.

- "松江旣遞委官. 柳相代之. 李潑之老母稚子. 拿鞫窮刑. 八十老婦人 竟死杖下".(金長生,『沙溪全書』,「松江鄭文淸公澈行錄」)
- "公又謂柳相曰. 李潑之老母稚子 公何以殺之乎.柳曰. 公則可以救其死乎, 公曰 吾則能救之也, 柳曰 其能然乎".(金長生,『沙溪全書』,「松江鄭文淸公澈行錄」)

> 송강(정철)이 이미 위관委官(정여립사건의 수사책임자)에서 갈리고 나서 유정승(유성룡)이 대신 맡아 이발李潑의 팔십 노모와 어린 아들을 잡아다 국문하여 극도로 형벌을 가해서 마침내 형장刑杖 아래서 죽게 만들었다.●

이것이 사실이라면 유성룡은 자신이 살기 위해 한때 같은 당파(동인)였던 이발의 노모와 어린 아들을 죽인 냉혈한이 된다. 김장생은 같은 글에서 유성룡이 이발의 노모와 어린 아이를 죽였음을 사실로 만들기 위해 유성룡과 정철의 대화를 인용했다.

> 공(정철)이 유성룡에게, "이발의 노모와 어린 자식을 공(유성룡)은 어찌하여 죽였소?" 하고 묻자, 유성룡이 "공이라면 그 죽음을 구제할 수 있었겠소?" 했다. 공은 "나라면 능히 구제할 수 있었지요" 하고 답하자 유성룡이, "능히 그럴 수 있었을까요?" 했다.●●

이처럼 대화체를 만들어 사실처럼 창작하는 것이 김장생의 특기다. 그러나 이발의 노모가 죽은 해에 대한 각 당파의 서술은 엇갈린다. 동인(남인)들은 선조 23년(1590, 경인년) 5월이라고 주장했고, 서인들은 선조 24년(1591, 신묘년)이라고 주장했다. 광해군 9년(1617) 생원 양몽거楊夢擧 등은 상소를 올려 이발의 노모가 죽은 해가 "경인년 5월 13일"이라고 했고, 「아계 이상국(이산해) 연보」역시 "경인년"이라고 서술했다. 반면 인조반정 후인 효종 8년(1657) 서인들이 편찬한 『선조수정실록』에는 "신묘년(1591년, 선조 24) 5월의 일"로 기록되어 있다. 그런데 김장생이 같은 당파인 정철을 위해 이발의 노모를 죽인 위관이 유성룡인 것처럼 묘사한 「송강 정철 행록」을 쓴 이후 이 문제는 오랜 기간 동안 논쟁거리가 되었다. 논쟁은 주로 김장생의 제자들이 유성룡을 공격하고 유성룡의 제자들이 방어하는 형식으로 진행되었다.

이발의 노모가 죽은 날짜가 논란이 되는 이유도 유성룡의 연관 여부 때문이다. 동인들의 주장대로 선조 23년(1590) 5월이라면 유성룡은 이와 관련이 없다. 유성룡은 그해 4월부터 휴가를 얻어 안동 고향으로 내려가 있다가 5월 20일에는 정경부인貞敬夫人 이씨李氏를 군위에 장사지내고, 5월 29일에 우의정에 제수되어 6월에 서울로 올라와 우의정을 사양하는 상소를 올렸다. 선조 23년 5월에 유성룡은 서울에 있지도 않았던 것이다.

이발의 어머니 윤씨와 그의 아들들이 고문으로 죽었다. 이발과 이길李洁의 가속이 옥에 연루된 지 2년이었다.

– 『선조수정실록』 24년 5월 1일

이 기록을 『선조수정실록』 '24년 5월조'에 배치한 것도 의도적이다. 그러나 진실은 "가속이 옥에 연루된 지 2년이었다"라는 부분에 있다. 조선시대에는 만으로 햇수를 계산하지 않았으므로 이발이 노모를 장사지낸 때는 선조 23년인 것이다. 실제로 『선조실록』 '23년 5월조'에는 기축옥사와 관련한 기사가 수두룩하지만 '24년 5월조'에는 "경상감사가 선산에서 참새가 오색의 큰 새를 기른 일과, 고성에서 흰 꿩이 나온 일을 보고한 것"과 "동지사가 중국의 상황을 보고한 것" 등 둘뿐이다. 정여립의 옥사는 이미 1년 전에 마무리되었다는 뜻이다. 『선조수정실록』은 이발의 노모가 죽은 기사를 '선조 24년 5월조'에 실어 유성룡에게 책임을 뒤집어씌우려 한 것이다. 그러나 "연루된 지 2년"이란 말은 이발의 노모가 선조 23년 5월에 사망했음을 말해준다. 선조 24년 윤3월 정철이 동인 영수 이산해의 계략에 걸려 파직당한 것을 기점으로 서인들이 대거 쫓겨나고 동인들이 다시 정권을 잡았다. 그러자 기축옥사를 주도한 정철에 대한 비난이 거세게 일었다. 김장생의 말은 바로 이때 정권을 잡은 동인들이 억울하게 죽은 이발의 노모와 그 자식들을 고문해서 죽게 했다는 것이니 상황 자체가 성립이 되지 않는다.

    기축옥사는 발발 당시부터 정철을 비롯한 서인들의 정치공작이란 비난이 들끓었던 사건이다. 『선조실록』은 정여립 사건이 발생하자 "서인들은 서로 축하하지 않는 자가 없었고 동인들은 간담이 떨어지지 않은 자가 없었다"고 적고 있는데, 정철이 "역적을 체포하고 경외京外에 계엄을 선포하자"는 비밀 차자箚子를 올리자 선조는 그 충절을 칭찬하고 사건 조사를 담당하는 위관으로 삼았다. 서인 정철은 가혹한 고문으로 좌의정 정언신鄭彦信, 부제학 이발·이길

> "此疏乃鄭澈等謀盡殺異己, 指嗾而陳之者也".(『선조실록』22년 10월 28일)

형제, 백유양白惟讓·최영경崔永慶·정개청鄭介淸 등의 동인들을 아무런 물증도 없이 죽였다. 반면 유성룡은 사건 와중에 장사杖死(곤장 맞다 죽음)한 백유양이 정여립에게 보낸 편지에서 유성룡을 언급한 것이 문제가 되어 연루될 뻔했다. 「아계 이상국(이산해) 연보」는 "정철을 위관으로 명하니 그 당시 사대부 중에 정여립과 교유가 있다고 연좌되어 화를 입은 자가 무려 1백여 명이나 되었다"고 기록하고 있듯이 정철은 이 옥사에서 수많은 정적들을 죽음으로 몬 전력 때문에 생전은 물론 사후에도 비난의 표적이 되었다. 훗날 선조가 이 사건으로 자신에게 쏠린 비난을 돌리기 위해 정철을 독철毒澈(악독한 정철), 간철奸澈(간악한 정철)로 부른 사실이 그 진상을 짐작케 해준다. 「아계 이상국(이산해) 연보」는 "이때 정철이 이 옥사와 연루시켜서 공(이산해)과 유서애(유성룡)에게 전적으로 화를 전가시키고자 했다"고 적고 있다.

또한 『선조실록』은 정여립의 옥사를 정철 등이 반대파를 죽이기 위해 꾸몄다고 기록했다. 선조 22년(1589) 10월 생원生員 양천회梁千會가 정여립과 이발 등이 서로 친했다는 상소를 올렸는데, 이 상소 말미에 "이 상소는 정철 등이 자기들과 의견이 다른 사람들을 남김없이 죽이기 위해 양천회를 사주하여 올렸다"고 부기하기도 했다. 그러나 김장생은 서인 정철을 옹호하기 위해 서울에 있지도 않은 유성룡이 이발의 모친과 아이를 죽였다고 조작한 것이다. 김장생이 만든 앞의 대화에서 정철의 자리에 유성룡을 세우고, 유성룡의 자리에 정철을 세우면 더욱 그럴듯할지도 모른다.

김장생은 북인의 종주인 남명南冥 조식曺植에 관해서도 비슷한 창작을 했다. 김장생은 성운成運이 「남명행장」에서 "조식이 기대승 奇大升을 크게 비판했다"고 주장했다. 그러나 성운은 「남명묘갈명 南冥墓碣銘」을 쓴 적은 있어도 「남명행장」을 지은 적은 없다. 또한 「남명묘갈명」에도 남명이 기대승을 비판했다는 내용이 전혀 없으니 이 역시 김장생의 악의적 창작인 것이다.

유학자들의 중요한 수양법 중의 하나가 신독慎獨이다. 혼자 있을 때도 인욕人欲·물욕物欲에 빠져서는 안 된다는 뜻이다. 더구나 김장생은 예학禮學의 대가다. 혼자 있는 데서도 삼가야 할 유학자가 있지도 않은 사실을 창작해 반대 당파의 영수를 비난하는 재료로 사용했으니 이것이 어찌 예禮이겠는가?

이이의 십만양병설이 아무런 근거가 없다는 것은 『선조실록』을 한 번만 읽어보면 쉽게 알 수 있다. 이병도가 『선조실록』을 읽어보지 못했을 리 없지만 그는 자신의 집안 당파인 노론을 정당화하기 위해 십만양병설을 사실처럼 믿게 만들었다. 마치 김장생이 만든 사실 왜곡의 전통이 노론 후예 학자들에 의해 연면히 계승되고 있다는 것을 과시라도 하듯이.

송시열과 송준길은 북벌론자인가?

국사 교과서가 사실을 왜곡하면서 노론을 옹호한 대목은 많다. 그중 하나가 효종과 송시열의 관계다. 현행 고등학교 『국사 교과서』

> "而臨御八年. 因循荏苒. 了無尺寸之效可以仰酬皇天聖考之意. 俯答群臣萬姓之望者. 至於今日. 則人怨天怒. 內鬨外喝. 危亡之禍. 迫在朝夕". (宋時烈, 『宋子大全』, 「丁酉封事」)

는 "효종은 청에 반대하는 입장을 강하게 내세웠던 송시열, 송준길, 이완 등을 높이 등용하여 군대를 양성하고 성곽을 수리하는 등 북벌을 준비하였다(103쪽)"고 서술했다. 이 기술에 따르면 송시열·송준길은 북벌론자가 된다. 필자는 『송시열과 그들의 나라』에서 송시열은 효종의 충신이 아니라 최대 정적이며, 북벌론자도 아니라는 사실을 논증했건만 『국사 교과서』는 여전히 송시열을 효종의 충신이자 북벌론자로 기술하고 있는 것이다. 효종 8년 송시열은 「정유봉사丁酉封事」를 올려 북벌준비에 매진한 효종의 8년 치세를 이렇게 평가했다.

> 전하께서 재위에 계신 8년 동안 세월만 지나갔을 뿐 한 자 한 치의 실효도 없었습니다. 위로는 명나라 황제에게 보답하고 아래로는 여러 신하와 백성들의 바람에 답하지 하지 못함이 어찌 오늘에 이를 수 있습니까? 백성들이 원망하고 하늘이 노해 안에서 떠들고 밖에서 공갈하여 망할 위기가 조석朝夕에 다다랐습니다.
>
> — 송시열, 『송자대전』, 「정유봉사」

효종은 8년 동안 송시열의 산림을 필두로 한 문신 사대부들의 반대를 무릅쓰고 군비를 확장했다. 이에 대한 송시열의 평가가 「정유봉사」인데, 이는 효종의 8년 치세에 대한 전면 부정이었다. 그리고 효종의 왕권에 대한 정면 도전이었다. 송시열은 같은 글에서 북벌에 대해 이렇게 말했다.

주자가 처음에는 효종(남송의 효종)에게 금나라를 쳐서 북벌하는 의리에 대해서 극진히 말하였으나 20년 뒤에는 다시 북벌에 관해 말하지 않고…….●

– 송시열, 『송자대전』, 「정유봉사」

　남송의 주희가 처음에는 북벌에 대해 극진히 말했으나 20년 후에는 북벌을 언급하지 않고 "바른 마음으로 자신을 극복하여 조정을 바르게 할 것[而正心克己. 以正朝廷]"에 대해서만 말했다는 것이다. 이는 북벌은 포기하고 군주는 성리학적 수양에만 힘쓰면 된다는 말이다. 송시열은 북벌을 담당할 의사가 전혀 없었다. 오히려 효종의 북벌계획을 발목 잡았을 뿐이다. 효종이 재위 9년(1658)경 송시열을 이조판서, 송준길을 대사헌으로 삼아 사실상 정권을 내준 것은 송시열을 위주로 한 산림의 사보타주로 군비확장책이 한계에 봉착했기 때문이었다. 효종은 산림에게 정권을 내주는 대신 북벌을 추진하게 한 것이다.

　그러나 송시열이 북벌을 적극적으로 추진하지 않자 효종은 재위 10년(1659) 기해독대己亥獨對를 마련해 송시열에게 북벌을 촉구했다. 이때 효종은 송시열에게 "내 소견에 송준길은 (북벌을) 담당할 의사가 없는 것 같은데 어떻게 생각하는가"●● 하고 물었다. 이 내용은 송시열이 효종과의 독대를 기록한 「악대설화幄對說話」에 나오는 것으로, 당시 송준길이 북벌에 소극적이었음은 일종의 상식이었다.

　송시열과 송준길이 북벌을 말한

● "臣竊見朱子初見孝宗, 首以討復之義, 極陳於前矣. 至於二十年之後, 則不復以此言進".(宋時烈, 『宋子大全』, 「丁酉封事」)
●● "以予所見, 則宋浚吉似無擔當意思, 爲如何".(宋時烈, 『宋子大全』, 「幄對說話」)

3부 노론사관은 어떻게 조선 후기사를 왜곡시켰는가? **257**

적은 있다. 그들은 명나라 황제의 신하로서 군부君父(명 의종)의 원수를 갚아야 한다고 했지만 이는 명분이었을 뿐 효종이 북벌을 단행하기 위해 군비를 확장하려고 하면 양민이 중요하다는 논리를 펴며 집요하게 반대했다. 물론 양민이 양병보다 중요하다는 논리가 잘못된 것은 아니다. 더구나 당시에는 소빙하기에 접어들어 자연재해가 잇따르고 흉년이 자주 들었기 때문에 양병보다 양민이 중요하다고 주장한 것은 위민정치의 한 단면일 수도 있다. 그렇다면 송시열과 송준길은 위민정치의 일환으로 북벌에는 반대했지만 이는 백성들의 생활 안정을 위해서였다고 서술해야 한다. 양송兩宋(송시열과 송준길)을 마치 북벌에 앞장선 사람처럼 서술한 것은 사실 왜곡을 넘어 또 다른 사실의 창작에 지나지 않는다.

송시열이 효종의 충신이라고 생각한 사람은 아무도 없었다. 송시열은 효종의 국상 때 자의대비가 1년복을 입어야 한다고 했고, 현종 15년(1674) 효종비 인선왕후의 국상 때는 9개월복을 입어야 한다고 주장했다. 송시열이 효종을 임금으로 여겼다면 당연히 효종의 국상 때는 3년, 인선왕후의 국상 때는 1년복을 주장했어야 한다. 송시열은 인선왕후 국상 때 끝내 9개월복을 주장하다가 실각당했는데 정권이 남인으로 바뀌자마자 전국 각지에서 송시열이 효종의 역적이라고 공격하는 상소가 빗발쳤다.

숙종 즉위년 9월 진주晉州 유생 곽세건郭世楗이 "송시열을 효묘孝廟의 죄인이자 선왕(현종)의 죄인"이라며 왕법을 시행해야 한다고 주장하자 조정 안팎의 송시열의 문도들이 들고 일어나 곽세건을 공격해 큰 소동이 벌어지기도 했다. 이때 숙종이 송시열에 대한 비판

적 자세를 견지하자 많은 사람들이
송시열 비판에 가세했다. 급기야 송
시열이 효종의 역적이므로 죽여야
한다는 주창이 성행했는데, 송시열
과 예송논쟁을 벌인 판부사 허목이
「죄인에게 형을 더하는 것을 반대하
는 차자請勿罪人加律箚」를 올려 사

- "時烈言嫡子庶子. 以孝廟爲不當立之 君. 貶損至尊. 疵詆先王. 罪當死者一 也. 寧陵玄宮不敬之變. 亦上之所知也. 時烈專掩匿覆蓋 以地中蒸積之氣. 誣 爲吉祥. 置億萬無窮之患. 請外修封 築. 罪當死者二也. 時烈擅國自用. 屛 逐良善. 傲蔑前古. 變更先王舊章. 無 所畏忌. 世道陷溺. 誤國亂政. 罪當死 者三也"(許穆, 『眉叟記言別集』, 「請勿 罪人加律箚」)

형에는 반대했지만 허목은 송시열의 죄상에 대해서는 분명하게 밝혔다.

> (송시열은) 효종을 마땅히 서지 못할 임금으로 여겨 지존을 헐뜯고 선왕을 비방했으니, 마땅히 죽어야 할 죄의 하나입니다…… 영릉寧陵(효종) 현궁玄宮(임금의 관)의 불경스런 변괴는 임금께서도 아시는 것인데 시열이 독단으로 숨겨서 덮어버리고 장지葬地 밑의 증울蒸鬱한 기운을 좋은 상서라고 속여 억만 년의 무궁한 우환을 내버려두고 석축쌓기를 청하였으니 마땅히 죽어야 할 죄의 둘입니다…… 시열이 국권을 천단하고 마음대로 하면서 선량善良을 물리치고 오랜 전통을 무시하면서 선왕의 전장典章(법)을 바꾸고도 두려워하는 바가 없었고 세도世道를 혼탁하게 하고 나라를 그르치고 정사를 어지럽혔으니, 마땅히 죽어야 할 죄의 셋입니다.●

– 허목, 『미수기언』, 「죄인에게 형을 더하는 것을 반대하는 차자」

허목은 효종에 대한 송시열의 죄는 사형당할 항목이 셋이나 되지만 당시에 형벌을 가하지 않고 이제 와서 "갑자기 형량을 가중한다면, 왕

• "而當初旣不以正其罪, 今以其所執者 爲逆賊所籍口, 而據以加律, 則於王者 用法之道, 恐或有所未盡者也".(許穆, 『眉叟記言別集』,「請勿罪人加律箚」)

자王者가 법을 사용하는 도에 있어서 혹시 미진함이 있지 않을까 합니다"•
라며 사형을 반대한 것이다.

송시열이 효종의 가장 큰 정적이자 북벌을 비롯한 효종의 모든 정책에 발목을 잡았음은 분명하다. 그럼에도 현행 고등학교 『국사 교과서』는 마치 송시열이 효종의 충신으로서 북벌을 준비한 것처럼 사실을 왜곡했다. 이 역시 노론의 당론에 의한 서술이 아니면 있을 수 없는 것이다.

상공업 중심 개혁론은 노론이 주도했는가?

최근까지 『국사 교과서』는 '상공업 중심의 개혁론'에서 중상주의 실학을 노론이 주도한 것으로 서술했다.

> 18세기 후반에는 농업뿐만 아니라 상공업의 진흥과 기술의 혁신을 주장하는 실학자들이 나타났다. 이들은 서울의 노론 집안 출신이 대부분이었으며, 청나라의 문물을 적극적으로 수용하여 부국강병과 이용 후생에 힘쓰자고 주장하였으므로 이들을 이용 후생 학파 또는 북학파라고도 한다. 상공업 중심 개혁론의 선구자는 18세기 전반의 유수원이었다…….
>
> – 고등학교 『국사 교과서』, 2003년, 314쪽

실학에는 두 흐름이 있다. 하나는 농업 중심의 개혁론이고 하나

는 상공업 중심의 개혁론이다. 각각 중농주의, 중상주의로 부르기도 한다. 같은 『국사 교과서』는 '농업 중심의 개혁론'에서 "18세기 전반에 농업 중심의 개혁론을 제시한 실학자들은 대부분 서울 부근의 경기 지방에서 활약한 남인 출신이었다(313쪽)"고 서술했다. 이 말대로 반계磻溪 유형원柳馨遠, 성호 이익, 다산 정약용 등 농업 중심의 개혁론을 이끈 인물들은 모두 근기近畿 남인들이었다. 노론 일당독재가 계속되면서 오랫동안 벼슬에서 소외된 남인들은 자신들의 경제적 지위도 몰락했고, 그 결과 소외된 자의 시각으로 세상을 바라보았다. 농민들의 시각으로 세상을 바라보니 소수 권세가가 농지의 대부분을 독점한 반면 다수의 농민들은 농지에서 소외되었다는 점이 가장 큰 문제였다. 그래서 이들은 공통적으로 토지 문제의 해결을 주장했던 것이다. 유형원이 균전제均田制, 이익이 한전제限田制, 정약용이 여전제閭田制를 주창한 것은 모두 이런 배경에서 나왔다. 유형원이 서울 출신이고 이익과 정약용은 경기 출신이다.

유형원이 주장한 균전제는 국가에서 토지를 공유하여 농민들에게 일정한 크기로 나누어주자는 것이고, 이익의 한전제는 한 농가당 일정 규모의 농지는 영업전永業田으로 삼아 매매를 불허하고 그 이상의 토지만 매매를 허용하자는 것이다. 또한 정약용의 여전제는 마을 단위 여閭에서 농지를 공동 소유하고 공동 생산을 하되 생산에 참여한 노동력만큼 분배하자는 제도였다. 농사짓는 사람만이 토지를 소유하는 경자유전耕者有田의 원칙과 농지의 사유를 인정하지 않는 농지 공유共有의 원칙 아래 공동으로 경작하되 분배는 노동량에 따라 차등을 두자는 방안이었다. 일하지 않는 사대부들은 광대한 농지를 사유한 반면 농사짓는 백성들은 땅 한 평도 없는 것은 물론 온갖 부역에 시달리는 현실을 개혁해야 한다는 주장이었다. 이런 농업 중심의 개혁론자들을 경세치용학파라고도 한다.

그런데 재야 남인들이 농업 중심의 실학을 주창할 때 집권 노론은 무엇을 했느냐는 비판이 나올 수 있었다. 그래서 노론 후예 학자들은 상공업 중심의 개혁론을 '노론 집안 출신'이 주도한 것으로 만들었다. 비록 사실과 다를지라도 자신들이 결정하면『국사 교과서』에 실을 수 있는 학문권력을 갖고 있으니 '상공업 중심의 개혁론'을 '서울의 노론 집안 출신이 대부분'이라고 서술한 것이다. 그러면서 상공업 중심 개혁론의 선구자를 유수원이라고 서술했다.『국사 교과서』의 논리에 따르면 유수원은 당연히 노론이다. 하지만 유수원은 노론에 의해 사형당한 소론 강경파다. 좌의정을 역임한 유수원의 종숙 유봉휘劉鳳輝와 영의정을 지낸 유봉휘의 부친 유상운柳尙運은 모두 소론이다. 유봉휘는 경종 1년(1721) 노론이 경종을 위협해 연잉군(영조)을 왕세제王世弟로 책봉한 것에 강력하게 반발한 소론 강경파峻少다. 경종 독살설 속에 영조가 즉위한 후 유봉휘의 처지는 급전 몰락해 영조 1년(1725) 경원에 유배되었다가 2년 후 그곳에서 죽었다. 유봉휘의 지지를 받은 유수원의 처지도 위험해졌으나 소론 강경파들이 영조 4년(1728) 이인좌의 난을 일으키자 영조가 정국 안정을 위해 당론을 금하고 소론도 끌어안음으로써 일단락되었다. 그러나 영조 11년(1735) 유수원이 관직에 의망擬望(세 명의 후보자 중 한 명으로 추천)되자 홍문관 교리 조명택趙明澤이 "유수원은 공의公議에 저지당한 자"인데 관직 후보자로 의망한 것이 한탄스럽다고 상소[58]한 것처럼 노론은 유수원을 적대시했다.

유수원은 귀가 멀자 '귀머거리 맑은 대쑥'이란 뜻의 농암聾菴, 농객聾客이란 자호를 짓고 『우서迂書』를 저술했다. 그는 『우서』의 머리말 격인 「논찬하는 본지를 기록한다[記論讚本旨]」에서 "마음속의 울결鬱結(응어리)을 펼 수 없으면 할 수 없이 글을 지어 자성自省하는 것"이라고 했다. 『우서』는 강력한 사회개혁 사상을 담고 있다. 유수원은 『우서』에서 "백성이 그 직업을 잃었기 때문에 가난해졌고, 백성이 가난해졌기 때문에 나라가 텅 비었다"면서 사민四民(사농공상)이 각기 직업을 가져야 한다고 주장했다. 그의 사고가 획기적인 것은 사士 계급에 대한 규정에서도 알 수 있다. 노론은 사 신분은 하늘이 정해준 것으로 인간이 바꿀 수 없는 천경지의天經之義라고 주장했으나 유수원은 「문벌의 폐단을 논한다[論門閥之弊]」는 글에서 "무릇 백성의 자제 중에서 준수한 자를 뽑아 교육시켜 사를 선발해야 한다"고 주장했다. 사대부 계급뿐만 아니라 일반 백성들의 자식 중에서도 적당한 자를 교육시켜 벼슬아치로 삼아야 한다는 것이다. 이는 다분히 이업동도異業同道(직업은 다르지만 길은 같음)를 주장하는 양명학적 사고가 담긴 것으로 양명학을 이단으로 극력 배척한 노론에서는 나올 수 없는 사상이다. 유수원은 당시의 사를 군역에도 종사하지 않고, 농·공·상에도 종사하지 않으며, 백성들의 토지와 노비를 약탈하거나 고리대 또는 노비 소송 등으로 생계를 이어가는 자들이라고 강하게 비판했다.

---

[58] 『영조실록』 11년 10월 8일.

『우서』. 유수원이 쓴 사회 개혁서. 유수원은 노론에 의해 사형당한 소론 강경파임에도 『국사 교과서』는 노론이란 식으로 서술해왔다.

이런 견지에서 유수원은 상공업의 진흥을 적극 주장했다. 그는 군포를 없애는 대신 상업세를 걷고 재산의 매매 또는 대여시에도 산세産稅(일종의 양도세)를 걷자고 했으며, 소상인과 부상富商(대상인)과 세약소민細弱小民(소상인)의 결합을 주장했다. 그리고 유수원은 각 군현에 상설 전사廛肆(상점)들을 설치해야 한다고 주장하고 화폐 경제를 활성화시키자고 역설했다. 또한 그는 「논공장論工匠」을 써서 공업 진흥의 필요성을 역설했다. 유수원은 탕평책을 표방했던 영조 13년(1737) 소론 이조판서 조현명趙顯命의 천거로 비변사 문랑文郎(문과 출신 당하관)이 되었고, 영조 17년(1741)에도 조현명의 주선으

로 영조를 직접 알현해 『관제 서승도설官制序陞圖說』을 바쳤다.[59]

그런데 유수원은 영조 20년(1744)을 기점으로 『영조실록』에서 사라졌다가 영조 31년(1755) 나주벽서사건 때 다시 등장한다. 소론 강경파가 일으킨 나주벽서사건으로 수많은 소론 인사들이 죽어나가는 와중에 체포된 그는 자신의 혐의를 부인하지 않았다. 이 사건의 주동자인 신치운申致雲 등과 친하다고 시인했으며 묻지 않는 말까지 진술했다.

> 매양 서로 만날 때마다 흉언과 패설을 김일경과 박필몽처럼 하였고, 때로는 김일경과 박필몽보다 더 했는데, 신(유수원)도 거기에 난만하게 수작하여 참여했습니다. 대개 신은 여러 역적 가운데 비단 흉적을 알 뿐만 아니라 이는 실로 당준黨峻(소론 강경론)의 마음에서 나라를 원망하기에 이른 것이며, 나라를 원망하는 마음에서 항상 헤아리기 어려운 패설을 하기에 이른 것입니다.[60]

소론 강경파의 영수인 김일경이나 이인좌의 난의 주역인 박필몽보다 더한 말을 했다는 것은 죽기를 각오하지 않고서는 나올 수 없는 말이다. 이는 곧 경종에 대한 충성을 의리로 간직하겠다는 뜻이고, 경종 독살설을 사실로 믿는다는 뜻이다. 유수원을 비롯한 소론 강경파는 끝내 영조와 노론 정권을 인정할 수 없었다. 그래서 형조참판 등을 역임한 심악沈鑃은 "신은 유수원의 역절逆節을 나라를 향한 정성이라 생각하였고, 유수원의 흉언을 대역이 아니라고 생각했

---

59) 『영조실록』 17년 2월 8일.
60) 『영조실록』 31년 5월 25일.

습니다…… 유수원과 함께 죄를 입는다면 죽어도 기쁘겠습니다"라고 대답했던 것이다.[61]

나주벽서사건으로 처형당한 소론 인사는 무려 500여 명이나 되는데, 이 비극적 사건의 뿌리는 집권 노론의 장희빈 사사와 경종 독살에 있었다. 거대당파 노론이 경종을 임금으로 여기지 않은 대신 연잉군(영조)을 임금으로 택군擇君했기 때문이었다. 『영조실록』은 "유수원을 대역부도로 지만遲晩(자백)하여 정형하고 법대로 노적孥籍하였다"[62]고 적었다. 유수원을 능지처참하고 그 처자식까지 연좌시켜 죽였으며, 재산도 몰수했다는 뜻이다. 이처럼 유수원은 노론이 아니라 노론에 의해 사형당한 소론 강경파다. 그러나 『국사 교과서』는 유수원을 노론이라고 버젓이 서술했다. 한국 주류 사학계의 학문권력이 얼마나 위험한 지경인지를 보여주는 사례다. 노론에 사형당한 소론 강경파를 노론이라고 서술할 수 있는 권력이 실재하는 한 한국사의 발전은 요원하다. 『국사 교과서』는 계속해서 '상공업 중심의 개혁론'에 대해 다음과 같이 서술했다.

> 북학파의 실학사상은 18세기 후반에 홍대용, 박지원, 박제가 등에 의하여 크게 발전하였다. 노론 명문 출신인 홍대용은 청에 왕래하면서 얻은 경험을 바탕으로…… 박지원은 청에 다녀와 열하일기를 저술하고 상공업의 진흥을 강조하면서…… 박지원의 실학사상은 그의 제자인 박제가에 의하여 더욱 확충되었다. 양반 집안의 서자로 태어난 박제가는 청에 다녀온 후 북학의를 저술하여 청의 문

---

61) 『영조실록』 31년 5월 26일.
62) 『영조실록』 31년 5월 25일.

물을 적극적으로 수용할 것을 제창하였다.

— 고등학교 『국사 교과서』, 2003년, 314~315쪽

'상공업 중심의 개혁론'이란 짧은 한 대목에 '노론 집안 출신이 대부분', '노론 명문 출신'이라고 거듭 써놓았으니 학생들은 '상공업 중심의 개혁론=노론'이라고 인식할 수밖에 없다. 그러나 노론 명문 출신의 홍대용은 『조선왕조실록』에 등장하지도 않는다. 그의 부친 홍역洪櫟은 영조 38년(1762) 12월 나주목사를 역임하다가 4만 곡의 환곡을 하나도 저축해두지 않아 호남에 큰 기근이 들었을 때 백성들을 먹여 살리지 못했다는 이유로 예천醴泉에 정배된 인물이다.[63] 홍대용의 가문은 노론 명문가가 아니다. 더구나 그가 역사에 이름 석 자를 남길 수 있었던 것은 노론의 당론과는 전혀 다르게 청나라와 적극 교류하자는 사상을 설파했기 때문이다.

홍대용이 이름을 날리게 된 계기는 35세 때인 영조 42년(1766) 동지사 서장관으로 임명된 숙부 홍억洪檍의 수행군관으로 북경에 갔다 와서 쓴 기행문 「연기燕記」에 있다. 그는 북경에서 서양인 선교사와 중국 지식인들을 만나면서 큰 충격을 받았다. 노론은 중국(명나라)만이 화華이고 나머지는 모두 오랑캐인 이夷라는 절대적 세계관을 갖고 있었으나 홍대용은 이런 절대적 화이론華夷論을 부정하고 중국과 조선, 심지어 서양까지도 상대화했다. 홍대용이 「연기」에서 묘사한 청나라의 모습은 그간 청을 오랑캐의 나라라고 멸시해

---

63) 『영조실록』 38년 12월 19일.

왔던 조선 지식인들에게 큰 충격을 주었다. 그중 북경 시내를 묘사한 '유리창琉璃廠조'를 보자.

> ● "位置古雅. 遵道徐步. 如入波斯寶市. 只見其璀然爛然而已. 終日行不能鑑賞一物也. 書肆有七. 三壁周設懸架爲十數層…… 量一肆之書. 已不下數萬卷. 仰面良久. 不能遍省其標虎. 而眼已眩昏矣".(洪大容,「湛軒書」,「燕記」'琉璃廠')
>
> ●● "距朝陽門十里. 則人衆束立. 撓嘵攘攘…… 盖中國昇平百年. 民物之繁庶. 固其勢也. 路左墳園之間. 有宅如貴家. 丙舍門内. 周設箄屋".(洪大容,「湛軒書」,「燕記」'入皇城')

(유리창의) 위치도 고아古雅하였다. 길을 따라 서서히 걸어가면 마치 페르시아波斯의 보물시장에 들어선 것처럼 그저 황홀하고 찬란할 뿐이어서 종일 다녀야 물건 하나 제대로 감상할 수 없었다. 서점은 일곱이 있는데 삼면의 벽을 돌아가며 수십 층의 책꽂이를 달아맸는데…… 한 점포 안의 책만도 수만 권 아래로는 내려가지 않아 고개를 들고 한참 있으면 책 이름을 다 보기도 전에 눈이 먼저 핑 돌아 침침해진다.●

- 홍대용,『담헌서』,'유리창조'

오랑캐의 나라 청은 이미 망한 명을 떠받들던 조선보다 훨씬 발달된 문물을 갖고 있었다. 계속해서 '입황성入皇城조'를 보자.

(북경의) 조양문朝陽門에서 1리쯤 가니 사람들이 집단처럼 빽빽하게 서서 서로 비비고 밀치고 하였다…… 대개 중국의 승평昇平(번성과 평안)이 백 년 동안 계속되었으니 사람과 물자가 번성함은 당연한 추세라 하겠다.●●

- 홍대용,『담헌서』,'입황성조'

홍대용은 '옥택屋宅조'에서 청나라의 관저나 주택을 조선의 것과 비교하기도 했다.

공사公私의 집들은 우리나라에 비하면 배 나 크고 높다. 북경 안팎은 모두 기와집이 고, 심양과 산해관 등 대도읍도 그러하며, 그 외에 시골의 작고 작은 주막들은 기와 와 초가가 반반인데, 초가집도 넓고 크고 튼튼하고 치밀하여 우리나라 주막들의 조악하고 누추한 것과는 비교할 수 없다. 북경 시외의 여러 주막들은 왕왕 처마 밖에 대자리로 차양을 달아내어 역시 시원해서 앉아 놀 만하였다.

"公私屋宇. 比我國穹崇倍之. 皇城內外純是瓦屋. 如瀋陽山海關等大都邑亦然. 其餘小小村店. 瓦草參半. 其草屋. 亦弘壯堅緻. 絶不類我國店幕之疎陋. 京外諸舖. 往往爲簟屋. 架于簷前. 亦軒敞可坐也".(洪大容,『湛軒書』,「燕記」'屋宅')

—홍대용,『담헌서』, '목택조'

홍대용의「연기」에 직접적인 영향을 받은 인물들은 박지원, 박제가, 이덕무 등의 백탑파白塔派다. 영조 43년(1767) 이덕무가 현재의 서울시 탑골공원 자리의 백탑 부근으로 이주하고, 이듬해(1768년) 박지원도 이주하면서 백탑파라는 일군의 지식인 집단이 형성되었다. 백탑파는 이서구李書九를 제외하면 대부분 고위직과는 거리가 먼 사대부들과 서얼들이었다. 박지원의 아들 박종채가 쓴 부친의 일대기인『과정록過庭錄』에는 홍대용과 박지원의 관계가 잘 드러나 있다.

담헌공湛軒公(홍대용)은 선군先君(박지원)보다 6세 연장이다. 학식이 정밀하고 깊었으나 역시 과거를 폐하고 한가롭게 지냈다. 선군과 도의道義로 교제해 서로 가장 친하게 지냈는데 그 말과 호칭은 처음 교제하던 때와 같이 서로 존경하였다. 선군은 항상 우리나라 사대부들이 이용후생과 경제명물經濟名物의 학문에 소홀하

탑골(파고다)공원 전경. 조선 후기 이 일대에는 백탑파라 불린 박지원, 이덕무 등의 지식인들이 살았는데, 현실에서 소외되었던 이들은 집권 노론과는 다른 세계관 속에서 상공업 중심의 개혁론을 만들었다.

여 그릇된 것을 그대로 답습해 거칠고 무지한 것이 너무 심한 것이 많다고 여겼고 남헌의 생소 지론노 마찬가시였나.[64]

이 글에는 상공업 중심의 개혁론자들을 이용후생학파라고 하는 이유가 잘 나타나 있다. 『과정록』은 박지원이 당색黨色을 싫어했다고 전하면서, "홍대용·정철조鄭喆祖·이서구 등과 때로 서로 왕래하셨고, 이덕무·박제가·유득공은 항상 박지원을 따라 노닐었다"[65]고 적었다. 이중 이서구는 노론 당색이었지만 이덕무·박제가·유

---

64) 박종채, 『과정록』 권 1.
65) 박종채, 같은 책.

득공 등의 서얼들과 『건연집巾衍集』이란 공동 시집을 낼 정도로 적서차별을 강조한 노론과는 다른 성향의 인물이다. 정철조는 북인인데다가 그의 사위는 소론 박우원朴祐源과 남인 이가환李家煥으로 노론과는 거리가 멀었다.

이덕무와 박제가는 정조 2년(1778) 사신 채제공蔡濟恭을 따라 북경에 다녀오는데, 여행 후 박제가는 「만필漫筆」에서 "지금 우리나라 사람들은 '오랑캐[胡]'라는 한 글자로 천하의 모든 것을 말살하고 있지만, 나만은 '중국(청)의 풍속은 이래서 좋다'고 말한다"고 주장했다. 나아가 그는 청나라의 장점을 흡수해 국부 증진에 매진하자는 뜻이 담긴 『북학의北學議』를 저술했는데, 상공업 중심의 개혁론자들을 '북학파'라고 한 것은 여기에서 나왔다. 「북학의 서문」에서 박제가는 "무릇 이용과 후생은 하나라도 닦지 않으면 위의 정덕正德을 해치게 된다"며 이용후생으로 국부를 증진하고 백성들의 생활을 안정시켜야 한다고 주장했다. 홍대용·박지원·박제가·이덕무·유득공 등은 모두 청나라와의 적극적 문물교류를 주장했다. 북학파, 곧 이용후생학파는 청나라가 명나라를 대체한 현실을 인정하고 배울 것은 배워야 한다고 본 것이다.

서얼 출신인 이덕무·박제가·유득공은 노론은커녕 정조가 없었으면 조정에 나오지도 못했을 인물들이다. 박제가는 정조 21년(1797) 종3품 오위장이었다가 노론 벽파의 영수급 인물인 동지경연사 심환지沈煥之와 부딪히게 된다. 정조가 사도세자의 묘소인 현륭원에 행차했을 때 박제가가 호상胡床(의자)에 앉아 있는 모습을 본 심환지가 수하를 시켜 나무란 것이다. 노론 영수 심환지에게는 '어

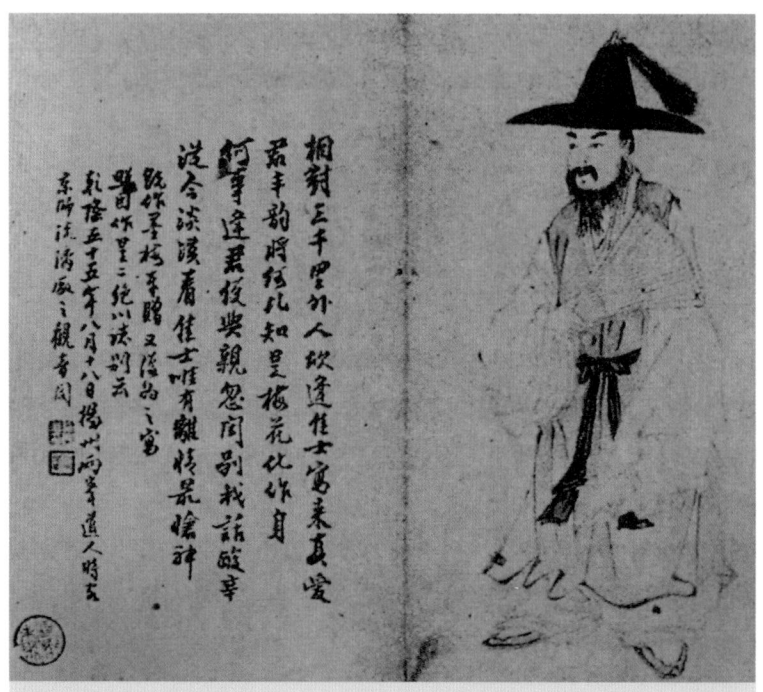

박제가 초상. 박제가는 서얼 출신이나 정조에게 발탁되어 규장각 검서관이 되어 많은 서적을 편찬했다.

디 감히 서얼 출신이……'라는 생각이 있었을 터인데 박제가가 뜻밖에도 "상은 본래 우리 집 것인데 하인이 가져온 것이다" 하며 반박했다. 심환지의 파직 요청에 정조는 박제가가 격례格例를 몰라서 그런 것이라며 처벌하지 않았다.[66]

그러나 정조가 재위 24년(1800) 6월 갑자기 승하하자 상황은 반전되었다. 이듬해 박제가는 사돈인 윤가기尹可基가 시국에 대한 불만

---

66) 『정조실록』 21년 2월 25일.

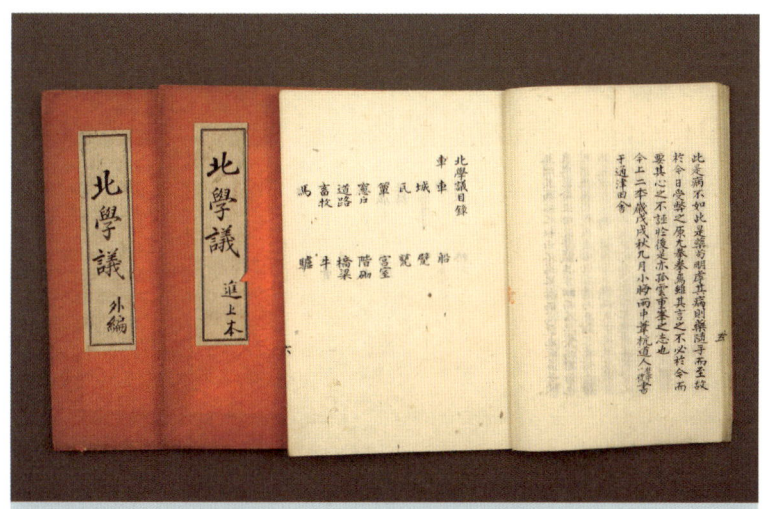

『북학의』. 박제가가 청나라의 풍속과 제도를 시찰하고 돌아와서 쓴 기행문.

을 표출한 흉서사건에 연루되어 몰락하는데 심환지는 윤가기를 강하게 공격한 인물 중의 하나였다. 박제가는 아무런 물증도 없이 혹독한 형신을 당하고 사형위기에 몰렸다가 겨우 살아남아 함경도 종성에 유배되었다. 박제가는 3년 후인 순조 4년(1804) 방축향리放逐鄕里(벼슬을 삭탈하고 고향으로 내쫓던 일)의 명을 받아 고향으로 돌아왔으나 이듬해 4월 56세를 일기로 쓸쓸하게 생을 마쳤다.

노론과 함께 사라진 남인

상공업 중심의 실학은 노론과 아무 관련이 없거나 노론과는 정반대의 생각을 가진 사람들이 주창했던 사상이다. 상공업 중심의 개혁론을 노론이 주도한 것처럼 서술했던 『국사 교과서』는 2007년도 개정판에서는 "이들은 서울의 노론 집안 출신이 대부분이었으며"란 서술과 홍대용에 대해 "노론 명가 출신인"이라는 서술을 삭제했다. '상공업 중심의 개혁론=노론'으로 서술한 것이 너무 무리한 논리임을 스스로 인정했는지, 필자 등이 각종 강연 등에서 지적한 점이 받아들여졌는지는 알 수 없다. 그러나 다른 문장은 그대로 두고 이 두 문장만을 누락시켜 또 다른 문제를 만들어냈다. 비단 두 문장만이 문제가 아니라 '상공업 중심의 개혁론'은 노론의 당론인 숭명반청과 성리학 유일사상 체제에서는 나올 수 없는 사상이며 노론이 주도하는 사회사상과는 전혀 다른 틀 속에서 나온 개혁사상이란 점을 밝혀야 하는 것이다.

그런데 이보다 더 큰 문제는 '농업 중심의 개혁론'을 남인들이 주창했다는 사실도 빼버렸다는 점이다. "18세기 전반에 농업 중심의 개혁론을 제시한 실학자들은 대부분 서울 부근의 경기 지방에서 활약한 남인 출신이었다"는 내용을 "18세기 전반에 농업 중심의 개혁론을 제시한 실학자들은 농촌 사회의 안정을 위하여 농민의 입장에서 토지 제도를 비롯한 각종 제도의 개혁을 추구하였다"는 무미건조한 문장으로 바꾼 것이다. 상공업 중심의 개혁론을 노론이 주도했다는 거짓 서술이 문제가 되자 농업 중심의 개혁론을 남인들이 제기했다는 '맞는 사실'까지 빼버린 것이다. 남인들만 실학을 주창한 것으로 써줄 수 없다는 의지의 표현으로 읽힌다. 이런 식으로 교과서를 서술하니 『국사 교과서』가 흐름을 알 수 없고, 외울 수밖에 없는 누더기 조각이 되는 것이다. 이 모든 것은 아직까지 노론 정체성을 가진 학자들의 사고로 『국사 교과서』가 서술되고 있기 때문에 발생한 문제들이다.

21세기를 살아갈 미래의 주역들은 역사를 통해 타인의 존재가치와 서로 다른 생각을 인정하는 상대주의적 세계관을 배우고 그 틀 속에서 개방성과 다양성의 가치를 추구해야 한다. 언제까지 미래의 주역들이 사대주의와 폐쇄적 획일주의 속에서 과거 퇴행을 지향했던 노론의 가치관을 학습해야 하는가? 또 언제까지 『국사 교과서』의 일부가 일제 식민사학과 노론 당론 교재의 성격을 띠고 있어야 하는가? 이는 과거완료형이 아니라 현재진행형의 문제라는 점에서 볼 때 『국사 교과서』 서술 체제에 대한 전 사회적 논의의 틀이 반드시 필요한 것이다.

9. 정조 독살설의 진실과 거짓

『정조어찰첩』은 정조 독살설을 부인하는 사료인가?

조선 후기에는 독살설에 휘말린 국왕들이 적지 않다. 여기에는 일정한 구조적 문제가 있다. 임금은 약하고 신하는 강하다는 '군약신강君弱臣强'의 정치구조다. 청의 강희제는 효종에 이어 현종도 젊은 나이에 사망하자 "임금의 수명이 길지 못하다[享年不永]", "신하의 제재를 받아 능히 정치를 펴지 못한다[受制不能施設]"[67]고 말했다고

---

67) 『숙종실록』 6년 9월 12일.

전하는데 그가 보기에도 국왕이 젊은 나이에 거듭 죽는 것이 이해되지 않았던 것이다. 효종은 만40세, 현종은 만33세에 급서했다. 또한 강희제는 숙종 12년(1686) 윤4월에 "이것은 다 조선의 임금은 약하고 신하는 강한데 연유함이니 우리 조정(청)의 보호가 없다면 몇 번이나 왕위를 도둑질당했을지[篡竊] 알 수 없다"라고 말하기도 했다.[68]

국왕 독살설은 국왕의 인위적 제거로 생길 수 있는 권력공백을 자당의 이익으로 전환시킬 힘을 가진 거대정당의 존재가 기본조건이다. 그래서 국왕이나 세자가 거대 여당인 서인·노론과 갈등하다가 급서하고 이들 정당이 권력을 독차지하는 패턴이 반복되는 것이다. 필자는 『조선왕독살사건』에서 조선왕조의 이런 권력구조를 추적한 바 있다.

그런데 현재 우리 사회의 일부 학문진영에는 조선 후기의 노론 권력구조가 일정 부분 반영되어 있다. 그 한 예가 2009년 5월 정조가 노론 벽파의 영수 심환지에게 보낸 『정조어찰첩正祖御札帖』이 공개되면서 발생한 소동이다. 정조어찰 연구자들은 성균관대학교 동아시아학술원 명의로 '새로 발굴한 정조어찰의 종합적 검토'를 주제로 해서 다섯 편의 논문[69]을 발표했다.

연구자들은 이 어찰이 정조 독살설을 부인하는 결정적 자료라고

---

[68] 『숙종실록』 12년 윤4월 29일.
[69] 다섯 편의 논문은 다음과 같다. 박철상(고문헌연구가), 「새로 발굴한 『정조어찰첩』의 자료적 가치」. 백승호(서울대학교), 「정조어찰첩의 서지적 고찰」. 김문식(단국대학교), 「정조 말년의 정국동향과 심환지」. 장유승(서울대학교), 「정조어찰의 사료적 성격-『승정원일기』와의 대조를 중심으로」. 안대회(성균관대학교), 「어찰첩으로 본 정조의 인간적 면모」.

주장했고, 이 내용이 각 신문, 방송에 대서특필되었다. 일부 언론은 이에 대한 반론도 함께 싣는 신중함도 보였지만 대다수 언론은 연구자들의 주장만 일방적으로 대변했다. 그리고 마치 짜기라도 한 듯 다른 학자들이 언론에 '정조 독살설은 시골서 떠돌던 야담'이라는 식으로 거들고 나섰다. 필자는 이 다섯 편의 논문을 다 읽어보았으나 정조 독살설의 현황에 대해 언급한 것은 있어도 『정조어찰첩』이 정조 독살을 부인하는 사료라고 논증한 것은 없었다. 이들이 언론을 통해 주장한 정조 독살설 부인의 내용은 크게 둘로 분류된다. 하나는 '정조와 심환지 사이가 편지를 주고받을 정도로 좋았으므로 독살했을 리 없다'는 것과 '정조가 사망 13일 전인 재위 24년(1800) 6월 15일 심환지에게 보낸 편지에서 자신의 병세가 심각함을 말했기 때문에 자연사'라는 것이다.

물론 발표 논문에 명시하지는 않았지만 정조 독살설이 허구임을 암시하는 대목은 있다. 김문식 교수는 논문의 맺음말에서 "정조가 심환지에게 어찰을 보낸 것은 신임의리와 정조의 의리를 지지하는 노론 벽파계를 정치권으로 끌어들여 뚜렷한 정치세력으로 정립시키려는 정조의 의지가 있었기 때문이다…… 정조는 벽파계가 신임의리로 대표되는 원칙론에 강하고 국왕인 자신을 지지하는 점을 높이 평가했고……"라고 했다. 정조와 노론 벽파가 서로를 지지했으므로 독살했을 리 없다는 내용이다. 김문식 교수의 해석대로 노론 벽파가 정조를 지지했다면 기존의 모든 연구 결과를 뒤집어야 하는 획기적인 내용인데 과연 그러한지는 후술할 것이다. 연구자들의 논리를 종합하면 '정조와 노론 벽파가 기존에 알려진 것과는 달리 사이가 좋았으므로 정조를 독살하지 않았을 것이다'라는 단순 논리 하나밖에 없다.

　이 논리의 타당성을 검토하기 전에 먼저 지적해야 할 것은 정조의 어찰이 어떻게 정조 독살설을 부인하는 사료로 둔갑했는가 하는 점이다. 새로운 사료가 발견되면 그 사료를 검토해 다양한 시각에서 접근하는 것이 사료 비판의 기초다. 그런데 이런 상식은 철저하게 무시되고 '정조 독살설을 부인하는 사료'라는 단순 접근만이 횡행한다. 만약 사료 고증에 엄격한 외국 사학계 같으면 어찰의 내용을 꼼꼼하게 정리하고 기존 공식 사료들과의 관계를 면밀하게 검토한 후 '정조가 반대 당파인 노론 벽파의 영수급 인물과도 핫라인을 구성해 정국을 운용했음을 보여주는 새로운 사료'로 해석했을 것이다. 그러나 『정조어찰첩』을 연구한 학자들은 어찰과 독살설 사이의 아무런 중간 연결고리도 없이 '둘이 서찰을 주고받았을 정도로 사이가 좋았으니 독살했을 리 없다'는 논리의 비약을 서슴지 않았다. 정조 독살설을 부인하는 학자들이 제시한 것 중 학문적으로 검토할 만한 유일한 주장은 순조 6년(1806) 노론 벽파에서 노론 시파로 정권이 넘어가는 이른바 병인경화丙寅更化 때도 정조 독살설이 거론되지 않았다는 것이다. 이 주장에 대해서는 뒤에서 자세히 서술하겠다.

　실력자들 사이의 개인관계가 정국의 향배에 어느 정도 영향을 끼치는 것은 사실이다. 그러나 서로 소속 당파가 다르다면 둘 중 한 명이 자신이 속한 조직의 공식 입장과 반하는 행위를 했을 경우에 의미를 가질 수 있다. 그렇지 않으면 공公과 사私를 구분하며 개인

관계를 유지한 것으로 보아야 한다. 『정조어찰첩』을 면밀히 검토해 보아도 정조와 심환지가 자신의 공식 견해를 바꾸었다는 증거는 나타나지 않는다. 당론은 당론, 편지는 편지라는 자세가 시종 견지되었다. 예를 들어 어찰을 통해 심환지가 정조와 사전 협의 끝에 우의정을 사직했음이 밝혀졌다. 우의정 사직 사실은 이미 『정조실록』 등의 공식 사료에 나와 있는 부분이다. 그렇다면 어찰은 심환지가 우의정을 사직한 『정조실록』의 배경을 설명해주는 보조 사료로 가치가 있는 것이지 실록의 내용을 뒤집는 반대 사료의 가치가 있는 것은 아니다.

그러나 정조어찰은 마치 공식 사료를 뒤집는 반대 사료인 것처럼 호도되었다. 정조가 사망하기 한 달 전에 경연석상에서 한 '오회연교五晦筵敎'가 노론 벽파를 중용하려는 뜻이었다거나 혜경궁 홍씨의 『한중록』에 독살설이 나오지 않는 것이 독살설 허구의 증거라는 희한한 주장까지 나왔다.[70] 이런 주장들이 정조가 심환지에게 보낸 어찰첩을 근거로 이루어졌으므로 정조와 심환지 관계를 살펴보면 그 진위 여부는 자연히 드러날 것이다. 정조 독살설을 부인하는 학자들은 정조와 심환지의 생전관계, 그것도 편지를 주고받던 시절에만 초점을 맞추고 있다. 하지만 편지가 오가기 전과 정조가 승하한 후 심환지의 처신도 편지가 오가던 시절 못지않게 중요하다.

---

70) 안대회, 「어찰의 정치학 : 정조와 심환지」, 『역사비평』 87호(2009년, 여름).

어찰을 보내기 전의 정조와 심환지

조선 후기 대부분의 정치가들은 당파에 속해 있었고, 그 당파의 당론黨論, 곧 당의 명분 내에서 활동했다. 당론은 각 당의 세계관이기도 했는데 이는 심환지도 마찬가지였다. 먼저 심환지에 대해 살펴보자. 심환지는 영조 6년(1730) 태어나 정조가 세상을 떠난 2년 후인 순조 2년(1802) 세상을 떠났는데, 영조 28년(1752)생인 정조보다 22세가 많다.

국왕 정조와 심환지의 첫 만남은 그리 나쁘지 않았다. 정조 1년(1777) 4월 홍문관 교리 심환지는 홍계능洪啓能의 잔당을 추고하자고 청했다.[71] 홍계능은 홍인한洪麟漢과 함께 노론 벽파 소속으로 정조의 즉위를 방해한 혐의로 공격받은 인물이다. 심환지는 같은 벽파 소속이지만 탄핵권을 가진 홍문관 교리 신분이기에 홍

심환지 초상. 정조가 심환지에게 보낸 어찰은 심환지가 정조의 독살에 관여하지 않았다는 증거가 아니라 그가 정조의 죽음에 깊숙이 관련되었다는 증거로 삼아야 한다.

---

71) 『정조실록』 1년 4월 8일.

계능 공격에 가담한 것이다.

그러나 심환지는 2년 후 자신의 당파성을 드러낸다. 정조 3년 (1779) 12월 옥당玉堂(홍문관) 소속의 심환지가 전 부사府使 이성모 李聖模를 홍계능이 양육한 자라며 멀리 내치라고 상소한 것이다. 이때 정조는 "그물에서 빠져나간 고기를 다 살필 수도 없고 오히려 풍문을 가지고 가볍게 허락하기 어렵다"며 받아들이지 않았다.[72] 정조는 느닷없이 심환지가 이성모를 홍계능의 잔당이라고 공격한 이유를 알지 못했다. 그러던 중 정조 4년(1780) 1월 8일 심환지의 속셈이 드러났다. 심환지는 자신이 이성모만을 논하고 서명응徐命膺을 논하지 않았다는 논박을 받고 있다며 서명응을 끌어들인 것이다. 정조는 심환지가 서명응을 끌어들인 이유가 당론 때문임을 곧 간파했다. 서명응은 정조의 즉위에 큰 공을 세운 서명선徐命善의 친형으로 노론 벽파 홍계능과는 아무 상관이 없었다. 그래서 정조는 우선 신한지를 체차시키고 진상을 조사하도록 했다. 진상을 파악한 정주는 크게 화를 냈다. 그해 3월 7일 정조는 심환지가 "겉으로는 역적을 징토懲討한다는 이름을 빌었지만 정신은 오로지 전관銓官(이조 인사권자) 운운한 데에 있었는데 전관은 서명응이었다"고 하며 심환지의 목적이 서명응을 해코지하는 데 있다고 판단했다. 정조는 "그가 남의 효시가 되어 우리 세도世道를 어지럽힌 죄는 워낙 피할 바가 없다"며 심환지를 홍문관 교리에서 삭직시켰다.[73] 심환지가 노론 벽파의 당심으로 소론 서명응과 서명선을 공격했다는 비판이었다.

---

72) 『정조실록』 3년 12월 22일.
73) 『정조실록』 4년 3월 7일.

이 사건으로 정조는 심환지에게 부정적 인식을 갖게 되었다. 겉으로는 노론 벽파의 당심을 감추고 동쪽을 치는 척하지만 실제로는 벽파의 당론에 따라 서쪽을 치는 성동격서聲東擊西적 인물이라고 본 것이다. 이때 쫓겨난 심환지는 정조 8년(1784) 9월까지 약 4년 반 동안 벼슬길에 나오지 못했다. 그를 벼슬길로 다시 이끈 인물은 같은 노론 벽파로 심환지의 후원자인 이조판서 김종수金鍾秀다. 김종수가 정조에게 폐기되어 벼슬길에 오르지 못하는 자들을 등용해달라고 주청한 것이다. 그러자 김종수는 심환지를 천거했고 정조는 그를 종부시 정宗簿寺正으로 삼았다. 종부시는 조선시대 왕실의 계보인 선원보첩璿源譜牒을 편찬하는 한가한 부서였다.

그러나 심환지가 다시 나오자 조정이 시끄러워졌다. 심환지의 상소 때문이었다. 서명응의 아들인 병조판서 서호수徐浩修가 심환지가 상소에서 자신을 거론했다며 항의하고 나섰고, 영의정 서명선까지 상소를 올려 "(심환지가) 신을 배척하고 신을 조롱하기에 여력이 없을 정도"라고 하며 사직을 요청했다. 정조는 서명선의 사직을 허락하지 않았지만 그해 12월 3일 김종수를 소견해 심환지 문제를 물었다.

> 심환지의 상소가 또 나오자 경 등은 비록 경 등이 알 바가 아니라고 하지만, 경 등이 들어온 후 이 무리들이 감히 제멋대로 날뛰고 있으니, 어찌 경 등이 시킨 것이 아니겠는가?
>
> —『정조실록』 8년 12월 3일

정조는 김종수가 정적제거를 위해 사주한 상소라고 비판한 것이다. 하지만 정조는 심환지를 내치지는 않았고 재위 11년(1787)에는 홍문관 부교리로 임명하고, 재위 13년(1789)에는 사간원 대사간으로 승진시켰다. 그리고 재위 15년(1791) 8월 3일에는 심환지를 이조참의로 삼았다. 이조참의는 이조참판·판서와 함께 문관의 인사권을 관장하는 핵심 보직이었다. 그런데 정조는 당초 서용보徐龍輔를 이조참의로 삼았다가 체직하고 심환지로 대신한 것이다.[74] 서용보보다는 심환지를 신임한다는 뜻인데 곧 심환지도 신임할 수 없다고 생각했는지 두 달 만인 10월 3일에는 심환지를 파직하고 서용보로 대신했다. 그러나 17일 후인 20일에는 다시 심환지를 이조참의로 삼았다. 정조가 이렇게 이조참의를 자주 갈아치운 이유는 무엇일까? 행여 사심을 갖지 말라는 경고였을 것이다. 조금이라도 사심을 드러내면 당장 교체하겠다는 의사표시였다는 뜻이다. 그해 12월의 정기 인사 고과평가 때 정주는 이조판서 우재순, 이조참판 박우원, 이조참의 심환지와 함께 논의했는데 그 결과에 만족했는지 12월 29일에는 이조참의를 연임시키고 이듬해에는 종2품 형조참판으로 승진시켰다.

형조참판 심환지는 정조 16년(1792) 3월 다시 정조의 눈 밖에 난다. 남인 이승훈李承薰 문제 때문이었다. 이승훈은 천주교 서적을 들여왔다는 혐의로 평택현감으로 좌천되었는데 권위權瑋라는 인물이 이승훈이 평택에 있던 3년 동안 공자의 사당에 참배하지 않았다

---

74) 『정조실록』 15년 8월 3일.

고 공격하자 유생들이 그를 유생들의 명부인 『청금록靑衿錄』에서 삭제하는 사건이 발생했다. 이 사건이 물의를 일으키자 정조는 "임금과 스승과 아버지는 일체一體인데 만대의 스승인 공자에게 절하지 않는 자는 도척盜跖 같은 자"라고 하며 김희채金熙采를 평택 안핵어사로 삼아 이승훈을 엄중 조사하도록 했다. 김희채는 조사 결과 "이승훈이 공자의 사당을 참배할 때에 향을 피우고 의식대로 절하는 것을 본 사람이 여럿"이라며 모함 받은 것에 불과하다고 보고했다.[75]

심환지를 비롯한 노론 소속의 형조고관들은 이승훈이 무고 받았음이 밝혀지자 권위 등을 비호하려고 시도했다. 정조는 형조참판 심환지에 대해 "내가 구해준 것이 또한 어떠했는데 어찌 감히 이렇게 하는가"라고 꾸짖은 후 형조판서 김문순金文淳과 함께 경상도 기장현의 금갑도金甲島로 귀양 보냈다.[76] 그뿐만 아니라 주위에 가시울타리까지 쳐서 엄중하게 감시하게 했다. 정조 재위 16년 3월 15일의 일이었다. 그러자 양사兩司(사헌부와 사간원)에서는 형조참판 심환지와 형조참의 이면응 등이 한자리에 앉아 평택 안핵어사의 보고서 문제를 논의할 때 "모두가 부드럽고 화락한 말이었지 놀라고 분개하여 엄히 벌하려는 뜻이 전혀 없었습니다"라며 심환지를 국문해야 한다고 주장했다. 권위와 한편이라는 비난이었다. 그러나 정조는 더 이상 가죄하지 않고 4월 16일 심환지를 석방시켰다. 편당심偏黨心을 품지 말라고 경고만 준 셈이다.

---

75) 『정조실록』 16년 3월 14일.
76) 『정조실록』 16년 3월 15일.

정조는 이후에도 심환지를 승지로 삼아 곁에 두었으나 심환지의 편당심은 변함이 없었다. 정조가 재위 16년 9월 인천에 유배중이던 윤영희尹永僖를 방면하자 승지 심환지가 상소해 항의했다.[77] 정약용의 친구인 윤영희 역시 남인인데 가리포첨사로 있을 때 수사 이항림李恒林과 마찰을 빚어 인천부에 정배된 것이었다. 이처럼 심환지가 정조의 뜻에 반하는 행위를 한 것은 모두 남인들과 관계되어 있었다. 같은 상소에서 심환지는 정조가 남인 이가환을 서용할 뜻을 밝힌 것을 강하게 비판했다. 이익의 종손인 이가환은 당대 최고의 천재학자로 명성이 자자했다. 그러나 심환지는 "이가환은 이잠李潛의 종손從孫으로서 그가 비록 문학을 잘한다는 이름을 들어도 그 허물을 가릴 수는 없습니다"라며 반발한 것이다. 아무리 학문이 있어도 그 선조가 노론에 정면으로 맞섰던 이잠이기 때문에 서용할 수 없다는 뜻이다. 이잠은 이익의 형으로 숙종 때 일개 유생의 신분으로 노론에서 세자(경종)를 핍박한다는 상소를 올렸다가 노론에 의해 사형당한 인물이므로 그 후손을 등용해서는 안 된다는 것이었다. 정조는 심환지에게 화를 냈다.

> 이가환의 종조에 대해서는 나도 그 이름을 익히 듣고 있으나, 종조는 종조이고 종손은 종손이다. 재능을 헤아려 임무를 맡겼는데 그럼 이가환은 문사文士가 아니라는 말인가?
>
> ―『정조실록』 16년 9월 20일

---

77) 『정조실록』 16년 9월 20일.

정조는 이 사건 이후 심환지를 승지에서 성균관 대사성으로 옮겼다. 승지나 대간은 백관에 대한 탄핵권이 있었지만 성균관 대사성에게는 탄핵권이 없었다. 그러나 심환지는 다시 이가환을 탄핵했는데, 승정원은 말이 흉패하며 "일의 시비를 말할 직책에 있지 않은데 바로 형률을 적용하여 말한 것은 격례에 어긋난다"는 이유로 추고推考(신문)할 것을 주청했고 정조는 이에 따랐다.[78]

정조는 재위 18년(1794) 3월 10일 예문관 제학 심환지를 능주목사綾州牧使로 좌천시켰는데, 『정조실록』은 "여러 번 상의 부름을 어겼기 때문이었다"고 전한다. 그해 7월에는 홍문관 부수찬 이석하李錫夏가 정조의 구언求言에 응해 상소를 올려 흉년의 이유가 김종수와 심환지 때문이라며 강하게 비판하고 나섰다.

> 심환지의 흉악스런 의논은 마치 (김종수가) 앞에서 노래를 부르면 뒤에서 화답하는 것과 같았으며 대제학 추천을 승려가 의발衣鉢을 넘겨주듯이 하였습니다. 그리고 지난 일이 발각되자 장악원의 모임에서 은연중 기치를 세워 여러 사람의 말을 극력 꺾어버렸고, 한편으로는 눈치를 살피며 한편으로는 발뺌을 하니, 그의 교활한 계책과 간사한 태도는 길 가는 사람도 다 알고 있습니다.
> - 『정조실록』 18년 7월 24일

이에 정조는 "내가 환지를 등용하고자 하면 그대가 감히 저지하겠는가"라며 듣지 않다가 얼마 후 심환지를 다시 이조참판으로 삼

---

78) 『정조실록』 17년 1월 27일.

았다. 정조는 심환지의 당파적 처신은 마음에 들지 않았지만 그를 멀리 내치지는 않았다. 노론 벽파의 협조를 받지 않고서는 정국을 효과적으로 끌고 갈 수 없었던 상황에서 그나마 심환지가 낫다고 판단했던 것이다. 정조는 심환지를 예문관이나 규장각 같은 학문직에 임명했다가 재위 19년(1795) 1월 병조판서로 삼았고, 같은 해 9월 29일에는 예조판서로 전임시켰다가 다시 10월 6일에는 이조판서로 삼았다.

정조는 재위 20년(1796) 4월 육조판서들에게 청백리를 천거하라고 명했는데, 이때 심환지는 뜻밖의 인물을 천거했다. 자신을 이끌어준 전 좌의정 김종수와 함께 박치륭朴致隆까지 천거했던 것이다. 박치륭은 사도세자가 뒤주에 갇힌 영조 38년(1762)년에 사도세자의 구명을 위한 상소를 올렸다가 흑산도에 위리안치圍籬安置(가시울타리를 치는 유배형)되어 영조 42년(1766) 유배지에서 죽었기 때문이다. 현재 공개된 정조의 어찰로 판단해볼 때 심환지가 박치륭을 천거한 이유는 정조와 사전에 의견을 조율했을 가능성이 크다. 자신의 주인인 김종수를 청백리로 삼는 대신 박치륭을 천거하는 거래를 했을 가능성이 높다. 이번에 공개된 어찰은 정조 20년 8월부터 정조 24년(1800) 6월까지의 사이에 정조가 보낸 것으로 그중 금강산에 간 심환지에게 보낸 편지는 마치 새롭게 밝혀진 것처럼 알려졌지만『정조실록』22년(1798) 8월 28일자에 이미 실려 있는 내용이다.『정조실록』에 나올 때는 심상했던 내용이 어찰에 나오니까 갑자기 의미가 배가된다는 뜻인지 알 수 없다.

어찰을 보낸 시기와 정조시대의 의리

심환지는 노론 벽파의 영수로만 알려져 있으나 그리 단순한 인물이 아니다. 필자는 『정약용과 그의 형제들』 등에서 "심환지는 인정할 만한 것은 인정해서 자기가 파당에 치우치지 않았음을 알리고 싶어 하는 인물이었다"고 평했다. 정조는 재위 20년(1796) 9월 19일 심환지를 이조판서로 임명했는데, 당시는 정조의 왕권이 일정한 궤도에 올랐을 때다. 무엇보다 정조는 장용영壯勇營을 중심으로 군권軍權을 장악하는 데 성공했다.

정조는 이율·홍복영 역모사건 직후인 재위 9년(1785) 국왕 호위를 담당하는 장용위壯勇衛를 설치했다가 재위 17년(1793)에는 장용영이란 하나의 군영으로 확대 개편했다. 노론 벽파는 정조 1년(1777, 정유년) 장수 전흥문田興文을 두 차례나 궁중으로 들여보내 정조를 암살하려 했는데, 이때 궁궐의 길 안내를 맡은 인물이 국왕의 경호를 담당한 호위扈衛군관 강용휘姜龍輝다. 국왕 호위군관이 자객의 길 안내를 맡은 이 사건은 조야에 큰 충격을 주었다. 정조는 계속 호위병력을 강화하다가 재위 17년에 장용영을 하나의 군영으로 확대한 것이다. 장용영을 하나의 군영으로 확대 개편했다는 것은 노론 벽파의 군사쿠데타가 사실상 물 건너갔음을 뜻했다.

또한 정조는 부친 사도세자의 묘소를 수원 화산(화성)으로 옮기고 화성 건설에 나서 재위 20년 9월 준공하고 그해 10월 낙성식을 치렀다. 장용영은 외영外營과 내영內營으로 나뉘는데 내영은 서울 도성이 중심이고 외영은 수원 화성이 중심이었다. 장용영과 수원 화

「화성행행도팔첩병」 중 '환어행렬도'. 정조는 사도세자의 무덤을 화성의 현륭원으로 천장하고 자주 행차하여 효도를 과시하고 노론의 견제로 떨어진 왕실의 위엄을 과시하는 수단으로 사용했다.

성 건설은 정조의 왕권이 안정되었음을 뜻하는 것이며, 노론도 그 의미를 잘 알고 있었다. 정조 14년(1790) 채제공을 공격했던 권유權裕가 정조 19년(1795) 1월 장용영 설치와 화성 건설을 비난하는 상소를 올렸는데 훗날 이 상소가 심환지의 사주에 의한 것으로 밝혀지기도 했다.[79] 그만큼 장용영과 화성 건설은 노론이 중종반정이나 인조반정 같은 군사쿠데타로 정조를 쫓아내는 것은 사실상 불가능해졌음을 의미했다. 노론이 정조를 쫓아내려면 은밀하게 처리하는 수밖에 없었다.

바로 이 시점에 심환지에게 정조의 어찰이 주로 전해졌다는 사실을 주목해야 한다. 정조 입장에서 노론 벽파는 원활한 국정 운영을 위해 협조가 필요한 세력이었다. 노론 벽파도 장용영과 화성 건설을 완성한 정조를 전면 거부할 수 없었다. 이제 마음먹으면 친위쿠데타를 일으킬 수 있는 인물은 정조였지 노론이 아니었기 때문이다. 바로 이런 정치지형이 양자가 자신의 정치이념을 버리지 않으면서도 서신이란 핫라인을 개설한 배경이다. 그러나 핫라인을 개설했다고 해도 양자가 가까워지기에는 근본적 모순이 있었다.

김문식 교수는 "정조는 벽파계가 신임의리로 대표되는 원칙론에 강하고 국왕인 자신을 지지하는 점을 높이 평가했고"라면서 마치 신임의리가 정조와 노론 벽파가 동지가 될 수 있는 명분처럼 기술했다. 그러나 정조시대의 의리는 신임의리뿐만 아니라 임오의리와 『명의록明義錄』의 의리도 있다. 이 삼자가 합쳐져야만 정조와 동지

---

79) 『순조실록』 2년 10월 18일.

관계가 될 수 있었다.

신임의리란 경종 1년(1721, 신축년)과 2년(1722, 임인년)에 걸쳐 일어난 사건에 대한 평가를 뜻한다. 남인계 인물인 장희빈의 아들 경종이 즉위하자 노론은 그를 축출하고 경종의 이복동생 연잉군(영조)을 추대하려고 했다. 연잉군의 왕세제 책봉에 성공한 노론은 내친김에 왕세제 대리청정까지 요구했다. 신하의 자리에서 국왕에게 대리청정을 요구하는 것은 태종 때 같으면 목이 열 개라도 부족한 일로 그 자체가 역모였다. 그러자 소론 강경파 김일경 등이 세제 대리청정 주장을 왕권을 교체하려는 역모라고 공격하는 신축소를 올렸고 경종이 뜻밖에도 신축소에 동의함으로써 1721년에 소론이 정권을 잡았다. 이듬해에는 목호룡睦虎龍이 노론에서 경종을 세 가지 방식을 동원해 죽이려 했다는 삼급수三急手사건을 고변하면서 노론 4대신이 사형당하는 옥사獄事가 발생했는데 이를 묶어 신임옥사라고 한다. 신임옥사로 노론이 대거 몰락하고 소론 강경파가 정권을 잡았으나 경종은 재위 4년(1724) 만에 의문의 죽음을 당하고, 이인좌를 비롯한 소론 강경파는 영조 4년(1728) 선왕 경종의 독살을 복수하겠다고 군사를 일으키기에 이르렀던 것이다.

영조 즉위 후 정권을 다시 잡은 노론은 신임옥사가 모두 무고였다며 연루자들을 모두 신원시켰는데 이것이 신임의리다. 이 사건에 대해 노론 입장에서 기술한 『신임변무록辛壬卞誣錄』은 소론의 상소는 흉소兇疏, 소론은 흉도兇徒, 역적 등으로 표현했으니 그 역사관을 짐작할 수 있다. 신임의리는 한마디로 경종 독살설 끝에 왕위에 오른 영조의 즉위가 정당하다는 것이다. 영조를 추대한 세력은 노론이므로 결국 경종 때 노론의 정치행위가 정당하다는 뜻이다. 그러나 신임의리는 경종의 입장에서 보면 역적이 되고 영조의 입장에서는 충신이 되는 것을 현실의 승리자인 노론 중심으로 바라본 것에 지나지 않는다. 경종 독살 여부에 대한 판단은 차치하더라도 영조가 국왕이 되지 못했다면 정조도 국왕이 될 수 없었기 때문에 정조도 신임의리를 부인할 수는 없었다.

『명의록』의 의리는 정조의 즉위와 관련 있다. 정조의 세손 시절 노론 벽파 홍인한과 영조의 서녀庶女 화완옹주和緩翁主(정치달의 부인)의 양자 정후겸鄭厚謙 등이 정조의 즉위를 막으려고 획책했다. 정조는 즉위 직후 이들을 사형시키고 『명의록』을 반포해 자신의 즉위가 정당함을 선포했다. 노론 벽파는 내심 홍인한을 지지했지만 정조 치하에서 이를 공개적으로 표명할 수는 없었기 때문에 이 역시 정조와 노론 벽파 양자 사이에 타협이 가능한 부분이었다.

그러나 임오의리는 달랐다. 임오의리란 영조 38년(1762) 뒤주에 갇혀 죽은 사도세자 사건을 바라보는 시각을 뜻한다. 노론 벽파는 사도세자를 뒤주에 가두어 죽인 일이 올바른 것이라는 당론을 갖고 있었다. 노론 벽파는 이 당론을 한 번도 바꾸지 않았다. 정조의 입장은 설명할 것도 없는 부친살해사건이었다. 어찰 연구자들이 유독 신임의리는 강조하면서도 임오의리에 대한 설명을 생략하는 이유가 여기에 있다. 사도세자의 죽음을 정당한 의리라고 생각한 노론 벽파와 정조는 구조적, 태생적으로 화해가 불가능했다. '정조가 노론 벽파와 사이가 좋았기 때문에 독살하지 않았을 것'이란 단순 논리가 받아들여질 수 없는 핵심 이유도 바로 이 때문이다. 이제 정조와 심환지 사이의 핫라인 가동 결과를 살펴보자.

정조와 심환지의 핫라인 가동 양상

정조가 볼 때 아직 남인은 노론 벽파의 상대가 아니었다. 당력黨力으로 따지면 남인은 노론의 맞수가 될 수 없었다. 노론은 중앙은 물론 지방까지 모두 장악하고 있었다. 역사에 밝은 정조는 광해군이 소수 대북만으로 정권을 운영하다가 쫓겨난 사실을 잘 알고 있었다. 그래서 정조는 심환지를 이조판서로 삼되 그를 통해 소론과 남인들도 등용시키는 방안을 구상했던 것이다. 노론 벽파에게 인사권을 주어 소론·남인도 등용시킴으로써 노론 벽파의 극심한 반발을 막으려는 우회전략이었다. 노론을 이용한 탕평책의 일환이기도 했다. 심환지는 때로는 정조의 이런 구상에 호응했고 때로는 불응했다. 정조 21년(1797) 6월의 어찰을 보자.

> 이조참의의 인사人事는 지나치게 편파적이라고 말할 수 있다. 허울뿐인 말단 벼슬조차 소론과 남인에 의망하지 않았으니 어찌 말이 되겠는가? 정丁을 서西로 보내지 않은 것은 선을 권장하는 뜻이 전혀 아니다.
>
> —『정조어찰』 1797년 6월 27일

여기에서 '정'은 정약용을 지칭한다. '서'에 대해 어찰 연구진들은 서반西班(무관)으로 해석했지만, '서'는 서도西道로 부른 황해도

를 뜻하는 것이다. 정조는 이 어찰을 보낸 다음 달인 윤6월 2일에 정약용을 황해도 곡산부사로 임명했

● "御筆添書落點".(丁奎英, 『俟菴先生年譜』, 정조 21년 윤6월 초2일)

다. 정약용의 곡산부사 임명은 정조의 특별 발탁이었다. 이조에서 세 명의 후보자를 올리는 것이 주의注擬, 또는 삼망三望인데, 국왕이 그중 한 명의 이름 위에 낙점落點하는 것이 조선의 인사방식이었다. 정조가 심환지에게 당부했음에도 심환지는 정약용의 이름을 삼망에 올리지 않았다. 『사암선생연보』는 이때의 일을 "정조가 어필로 첨서해 낙점했다"●고 적었다. 심환지가 주도해 올린 삼망에 정약용의 이름이 없자 정조는 직접 정약용의 이름을 쓰고 그 위에 점을 찍었다는 뜻이다.

정조가 심환지의 인사에 부분적으로 만족해하는 어찰도 있다.

> 대정大政(12월의 인사고과)은 순조롭게 되었다고 하니 크게 다행이다. 공은 퇴근한 후에 편안한가? 물정物情을 대략 들어보니 노론 시파와 소론은 크게 잘못되었다고 여기지 않고 간혹 칭찬하는 자도 있다고 한다…… 남인들은 초사初仕(처음으로 벼슬하는 것)를 얻지 못한 것에 울분을 갖고 있다는데 차후로 김성일金誠一의 자손을 거두어 써서 큰 비방을 막는 것이 어떠하겠는가? 감역監役(종9품 감역관)을 소론에게 돌리지 않으면 장차 또 무슨 욕설을 얻어 듣겠는가?
>
> —『정조어찰』1797년 12월 21일

이 어찰에는 정조의 의도가 잘 드러나 있다. 정조가 심환지에게 인사권을 준 것은 다른 당파를 등용하기 위해서였다. 아직 남인·소

론이 인사권을 가질 만큼 성장하지 못한 상황에서 노론 벽파 심환지를 이용해 남인과 소론을 등용시키려 한 것이다. 그러나 심환지는 정조의 바람대로 움직이지 않았다. "남인들은 초사를 얻지 못한 것에 울분을 갖고 있다"는 말은 심환지를 비롯한 노론 벽파가 남인들의 출사를 저지하고 있던 상황을 말해준다. 노론 벽파는 남인들이 조정에 나오면 결국 정조의 친위세력이 될 것이라고 우려했던 것이다.

또한 다른 어찰에도 정조가 심환지와 핫라인을 구성한 이유가 담겨 있다.

> 도목정사가 내일인데 마음이 쓰인다. 초사인初仕人은 어떻게 처리했으며, 네 개의 빈자리는 과연 외방外方에 나누어주었는가? 영남은 한강寒岡(정구)·여헌旅軒(장현광)·남명南溟(조식) 집안의 남인을 거두어 쓰는 것이 어떠한가?
> — 『정조어찰』 1797년 12월 19일

이 어찰은 양자의 사이가 좋은 것처럼 보여도 팽팽한 긴장감이 흐르고 있음을 보여준다. 정조는 심환지를 통해 남인계 인물들을 등용시키려 했지만 심환지는 그리 만만한 인물이 아니었다. 어찰이 보내진 기간 동안 심환지가 노론 당론을 거부하고 정조의 뜻에 따랐다는 내용은 보이지 않는다.

두 사람이 서로 짜고 정국을 운영했음을 보여주는 사례로 화완옹주 문제가 있다. 화완옹주는 양자 정후겸을 내세워 홍인한과 함께 세손의 대리청정을 반대하고 정조의 즉위를 막고자 했던 인물이다.

정조는 즉위 직후 정후겸을 사형시키고 화완옹주는 강화도 교동에 유배시켰다. 그런데 정조가 재위 7년(1783) 1월 화완옹주를 육지로 이배시키려 하자 신하들이 격렬하게 반대했다. 정조는 "나의 뜻은 오로지 선왕께서 그를 몹시 사랑하였던 뜻을 생각한 데서 나온 것이다. 죄를 감해주지 않은 것은 공적인 법을 위해서이고 육지로 내보내는 것은 사적인 은정을 편 것이다"라며 그대로 강행했다.[80] 또한 정조는 재위 23년(1799) 3월 4일 화완옹주의 석방을 명령했으나 승정원은 전교 반포를 거부하며 저항했다. 정조는 3월 6일 우의정 심환지에게 편지를 보내 이 문제를 의논했다.

> 일전의 처분에 대해서는 충분히 들을 만큼 이야기했지만 지금 의리가 지엄하다. 경卿(심환지)은 몽합夢閤(김종수)이 사망한 후라고 해서 주인主人자리를 양보해서는 안 된다. 일이 『명의록』의 의리에 관련되었기 때문에 차라리 지나칠[過]지언정 미치지 못해서는 안 된다. 내일 여러 신하들을 소견召見할 것이니 반열에서 나와서 극력 간하고 즉시 뜰 아래로 내려가 관을 벗고 견책을 청하면 응당 사세를 봐서 정승 자리를 면하게 하든지 견파譴罷(견책하여 파면함)하든지 처분을 내릴 것이다. 그 후 다시 임명하는 방법을 요량料量하고 있다.
>
> – 『정조어찰』 1799년 3월 6일

화완옹주는 자신의 즉위를 방해했으니 석방해서는 안 된다고 강력하게 간하라는 뜻이다. 『정조실록』에 따르면 심환지는 다음

---

80) 『정조실록』 7년 1월 6일.

날(3월 7일) 실제로 화완옹주 문제에 대해 극력 간하다가 파직당했다. 화완옹주 문제는 노론 벽파 심환지로서는 손해 볼 것이 없는 일이었다. 화완옹주가 사도세자의 죽음에 관여하고 정조의 즉위에 반대한 것은 노론 벽파의 당론과 같았다. 따라서 옹주의 석방은 노론 벽파로서도 바라는 일이었다. 석방을 반대하는 척하면 『명의록』의 의리를 과시할 수 있고, 석방된다면 노론 당인이 석방되는 셈이었다. 심환지로서는 전혀 손해 볼 게 없었다. 그리 큰 의미를 부여할 일이 아니었다는 뜻이다. 정조와 심환지의 핫라인의 의미는 이 정도 선이었다. 또한 정조가 노론 시파와 벽파에 대해 말한 내용을 심환지가 서용보에게 말했다고 꾸짖는 내용(1797년 4월 10일)이나 "지금 서료徐僚(서용보)의 편지를 받아보니 심대간沈臺諫(심규로)이 상소한다고 한다(1800년 2월 9일)"와 같은 내용들은 정조가 서용보와도 편지를 주고받았다는 사실을 의미한다.

정조는 노론 벽파를 신임하지 않았다. "벽파는 다른 장점은 없고 남의 옳지 않은 점을 보면 힘껏 말하고 통렬하게 배척하는 것뿐인데 지금은 그렇지가 않다", "소위 벽파라는 자들은 모두 아침에는 동쪽으로 갔다가 저녁에는 서쪽으로 가고 냄새를 쫓아다니며 모였다가 흩어지는 무리들이다"라며 비난한 것은 "정조는 벽파계가 신임의리로 대표되는 원칙론에 강하고 국왕인 자신을 지지하는 점을 높이 평가했고"라는 평가가 자의적 판단에 지나지 않음을 말해주는 사례다. 정국 운영의 한 수단, 그것도 여러 사람에게 보낸 편지로는 '정조와 심환지가 편지를 주고받았으니 독살했을 리 없다'는 단순 논리가 성립될 수 없다는 이야기다. 이보다 더욱 중요한 문제는 정조가 세상을 떠난 재위 24년(1800) 6월 28일 전후를 둘러싸고 벌어진 일들이다.

정조의 와병과 죽음

정조는 세상을 떠나기 28일 전인 재위 24년 5월 30일에 오회연교를 한다.[81] 정조 독살설은 이 오회연교에서 출발하는데 그믐날 경연에서 한 하교라는 뜻이다. 최근 오회연교가 노론을 등용하려는 뜻이라고 해석하는 견해까지 등장했다는 것은 앞에서 밝혔다. 『정조실록』은 노론에서 편찬했기 때문에 그 과정에서 모호하게 처리된 부분들이 적지 않다. 이런 점을 감안하고 오회연교를 분석하면 몇 가지 주요한 대목이 등장한다.

• "於是乎一轉而關係於某年大義理, 再轉而爲乙未, 三轉而爲丙申, 四轉而爲丁酉, 丁酉以後, 則眞所謂鄙以下無識, 而予亦有不欲索言者矣".(『정조실록』 24년 5월 30일)

그것이 한 번 굴러 모년某年의 대의리에 관계되었고 두 번 굴러 을미년이 되었고, 세 번 굴러 병신년이 되었으며, 네 번 굴러 정유년이 되었다. 정유년 이후는…… 나 또한 굳이 말하고 싶지 않다.●

- 『정조실록』 24년 5월 30일

이 기록에서 '모년'은 사도세자가 뒤주에 갇혀 죽은 사건을 뜻한

---

81) 『정조실록』 24년 5월 30일.

다. 사도세자를 죽인 사건이 을미년(영조 51년, 1775) 세손(정조) 대리청정 방해사건으로 연결되고, 이것이 다시 병신년(정조 즉위년, 1776) 정조 즉위 방해사건으로 연결되고, 또다시 이것이 정유년(정조 1년, 1777) 자객을 보내 정조를 암살하려는 사건으로 연결되었다는 비판이다. 이 모든 것이 노론 벽파에서 정조에게 자행한 적대적 정치행위였다. 정조는 노론 벽파의 이런 정치행위를 강하게 비판하며 반성을 요구했다. 그럼에도 끝내 자신의 뜻에 동참하지 않으면 결코 용서하지 않겠다는 것이 오회연교의 본 뜻이다.

오회연교를 "남인 시파의 등용은커녕 오히려 벽파를 등용하려는 의도를 강하게 표명한 셈이다"라고 해석[82]한 것은 1976년 유신 때 재야인사들이 주도한 명동 3·1 구국선언사건이 유신체제를 지지한 성명서였다거나 박정희 대통령의 긴급조치가 민주화를 촉진하기 위한 것이었다고 해석하는 것과 마찬가지다. 당시 오회연교는 노론과 남인 모두에게 남인들을 중용하려는 시도로 읽혀졌다. 『사암선생연보』에 따르면 정조는 6월 12일 밤 고향 마재에 있던 정약용에게 규장각의 아전을 보내 『한서선漢書選』열 질을 전하며 "너를 불러 책을 편찬하고 싶어서 주자소鑄字所의 벽을 새로 발랐다. 아직 덜 말라 정결하지 못하지만 그믐께쯤이면 들어와 경연에 나올 수 있을 것이다"라고 전했다. 그믐 전에 경연에 참석할 수 있는 주요 보직으로 부르겠다는 뜻이다. 그러나 정조는 그믐 직전인 6월 28일 세상을 떠나고 말았다. 『사암선생연보』는 6월 12일 밤 정약용을 찾

---

82) 안대회, 앞의 글, 2009년.

아온 규장각 아전이 "제가 친히 하교를 받들 때 성상의 안색과 어조가 모두 온화했습니다"라고 했다고 전

> • "云時相以逆醫沈鏱薦之. 使進毒藥".
> (丁若鏞, 『與猶堂全書』, 「紀古今島張氏女子事」)

한다.[83] 정조는 그달에 자신이 죽을 것을 전혀 알지 못했다는 이야기이고, 죽기는커녕 6월 말경 대대적 정계개편을 결심하고 있었다. 그렇기에 정약용은 목숨을 걸고 「고금도 장씨녀에 대한 기사」에 "시상時相(심환지)이 역의逆醫 심인沈鏱을 천거하여 독약을 올리게 시켰다"•는 글을 남긴 것이다.

그러나 정조 독살설을 부인하는 학자들은 정조가 심환지에게 자신의 병세를 설명하는 편지를 보냈기 때문에 독살된 것이 아니라 자연사했다고 주장한다. 이 편지의 전문을 살펴보자.

> 편지는 잘 받았다. 나는 뱃속의 화기火氣가 올라가기만 하고 내려가지 않는다. 여름 들어서 더욱 심해졌는데 그동안 차가운 약제를 몇 첩이나 먹었는지 알 수 없다. 자리 옆에 항상 약통을 설치해놓고 내키는 대로 다려 먹는다. 어제는 사람들이 모두 알게 되어서 부득이 체모를 높이느라고 탕제를 내오라는 탑교榻敎를 써주었다. 올 한 해 동안 황련黃連을 한 근 가까이 냉수처럼 마셨으니 어찌 이상한 일이 아니겠는가? 이밖에도 항상 얼음물을 마시거나 차가운 온돌의 장판에 등을 붙인 채 잠을 이루지 못하고 뒤척이는 일이 다 번민할 만한 일이다. 이만 줄인다.
>
> — 『정조어찰』 1800년 6월 15일

---

83) 丁奎英, 『俟菴先生年譜』, 정조 24년 6월 28일.

정조 독살설을 부인하는 사람들은 이 편지를 두 가지 방향으로 해석한다. 하나는 정조가 자신의 병세를 알릴 만큼 심환지와 친한 사이이기 때문에 독살당했을 리 없다는 것이고 다른 하나는 정조의 병세가 이미 죽음에 이를 만큼 좋지 않았다는 것이다. 심지어 심환지에게 보낸 유서라고 주장하기도 한다. 정조가 자연사했기를 바라는 마음이, 곧 노론 벽파가 정조의 독살에 관련되지 않았기를 바라는 마음이 너무 크기에 확대해석한 것이다.

『정조실록』 '6월 14일조'에는 정조가 진찰을 받았다고 기록되어 있다. 정조의 어찰은 하루 전에 진찰을 받음으로써 공개된 병세를 심환지에게도 전한 것에 불과하다. 이때 정조가 밝힌 자신의 병세는 가슴 속 화기火氣였는데, 격화膈火는 정조의 지병이었다. 정조 21년(1797) 1월 17일 사헌부 집의 이명연李明淵은 다음과 같은 상소를 올렸다.

> 근래 성상께서 가슴 사이에 치밀어 오르는 기 때문에 화기和氣를 잃은 지 여러 날이 되어서 신하와 백성들은 초조하고 근심스러워 새해의 기쁨이 없이 썰렁합니다. 이 기운은 한갓 외감外感만이 아니라 역시 내상內傷에 연유한 것입니다. 매번 성상의 뜻에 격동된 것이 있으면 약속이나 한 듯이 찾아오는데, 이렇게 하는 것이 병이 되는 줄 알면 이렇게 하지 않는 것이 약이 되는 것입니다. 지금 쓰시는 흩어지게 하는 약제나 맛이 매운 약은 잠시만 구제하고 원기元氣만 손상할 뿐입니다.[84]

---

84) 『정조실록』 21년 1월 17일.

정조가 심환지에게 자신의 병세를 설명하는 편지를 보내기 3년 전에 이미 이명연이 말한 대로 화기는 '격동된 바가 있을 때마다 약속이나 한 듯이 찾아오는' 정조의 지병이었다. 이런 편지를 보낸 것이 정조의 유서라면 정조는 이미 오래전에 저세상 사람이 되었어야 했다. 정조의 치료과정과 관련해 주목해야 할 부분은 정조가 왜 심환지를 내의원을 총괄하는 내의원 제조로 계속 근무하게 했느냐는 점이다. 6월 14일에 내의원의 진찰을 받은 정조는 다음 날 서용보를 체차시켰다. 믿지 못하겠다는 뜻이다. 그러나 심환지는 체차시키지 않고 죽는 날까지 곁에서 시약施藥을 담당하게 했다. 심환지가 시약을 담당했다는 사실과 함께 주목되는 인물이 심환지가 천거한 어의御醫 심인이다.

정조의 급서와 독살설

정조의 사망 경위는 『조선왕독살사건』에서 자세히 기록했으므로 여기에서는 그 후의 문제들을 집중적으로 살펴보자. 일부 학자들은 언론에 '정조 독살설은 시골서 떠돌던 야담이고 한양은 조용했다'고 주장했으나 정조가 급서하자 가장 먼저 문제를 제기한 사람들은 엘리트 중의 엘리트들인 대간과 홍문관 관원들이었다. 이들의 공격은 어의 심인과 강명길康命吉에게 맞춰졌다. 국왕이 사망하면 어의들은 대개 형식적인 처벌을 받고 곧 복직하게 마련이었다. 그러나 대간들이 역逆이란 표현까지 써가며 공격했다면 상황은 다른 것이다. 대간과 옥당에서는 심인과 강명길의 처벌을 요구했으나 정순왕후와 심환지는 계속 거부했다. 정조가 세상을 떠난 지 보름쯤 지난 순조 즉위년(1800) 7월 13일 사간원 대사간 유한녕兪漢寧의 차자는 대간과 옥당이 정조의 죽음을 어떻게 여겼는지를 잘 보여준다.

> 역의逆醫(역적 의사)에 대한 전지傳旨를 시일이 지나도록 내리지 않고 있으니 이 것이 무슨 일입니까? 역적 강명길의 죄는 이공윤李公胤보다 더하고 흉적 심인의 죄는 신가귀申可貴보다 더한 것이어서 비록 그들의 살점을 천 조각 만 조각으로 찢더라도 오히려 조금도 용서[贖]받을 수 없는 것입니다.[85]

이공윤은 경종의 치료를 담당했던 어의로 경종 독살설과 연관된 주요 인물이나 영조와 노론의 비호로 귀양만 갔고, 신가귀는 효종에게 침을 놓다가 혈락을 건드려 죽음에 이르게 한 어의로 사형당했다. 심인과 강명길의 죄는 이공윤이나 신가귀보다 더 하다는 것인데, 신가귀는 이때까지 국왕의 사망과 관련해 사형당한 유일한 어의다. 정조뿐만 아니라 조정 내 대부분의 관료들은 정조가 이때 급서하리라고 예상하지 못했다. 사망 열흘 전인 6월 18일 정조는 진찰을 받으라는 약원의 청을 받아들이지 않았다. 정조의 병은 그 전부터 갖고 있던 화병과 종기였고 이것으로 죽음에 이르게 되리라고는 전혀 예상하지 못했다는 뜻이다.

정조 사후 의관 비호에 대한 의혹이 깊어지자 정순왕후는 어쩔

---

85) 『순조실록』 즉위년 7월 13일.

수 없이 심인을 경흥부慶興府로 유배 보냈다. 강명길은 이미 수사 도중 물고物故(죄를 지은 사람이 죽음)된 후였다. 그러나 비난 여론은 수그러들지 않았다. 7월 15일에는 관학 유생 권중륜權中倫 등이 심인의 처형을 요구하고 나섰고, 정순왕후는 원상院相에게 유생들을 불러들여 효유曉諭해 돌려보내게 했는데 원상이란 곧 심환지 등이었다.[86] 이처럼 정순왕후와 심환지의 비호에도 정조 독살설은 더 광범위하게 퍼져나갔다. 결국 정순왕후도 한 발 물러서지 않을 수 없었다. 정순왕후는 7월 20일 어의에 대한 전교를 내린다.

> 인심의 분노는 막기 어려워서 물정物情이 점점 격렬하여지니 따르지 않을 수가 없다. 금오金吾(의금부)로 하여금 의관 심인이 정배定配되는 도중 현재 도착한 지점에서 격식을 갖추어 엄히 가두고 공제公除 뒤의 처분處分을 기다리게 하라.[87]

공제란 국상 때 36일 동안 조의를 표하는 기간을 뜻한다. 그러나 양사는 이 조치에도 반발해 당일(7월 20일)로 합동 상소를 올려 심인을 붙잡아다 국문하자고 청했다. 강명길은 국문 도중 사망했지만 심인은 국문을 받지 않았다는 사실을 여기에서 알 수 있다. 무엇이 두려웠는지 심인은 국문조차 하지 않은 것이다. 양사에서는 끊임없이 심인의 사형을 요구했지만 정순왕후는 계속 거부하다가 순조 즉위년 8월 10일에야 사형에 동의했다. 물론 진상 규명을 위한 국문은 실시되지 않았다. 그런데 심인의 사형을 기록한 사관은 심인과

---

86) 『순조실록』 즉위년 7월 15일.
87) 『순조실록』 즉위년 7월 20일.

심환지의 연결고리에 대해 아주 중요한 정보를 제공한다.

> 대신 심환지는 그(심인)의 먼 친족이기 때문에 처음에는 비호하려고 했는데 그때 어떤 이가 이가작李可灼의 일을 인용하며 뒷날 방종철方從哲의 죄를 면치 못하게 될 것이라고 하자, 심환지가 크게 깨닫고 드디어 정법에 처하자는 의논을 극력 주장했다고 한다.[88]

이가작은 명나라 광종光宗이 병에 걸렸을 때 붉은 환약[紅丸]을 올려 급서하게 만든 인물로 이를 '붉은 환약의 안건[紅丸案]'이라고 한다. 대학사大學士 방종철 역시 이 사건과 연관되어 사형시켜야 한다고 공격받은 인물이다. 심환지가 심인의 배후라는 사실은 사관까지 알고 있었다. 심인은 어의였고 심환지는 어의를 총괄하는 내의원 제조였다. 당연히 심인은 모든 투약을 심환지와 상의했다. 심인을 국문하고 처형해야 한다는 여론이 들끓었으나 심환지는 심인을 비호했다. 비등한 여론에 못 이겨 죽일 때도 국문은 하지 않고 유배 도중 전격적으로 사형시켜버렸다. 정조 죽음의 배후에 심환지가 있다고 의심 받을 수밖에 없는 형편이었다.

정조가 심환지에게 보낸 편지는 심환지가 정조의 독살에 무관하다는 증거가 아니라 심환지가 지금까지 알려진 것보다는 정조의 죽음에 깊숙한 관련을 맺고 있음을 보여주는 사료로 해석해야 마땅하다. 서용보를 내의원 제조에서 체차시킨 정조가 심환지를 왜 내의

---

88) 『순조실록』 즉위년 8월 10일.

원 제조로 그대로 두었는지를 말해주는 사료이기 때문이다. 정조의 죽음에 의문이 있다는 것은 일종의 상식이었다. 사후 1년이 지난 순조 1년(1801) 5월 17일 홍문관 부교리 이인채李寅采는 상소에서 이렇게 주장했다.

> 작년 여름 망극罔極한 변을 당하였을 때에 진실로 조금이라도 상도常道를 지키려는 마음이 있는 자라면 그 누군들 역적 심인을 직접 칼로 찌르고 싶어 하지 않았겠습니까?[89]

정조가 자연사했다고 믿은 사람들은 그의 죽음으로 정치적으로 큰 이득을 챙긴 일부 노론 벽파뿐이었다. 심환지가 정조 독살과 무관하다면, 곧 정조의 죽음을 바라지 않았다면 그는 최소한 정조 사후 정조가 견지했던 정치노선을 지키기 위해 노력했어야 한다. 정조의 정치노선을 계속 추종하다가 정조 사후 정치적 입지가 곤란해졌다면 독살과 무관하다고 볼 수 있다. 과연 그러한지 살펴보자.

즉위 당일 정조를 배신하다

정조가 위독해지자 가장 활발하게 움직인 인물은 정조의 정적 정순왕후였다.

---

[89] 『순조실록』 1년 5월 17일.

이에 앞서 대행 대왕大行大王(정조)의 병세가 위독한 상태[大漸]에 있을 때 대왕대비가 언서諺書로 하교하여 전 승지 윤행임尹行恁을 발탁하여 승정원 도승지로 삼았다.[90]

국왕의 숨이 끊어지기도 전에 이미 정순왕후는 인사권을 행사했던 것이다. 병 치료와 관련된 사항을 총괄하는 비서실장인 도승지를 갈아치운 정순왕후는 자신이 직접 정조의 병세를 보러갔다. 대비가 나타나자 신하들은 모두 정조의 곁을 떠날 수밖에 없었다. 잠시 후 정순왕후가 통곡하며 정조가 세상을 떠났다고 알렸다. 정조는 정순왕후와 단 둘이 있는 가운데 의문의 죽음을 당한 것이다. 이 기사와 연결된 다음 기사에는 심환지와 관련해 주목할 만한 내용이 담겨 있다.

> 다음 날 또 언서로 하교했다. "이런 대상大喪에 삼공三公이 갖추어지지 않은 것은 국조國朝에 처음 있는 일이다. 영의정 이병모李秉模에게 영부사領府事를 맡기고 좌상과 우상을 각각 영상과 좌상으로 삼으라. 그리고 예조판서 서용보를 우상으로 삼으라."[91]

이때 영상으로 승진한 좌상이 바로 심환지다. 그리고 정조가 내의원 제조에서 체차한 서용보도 우의정으로 승진했다. 이날은 정조 사망 당일인 1800년 6월 28일일 것이다. 그러나 정순왕후의 수렴청

---

90) 『순조실록』 즉위년 7월 4일.
91) 『순조실록』 즉위년 7월 4일.

정조와 효의왕후 김씨의 묘(건릉). 서쪽에 부친 사도세자(장조)와 혜경궁 홍씨의 융릉이 있다. 개혁군주 정조의 급서는 조선을 정상국가로 만들려던 마지막 임금의 죽음이기도 했다. 경기도 화성시 안녕동 소재.

정 반교문이 반포된 것은 순조 즉위년(1800) 7월 4일이었다. 수렴청정 반교문이 반포되기 전에 행사한 인사권은 불법이다. 정순왕후는 정조가 죽기도 전에 도승지를 갈아치웠고 정조가 죽자마자 심환지와 서용보를 승진시켰다. 정순왕후와 심환지는 정조 사망 후에 대한 시나리오를 갖고 있었다. 그들은 곧바로 정조 치세 24년을 부인하는 과거사 청산 작업에 들어갔고 조선은 정조 즉위 이전의 암흑시기로 돌아갔다.

정조를 땅에 묻고 돌아온 다음 날인 11월 18일부터 노론 벽파의 공격이 시작되어 이듬해까지 계속되었는데 심환지의 「졸기」는 "경신년(순조 즉위년)·신유년(순조 1년) 사이에 목을 베고 능지처참하고 귀양 보내는 여러 큰 형정刑政을 심환지가 결정하지 않은 것이 없었다"⁹²⁾고 전한다. 정조 16년 이승훈 문제로 금갑도에 일시 유배되었던 심환지는 순조 1년(1801) 이승훈을 죽였고, 이잠 문제로 시비를 벌였던 이가환도 죽이고, 권철신도 죽였다. 정약용의 형 정약종도 죽이고 정약용을 비롯한 남인들을 대거 죽이거나 귀양 보냈다. 성리학 외의 사상은 엄금되었고, 노론 일당 독재가 재연되었다. 한마디로 정조의 치세를 모두 없었던 일로 만든 핵심인물이 심환지였고 그 배후가 정순왕후였다.

그러니 정조 독살설은 계속 퍼져나갔고 정순왕후와 심환지는 배후 핵심인물로 의심받을 수밖에 없었다. 정순왕후가 순조 3년(1803) 1월 29일 "죄는 오로지 심인에게 있었다"고 말한 것은 이때까지도 정조 의문사에 대한 시비가 계속되었다는 뜻이자 그 자신이 배후인물로 거론되고 있다는 사실을 알고 있었다는 뜻이다. 정조 독살설을 부인하는 학자들이 유일하게 제시한 근거가 노론 시파가 벽파를 몰아내는 순조 6년(1806)의 이른바 병인경화 때 독살설을 제기하지 않았다는 것이다. 그러나 이 역시 기초 사료인 실록조차 제대로 검토하지 않고 나온 태만한 주장에 불과하다. 정순왕후가 사망한 이듬해인 순조 6년(1806) 3월 3일 사간원 정언 박영재朴英載는 노론 벽파 김달순金達淳을 공격했는데, 그는 김달순의 와굴窩窟이 심환지라고 단정하며 심환지의 죄상을 열거했다.

경신년(1800년) 이전에 (심환지가) 권세를 탐하여 죄악을 쌓은 것은 우선 버려두

---

92) 『순조실록』 2년 10월 18일.

고 논하지 않더라도 경신년 이후의 일만 말해보겠습니다. 역적 심인을 추천하여 (어의로) 진출시킨 것이 첫 번째 죄입니다…… 장용영 창설은 선대왕先大王(정조)의 심원深遠한 생각에서 나온 것인데 감히 3년 만에 고쳐도 된다는 이야기를 방자하게 진달하였고, 그의 혈당血黨들을 지휘하여 선왕先王의 유지遺旨를 고쳐서 속인 것이 네 번째 죄입니다.[93]

한마디로 심환지는 선왕(정조)의 역적이라는 상소다. '심환지가 역적 심인을 천거해서 어의로 진출시킨 것이 첫 번째 죄'라는 말이야말로 정조 독살의 배후가 심환지라는 공개적 폭로에 다름 아니다. 장용영은 정조 사망 만2년(과거식으로는 3년) 만인 순조 2년(1802) 혁파되었는데 장용영을 혁파한 장본인도 심환지다. 장용영은 국왕의 무력이기 때문에 혁파한 것으로, 이로써 왕권은 크게 추락했다. '두 사람이 편지를 주고받을 정도로 친했으니 독살했을 리 없다'는 일부 학자들의 분석이 얼마나 유치한지가 여기에서도 드러난다. 오히려 장용영 때문에 군사쿠데타가 불가능해진 상황에서 심환지가 선택한 다른 접근방식이 어찰이었다고 해석해야 하는 것이다.

'심환지가 정조의 유지를 고쳐서 속였다'는 부분도 심인을 천거한 것만큼 중요한 폭로다. 유지란 곧 유언인데 선왕의 유지가 무엇인지 알 수 없지만 당시 정조의 죽음에 의혹을 갖고 있던 쪽에서는 심환지가 정조의 유언을 고쳤다는 사실을 알고 있었다는 뜻이다. 속인 부분이 무엇인지 정확하지 않지만 이 부분이야말로 그간 감춰

---

93) 『순조실록』 6년 3월 3일.

져 있던 정조 독살설의 비밀을 풀어줄 중요한 열쇠일 것이다.

심환지가 고쳐서 속인 선왕의 유지는 아마 사후 체제에 대한 문제였을 가능성이 크다. 정조는 어느 순간 이미 때가 늦었다는 것을 자각하고 사후 체제에 대한 지시를 했을 것이다. 정조는 정순왕후가 수렴청정을 하는 순간 자신의 치세가 부인될 것이라는 사실을 잘 알고 있었다. 그래서 그것을 막을 수 있는 장치에 대한 유교였을 가능성이 높은 것이다. 아마 정조는 정순왕후가 아닌 자신의 부인 순원왕후 김씨를 수렴청정 대상자로 선정했을 수도 있다. 그러나 심환지는 정조의 유교마저 속였다는 것이다. 심환지가 정조의 총애를 이용한 역적이란 인식은 광범위하게 퍼져 있었다. 순조 6년(1806) 4월 1일 삼사三司(사헌부·사간원·홍문관)에서는 합동으로 상소를 올려 심환지가 정조의 역적이라고 공격했다.

> 심환지는 선조先朝(정조)의 망극한 은혜를 받은 사람으로서 차마 선왕께서 선향仙鄉(저승)으로 멀리 떠나가시던 당일로 우리 선왕의 은혜를 저버리고 우리 선왕과 배치背馳되었으며 국세가 철류綴旒(깃발의 술)처럼 위태로운 것도 생각하지 않고 자신의 사욕私慾만을 은험하게 이룰 계교를 품고 있었습니다.[94]

정조가 세상을 떠난 당일 심환지가 정조를 배신했다는 말이다. 순조는 박영재도 귀양 보내지만 김달순은 사형시키고 이미 죽은 심환지도 관작을 추탈하고 자식들은 유배 보냈다.

---

94) 『순조실록』 6년 4월 1일.

정조의 어찰은 알려진 것보다는 정조와 심환지 사이가 나쁘지 않았음을 말해주는 것으로 해석될 수도 있다. 정조 사후 심환지가 정조의 정치노선을 추종했다면 말이다. 그러나 정조 사후 심환지의 행적은 그에 대한 의구심을 더하기에 충분하다. 심환지의 「졸기」는 "수렴청정 초기에 영의정에 특배되어 나라의 정권을 전적으로 위임받았으나 본바탕이 아둔하고 재능이 없어 아무 공적이 없고 오직 같은 당은 등용하고 다른 당은 공격하는 것[黨同伐異]을 일로 삼았다"[95]고 비난했다. 이런 심환지가 21세기에 정조의 지극한 충신으로 변할 줄은 그 자신도 몰랐을 것이다. 일부에서 어찰로 하늘을 가리려고 시도했지만 햇살에 비친 어찰은 오히려 정조 독살설을 강하게 뒷받침해주는 것이다.

노론 벽파 세계관의 재생산 구조

정조어찰이 느닷없이 정조 독살설을 부인하는 사료로 둔갑한 현상은 우리 사회의 뿌리 깊은 역사연구 구조문제를 인식시키는 계기가 되어야 한다. 정조어찰 연구자들이 이를 독살설을 부인하는 사료인 것처럼 말하자 이 분야를 전공했다는 일부 교수들이 마치 사실인 양 덧붙이고 각종 언론이 이를 받아 대서특필했던 작금의 현상은 역사해석 분야에 관한 한 정조가 사망하던 당시보다 더 노론 벽파의 시

---

95) 『순조실록』 2년 10월 18일.

각이 지배하고 있음을 보여주기 때문이다. 이는 우리 사회의 역사 연구가 재생산 구조의 문제점과 깊숙한 관계를 맺고 있다. 정조어찰이 독살설을 부인하는 결정적 사료라고 주장한 한 교수는 한 언론과의 인터뷰에서 "조선 후기사도 이제는 정조나 다산 중심 시각에서 벗어나 다양하게 볼 필요가 있다"고 말했다. 보통은 그냥 다양한 시각으로 조선 후기사를 보자는 말로 여기겠지만 이것은 노론의 시각으로 조선 후기사를 바라보자는 뜻이 담겨 있는 말이다. 그리고 그런 의도는 이미 살펴보았듯이 그들이 정설이라고 주장하는 내용을 담은 현재의 우리 역사 교과서에 그대로 반영되어 있다.

정조 독살설을 둘러싼 지금의 소동이 한 번의 해프닝으로 끝나서는 안 되는 이유가 여기에 있다. 노론사관과 일제 식민사관이 정설인 한국사의 확대재생산 구조를 바꾸지 않는 한 한국 사회는 미래로 나갈 수 없다. 노론사관과 식민사관을 정설로 만든 학벌 카르텔이 역사 연구가의 재생산 구조를 독점하고 있는 한국 사회에서는 다양한 역사해석이 가능하지 않으며 다양한 역사관을 가진 시민 사회 형성이 난망하다. 이제 한국사는 소수 학벌 카르텔의 당파적 해석에서 벗어나 시민들 곁으로 돌아가야 한다. 언제까지 200~300년 전의 노론사관, 70~80년 전의 일제 식민사관으로 한국사를 바라보아야 하겠는가?

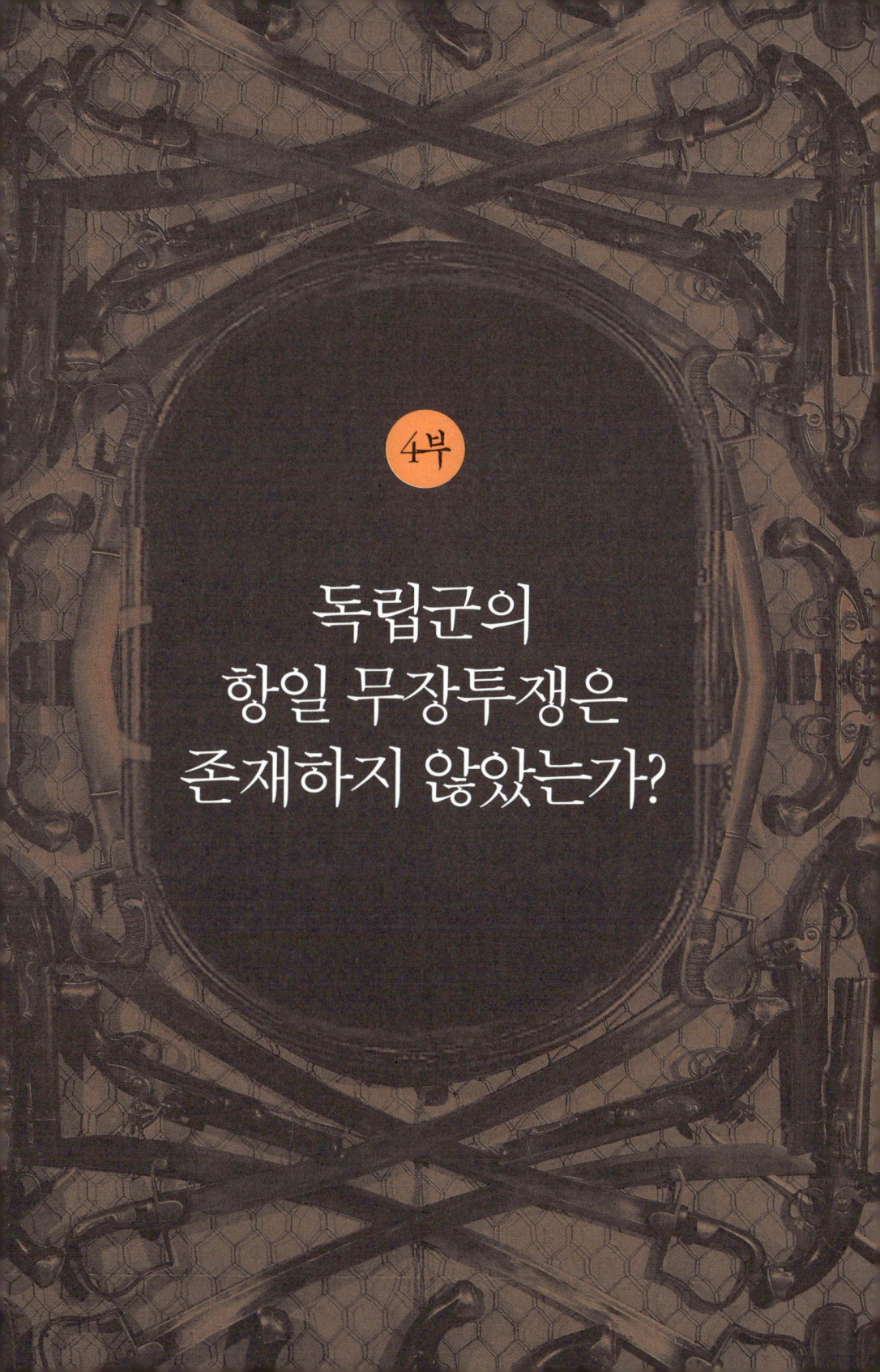

4부

독립군의
항일 무장투쟁은
존재하지 않았는가?

10. 독립운동사 말살정책

대한제국 멸망에 앞장선 노론

대한제국을 점령한 일제는 1910년 8월 22일 강제로 이른바 한일합방조약을 체결했다. 그해 10월 7일 일제는 76명에 달하는 조선인들에게 작위와 은사금을 내려주며 일본 귀족과 유사한 공公·후侯·백伯·자子·남男의 작위를 수여해 귀족으로 임명했는데 나라를 망하게 하는 데 큰 공을 세웠다는 이유에서였다. 일본이 비록 영토는 점령했어도 이들 매국 사대부들의 도움이 없었다면 그리 순조롭게 대한제국을 병탄할 수 있었을지는 미지수다. 일제는 대한제국을 점령하는 데 이들의 공로가 지대하다는 사실을 알고 있었기 때문에 이른바 「한일병합조약문韓日倂合條約文」 제5조에 "일본국 황제폐하는 훈공勳功 있는 한국인으로서 특히 표창에 적당하다고 인정된 자에게 영작榮爵을 수여하고 또 은급恩級을 부여한다"고 명기한 것이다. 이들 수작자授爵者들은 대부분 조선과 대한제국의 유력 가문 출신으로 국망의 위기에서 목숨을 던지는 노블레스 오블리주를 실천하기는커녕 오히려 일제에 나라를 팔아먹는 데 적극 협력했다.

아래의 '한일합방 공로작 수여자들의 본관과 소속 당파' 목록은 『사이토문서[齋藤實文書]』에 포함된 「조선귀족약력朝鮮貴族略歷」과 1910년 일제의 조선연구회朝鮮硏究會에서 발간한 『조선귀족열전朝鮮貴族列傳』을 종합해 분류한 것이다. 「조선귀족약력」은 1929년경에 작성된 것으로 추정되는데, 친일반민족행위 진상규명위원회에서 발간한 『친일진상사료집-제Ⅳ권-부제 조선귀족과 중추원』에도 실려 있다.

한일합방 공로작 수여자들의 본관과 소속 당파

후작 이재완李載完(사망 : 본관 전주, 왕족, 승계 이달용李達鎔)
후작 이재각李載覺(왕족)
후작 이해창李海昌(왕족)
후작 이해승李海昇(왕족)
후작 윤택영尹澤榮(본관 해평, 순종의 장인, 노론)
후작 박영효朴泳孝(본관 반남, 노론)
후작 이완용李完用(본관 우봉, 노론)
백작 이지용李址鎔(본관 전주, 노론)

백작 민영린閔泳璘(본관 여흥, 민비 오빠)

백작 송병준宋秉畯(본관 은진, 자칭 노론, 승계 송종헌宋鐘憲)

백작 고희경高羲敬(본관 제주, 중인)

자작 이완용李完鎔(본관 전주, 노론)

자작 이기용李埼鎔(본관 전주, 노론)

자작 박제순朴齊純(본관 반남, 노론, 승계 박부양朴富陽)

자작 조중응趙重應(본관 양주, 소론, 승계 조대호趙大鎬)

자작 민병석閔丙奭(본관 기흥, 노론)

자작 이용식李容植(본관 한산, 노론, 3·1운동 가담 작위 박탈)

자작 김윤식金允植(본관 청풍, 노론, 3·1운동 가담 작위 박탈)

자작 권중현權重顯(본관 안동, 한미한 가문 출신)

자작 이하영李夏榮(본관 경주, 한미한 가문 출신)

자작 이근택李根澤(본관 전주, 노론, 승계 이창훈李昌薰)

자작 임선준任善準(본관 풍산, 노론, 승계 임선재任宣宰)

자작 이재곤李載崑(본관 전주, 노론)

자작 윤덕영尹德榮(본관 해평, 노론, 순종의 처숙부)

자작 조민희趙民熙(본관 양주, 노론)

자작 이병무李秉武(본관 전주, 한미한 가문 출신)

자작 이근명李根命(본관 전의, 노론, 승계 이충세李忠世)

자작 민영규閔泳奎(본관 여흥, 노론, 승계 민병삼閔丙三)

자작 민영소閔泳韶(본관 여흥, 노론, 승계 민충식閔忠植)

자작 민영휘閔泳徽(본관 여흥, 노론)

자작 김성근金聲根(본관 안동, 노론, 승계 김호규金虎圭)

남작 윤용구尹用求(본관 해평, 노론, 작위 거부)

남작 홍순형洪淳馨(본관 남양, 노론, 작위 거부)

남작 김석진金奭鎭(본관 안동, 노론, 작위 거부)

남작 한창수韓昌洙(본관 청주, 노론)

남작 이근상李根湘(본관 전주, 노론, 승계 이장훈李長薰)

남작 조희연趙羲淵(본관 평양, 노론, 작위 반납했으나 곧 중추원 고문이 됨)

남작 박제빈朴齊斌(본관 반남, 소론, 승계 박서양朴敍陽)

남작 성기운成岐運(본관 창녕, 노론, 승계 성주경成周絅)
남작 김춘희金春熙(본관 경주, 소론, 승계 김교신金敎莘)
남작 조동희趙同熙(본관 양주, 노론, 예우 정지)
남작 박기양朴箕陽(본관 반남, 소론)
남작 김사준金思濬(본관 연안, 노론, 의친왕의 장인, 독립운동 가담으로 작위 박탈)
남작 장석주張錫周(본관 인동, 평민, 구명舊名 장박, 승계 장인원張寅源)
남작 민상호閔商鎬(본관 여흥, 노론)
남작 조동윤趙東潤(본관 풍양, 노론, 승계 조중구趙重九)
남작 최석민崔錫敏(본관 경주, 중인, 승계 최정원崔正源)
남작 한규설韓圭卨(본관 청주, 노론, 작위 거부)
남작 유길준俞吉濬(본관 기계, 노론, 작위 거부)
남작 남연철南延哲(본관 선영, 노론, 승계 남장희南章熙)
남작 이건하李乾夏(본관 전주, 노론, 승계 이완종李完鍾)
남작 이용태李容泰(본관 전주, 노론, 승계 이중환李重桓)
남작 민영달閔泳達(본관 여흥, 노론, 작위 거부)
남작 민영기閔泳綺(본관 여흥, 노론)
남작 이종건李鍾健(본관 전주, 노론)
남작 이봉의李鳳儀(본관 전주, 소론, 승계 이기원李起元)
남작 윤웅렬尹雄烈(본관 해평, 노론, 아들 윤치오尹致旿가 치안법에 관련되어 작위 박탈)
남작 이근호李根澔(본관 전주, 노론, 승계 이동훈李東薰)
남작 김가진金嘉鎭(본관 안동, 노론, 임시정부로 망명)
남작 정낙용鄭洛鎔(본관 연일, 노론, 승계 정두화鄭斗和)
남작 민종묵閔種默(본관 여흥, 북인, 승계 민규현閔奎鉉)
남작 이재극李載克(본관 전주, 노론)
남작 이윤용李允用(본관 우봉, 노론)
남작 이정로李正魯(본관 전의, 노론, 승계 이능세李能世)
남작 김영철金永哲(본관 광산, 노론, 승계 김영수金英洙)
남작 이용원李容元(본관 전주, 노론, 승계 이원호李原鎬)
남작 김종한金宗漢(본관 안동, 노론)
남작 조정구趙鼎九(본관 풍양, 노론, 작위 거부)

남작 김학진金鶴鎭(본관 안동, 노론, 승계 김덕한金德漢)
남작 박용대朴容大(본관 밀양, 북인)
남작 조경호趙慶鎬(본관 임천, 노론, 작위 거부)
남작 김사철金思轍(본관 연안, 노론)
남작 김병익金炳翊(본관 안동, 노론, 손자 김홍진金弘鎭이 사상범으로 작위 박탈)
남작 정한조鄭漢朝(본관 동래, 소론, 승계 정천모鄭天謨)
남작 이주영李冑榮(본관 경주, 소론, 승계 이규환李圭桓)
남작 민형식閔炯植(본관 여흥, 노론)
남작 이항구李恒九(본관 우봉, 노론)

이 자료에서 수작자들의 출신과 소속 당파를 분석해보면 두 가지 큰 흐름이 발견된다. 하나는 왕실에서 나라를 팔아먹는 데 앞장섰다는 것이다. 후작에 선임된 이재완, 이재각, 이해창, 이해승 등은 모두 왕족 출신이며 역시 후작에 선임된 윤택영은 순종비 윤씨의 친아버지로 국구國舅였다. 윤덕영은 윤택영의 형이고, 후작 박영효는 철종의 사위로 금릉위錦陵尉다. 왕실의 일원이자 외척으로 나라가 멸망의 위기에 처했을 때 군사를 일으키지는 못할지라도 최소한 외국의 지배를 거부하는 지조는 보여주어야 하는데, 거꾸로 나라를 팔아먹는 데 앞장섰던 것이다.

다른 하나는 사실상 「노론 당인 명단」이라고 해도 과언이 아닐 정도로 노론이 다수라는 점이다. 76명의 수작자 중 그 소속 당파를 알 수 있는 인물은 모두 64명 정도다. 그중 북인이 2명, 소론이 6명, 나머지 56명은 모두 노론이고 남인은 한 명도 없다. 송상도宋相燾가 『기려수필騎驢隨筆』에서 일부는 조선총독부의 강박과 위협이 있었음에도 수작을 거부했다고 전하는 것처럼 작위를 거부한 일부 노론 인사들도 있다.

그러나 노론이 대다수인 이 명단은 대한제국이 멸망할 수밖에 없는 지배구조를 갖고 있었음을 말해준다. 앞에서 살펴보았듯이 노론은 1623년 인조반정을 주도한 서인에 뿌리를 두고 있다. 숙종 초에 남인에게 정권을 빼앗긴 서인은 재집권 이후 노론과 소론으로 분당되었는데, 경종 때 소론에게 잠시 동안 정권을 내준 것을 제외하고는 조선 멸망 때까지 집권했다. 300년 가까운 기나긴 세월을 집권한 정당의 당인들이 나라 팔아먹는 데 앞장선 나라가 망하지 않는다면 그것이 더 이상한 일이다. 반면 1910년 8월 매천梅泉 황현黃玹은 자결에 앞서 자제들에게 이렇게 말했다.

> 내가 죽어야 할 의무는 없지만 국가가 선비를 기른 지 5백 년에 국가가 망하는 날 한 사람도 죽는 사람이 없어서야 어찌 슬프지 않겠는가. 내가 위로 황천이 준 떳떳한 두리도 저버리지 않고 아래로 평일 읽었던 책도 저버리지 않고 고요히 죽으면 진실로 통쾌하리니 너희는 크게 슬퍼하지 마라.●

이 말대로 전라남도 구례의 시골 유생 황현은 국망에 책임이 없었으나 "가을 등불에 책 덮고 천고를 회고하니, 인간 세상 식자 노릇 어렵구나[秋鐙撑卷懷千古, 難作人間識字人]"라는 절명시를 남기고 56세의 나이로 목숨을 끊었다.

그러나 다수의 집권 노론 출신들은 일제에 의해 귀족이 되었고 은사

● "吾無可死之義, 但國家養士五百年, 國亡之日, 無一人死難者, 寧不痛哉, 吾上不負皇天秉彝之懿, 下不負平日所讀之書, 冥然長寢, 良覺痛哉, 汝曹勿過悲".(金澤榮,「成均生員黃玹傳」, 『黃梅泉 및 關聯人士 文墨萃編』, 1985년)

금을 받았다. 그들의 사상적 배경은 극단적 친명 사대주의와 성리학 유일사상 주의였다.

노론은 대외적으로는 모든 개방을 거부하고, 사회적으로는 신분제의 완화 내지 폐지를 요구하는 시대적 흐름에 역행해 신분제를 강고히 했으며 적서嫡庶차별과 남녀차별을 극대화했다. 주자학과 다르면 같은 유학이라도 사문난적으로 공격했으며, 천주교를 비롯한 다른 사상을 극단적으로 억압했으며 모든 사회변화를 거부했다. 한마디로 시대 흐름을 역행한 반시대적 정당이다.

노론이 친명 사대주의를 주창한 이유는 성리학을 무기로 국왕과 권력투쟁에 나서기 위해서였다. 그들은 유일한 임금은 명나라 황제이고 조선 국왕은 제후로서 명나라 황제의 신하에 불과하다는 생각을 갖고 있었다. 조선 국왕이나 자신들이나 같은 사대부로 신분의 차이가 없다는 것이었다. 효종의 사망으로 발생한 1차 예송논쟁 때 송시열을 비롯한 노론 당인들이 효종을 둘째 아들로 대우해 일제히 1년복설을 주장하고 남인들이 왕통을 이은 인물에게 장자, 차자를 구별할 수 없다며 일제히 3년복설을 주장한 것은 이런 사상적 배경에서 나왔다.

이런 사상으로 노론은 왕권을 무력화시키고 국왕이 노론과 반대되는 행보를 걸을 때는 독살도 서슴지 않았다. 단적으로 말해 노론은 임금에 대한 충성이란 개념이 부족한 반면 개인과 집안, 당파의 이익에는 민감했다. 그러니 왕조 국가에서 나라가 망할 위기에 봉착했을 때 국가에 충성하기보다는 개인과 집안의 이익을 선택했고, 그 결과가 일제 수작자의 대부분을 차지하는 객관적 사실로 나타난 것이다.

다시 한번 강조하지만 노론은 시대적 흐름에 역행해 신분제를 고착화시켰으며, 적서차별과 남녀차별을 극대화했다. 또한 주자학과 다른 사상을 극단적으로 탄압했으며, 나라가 망할 위기에 처했을 때 개인과 집안의 이익을 위해 움직인 정당이다.

이런 노론 당파의 일부 후예들이 조선사편수회에 들어가 친명 사대주의를 친일 사대주의로 전환해 받아들인 것이 일제 식민사관이다. 이들은 일제강점기는 물론 해방 이후에도 일제의 식민통치를 민족사의 비극이라고는 추호도 생각하지 않았다. 해방 이후에 학문권력을 독점하게 되었을 때 일제 식민사관을 그대로 유지한 것은 당연하다.

식민사관 청산은커녕 일제 식민사관을 비판하면 학계에서 매장시키는 방식으로 현실의 학문권력을 유지하고 있으며, 기회만 있으면 『국사 교과서』에 일제 식민사관을 버젓이 수록하는 등 국민들의 역사관을 호도했다. 그러면서 노론의 정치행위를 비판하면 그것이 곧 일제 식민사관이라는 적반하장의 논리를 개발해 노론을 비호해왔다.

'한일합방 공로작 수여자들의 본관과 소속 당파'의 분석표는 한국 사회에 중요한 질문을 던져준다. 아직도 노론의 후예들이 역사권력을 독점하고 있는 현상이 용인되어야 하는가?

사라진 무장투쟁사

해방 직후부터 1980년대까지 대부분의 역사학도들에게 현대사는 일종의 금기 영역이었다. 이른바 국사학계의 태두가 만들었다는 현대사 연구 금지 원칙은 표면상 현대사는 객관성을 갖기 어렵다는 명분을 들고 있었다. 청동기시대가 되어야 고대 국가가 시작된다는 『국사 교과서』의 공식이 단군조선을 부인하기 위한 의도라는 사실을 뒤늦게 깨달은 것처럼 한국에만 있는 현대사 연구 금지 원칙 또한 독립운동사를 말살하기 위한 의도라는 사실을 깨달은 것도 한참 후였다.

한 나라가 숱한 고초 끝에 독립을 쟁취하고 새 정부를 수립하면 그 직후부터 독립운동사 연구가 붐처럼 일어나기 마련이다. 그러나 한국은 1980년대 독립운동사와 사회주의사 연구가 붐처럼 일어나 현대사 연구 금지 원칙을 무력화시키기까지 독립운동사는 소수의 연구자들을 제외하고는 전문적으로 연구되지 못했다. 그사이 생생한 증언을 남겨줄 살아 있는 전사들은 대부분 고통과 가난 속에서 삶을 마감했기 때문에 현재의 연구자들은 기초 사료 부족에 허덕이고 있다.

독립운동사는 무장투쟁사를 우선하는 것이 원칙이다. 그러나 지금껏 『국사 교과서』는 무장투쟁보다 식민지 체제 내의 애국계몽운동이나 실력양성운동 등을 위주로 서술해왔다. 무장투쟁사는 마지못해 이름 정도 적어주는 선이었다. 지금도 마찬가지다. 현행 고등학교 『국사 교과서』는 1920년대 항일 무장투쟁의 중심 조직인 참의부, 정의부, 신민부 등의 삼부에 대한 내용이 거의 실려 있지 않다. 『국사 교과서』는 "독립군은 다시 만주로 이동하여 각 단체의 통합 운동을 추진하여, 참의부, 정의부, 신민부의 3부를 조직하였다. 이 가운데 참의부는 임시정부가 직할하였다"[96]고만 서술했다. 학생들은 삼부가 무슨 활동을 했는지도 모른 채 이름 외우기에 바쁠 뿐이다. 마치 '독립운동 조직=골치 아픈 암기거리'라는 식의 인식을 하도록 만들어놓은 것 같다. 실제로 독립운동사만 나오면 골치 아프다고 하소연하는 학생들이 적지 않다.

반면 『국사 교과서』는 일제강점기 때 식민지가 큰 발전을 이룬 것처럼 장황하게 서술해놓았다.

> 일제 강점기에도 인구는 늘어갔다. 인구 조사가 어느 정도 이루어진 1910년대 말에 국내 거주 한국인은 1700만 명 정도였다. 1930년에는 2000만 명, 1942년에는 2600만 명으로 늘어갔다. 서울(경성)의 인구는 1920년에 24만 명 정도였고, 1940년에는 93만 명 정도로 4배가량 늘었다. 총독부는 서울에 도시 개수 계획을 도입하여 도시의 모습을 크게 바꾸어놓았다.
>
> — 고등학교 『국사 교과서』, 2007년, 242쪽

조선총독부의 근대 식민정책 덕분에 갈수록 인구가 증가했고, 도시가 크게 발전했다는 기술이다. 총독부의 근대 정책 덕분에 영양 상태가 좋아져 인구가 증가했다는 전제가 깔려 있는 것이다. 또한

---

96) 고등학교 『국사 교과서』, 국사편찬위원회, 2007년, 121쪽.

『국사 교과서』는 '의식주 생활의 변화'라는 항목에서 일제강점기 때 식민지가 얼마나 발전했는지를 특별히 강조하고 있다.

> 근대 문명의 유입은 의식주 생활에 큰 변화를 가져왔다. 먼저, 의생활에서는 직장인을 중심으로 양복을 입는 사람이 늘어났다. 그러나 대부분은 여전히 한복을 입으면서 고무신을 신고 모자를 쓰는 방식으로 한식과 양식을 혼합하였다. 1910년까지만 해도 대부분의 여성은 쪽진 가르마머리를 하였으나, 블라우스와 스커트 차림, 단발머리와 파마머리, 스타킹과 하이힐 등은 도시에서는 그리 낯선 풍경이 아니었다.
>
> — 고등학교 『국사 교과서』, 2007년, 243쪽.

조선총독부가 '근대 문명을 유입'시킨 결과 의식주 생활에 큰 변화가 일었다는 뜻이다. 이런 옷차림의 변화는 대한제국 시절부터 이미 진행된 현상임에도 총독부의 시혜정책 덕분에 옷차림의 변화가 있었다는 식으로 기술한 것이다. 『국사 교과서』가 나열해놓은 주택 상황의 변화를 보자.

> ……1920년대에 지어진 개량 한옥은 사랑방과 문간방이 없어지고, 대청마루에 유리문을 달고 니스와 페인트를 칠한 혼합형 가옥이었다. 1930년대 나타난 문화주택은 2층 양옥으로 전에 없던 복도와 응접실, 침실, 아이들 방 등 개인의 독립된 공간이 생겨났다. 영단 주택은 1940년대 들어 도시민, 특히 서민의 주택난을 해결하려고 지은 일종의 국민 연립주택이었다.
>
> — 고등학교 『국사 교과서』, 2007년, 243쪽.

1920년대 개량 한옥이 나타나고 1930년대에는 문화 주택이 생겼으며, 1940년대에는 서민의 주택난을 해결하기 위한 영단 주택이라는 국민 연립주택도 생겨났다는 기술이다. 식민지 치하 조선이 날로 발전해 식민지 백성들은 응접실과 침실이 따로 있고 아이들도 독립된 방에서 행복한 가정생활을 누렸다는 것이다. 조선총독부 직속의 조선사편수회에서 서술한 교과서라는 생각이 들지 않을 수 없다. 특히 "영단 주택은 1940년대 들어 도시민, 특히 서민의 주택난을 해결하려고 지은 일종의 국민 연립주택이었다"라는 서술에 이르면 '해방은 재앙이었다', '일제시대가 좋았다'는 친일파들의 주장이 교과서에 되살아난 것 같아 두려운 생각마저 든다. 일제시대가 민족의 큰 수난이자 고통이었다는 생각 자체가 없는 사관에서 나온 기술이다.

　『국사 교과서』는 "서울 변두리에는 빈민이 토막집을 짓고 살았다. 토막살이를 하는 사람은 1937년 서울(경성부) 총인구 70만 명 중에서 15,000명에 달하였다"고 덧붙였다. 서울 인구 중 2퍼센트가 채 안 되는 시민들만 도시 빈민생활을 했고, 98퍼센트가 넘는 시민들은 문화 주택이나 영단 주택에서 근대 도시생활을 영위했다는 기술이다. 현진건이 1924년 『개벽』에 발표한 「운수 좋은 날」의 인력거꾼, 앓아누운 부인에게 설렁탕 한 그릇을 사주지 못했던 그의 비극은 불과 2퍼센트도 안 되는 빈민들의 삶이 되는 셈이다.

　이런 사고이니 독립운동사는 말살되거나 축소되어야 하는 것이다. '복도와 응접실, 미실, 아이들 방'은 물론 '니스와 페인트'라는 도료 이름까지 상세하게 적은 『국사 교과서』가 지면이 부족해 삼부의 활동내용을 일체 적지 못했다고 변명할 수는 없을 것이다. 이런 식으로 기술한 속내는 조선시대의 상소문의 표현을 빌리면 "길가의 돌도 그 마음의 소재를 아는 것"으로, 식민사관이 뿌리 깊게 박혀 있지 않으면 나올 수 없는 기술이다.

삼부의 무장투쟁

1907년 결성된 비밀결사 신민회에서 국외에 무관학교를 설립하고 독립군 기지를 창건하기로 방침을 정한 것을 필두로 독립군의 항일 무장투쟁은 끊이지 않았다. 신민회의 이런 방침에 따라 우당 이회영 일가와 석주 이상룡 일가를 중심으로 만주에서 만들어진 무관학교가 신흥무관학교다. 청산리, 봉오동 전투는 신흥무관학교 출신들이 중견급 장교가 되어 일제 정규군을 격파한 승첩이다. 청산리, 봉오동 전투에 충격을 받은 일제는 중국인 마적단을 사주해 훈춘사변琿春事變을 일으킨 후 이를 구실로 미리 대기시켜놓은 나남사단羅南師團과 경찰대를 만주로 보내 수많은 독립운동가와 그 가족들을 학살하는 경신참변庚申慘變(1920년)을 일으켰다. 이를 피해 러시아 령으로 이동했던 독립군은 자유시(알렉세예프스크)에서 무장해제를 요구하는 러시아 적군赤軍에게 대거 학살당하는 자유시참변을 겪기도 한다. 이후 다시 만주로 돌아온 독립군은 현지의 독립운동가들과 합세해 크게 세 개의 독립운동 조직으로 재편되는데 이것이 바로 삼부다.

『국사 교과서』는 삼부의 이름만 적어놓았지만 삼부는 이렇게 축소 서술해야 하는 조직이 아니다. 먼저 참의부를 살펴보자. 정식 명칭이 '대한민국 임시정부 육군 주만참의부'인 참의부는 1924년 결성 당시 5개 중대에 600여 명의 무장병력을 갖춘 행정·군사 조직이다.[97] 압록강 건너편에 있던 600여 명의 정규 독립군은 일제에 큰 위협이 아닐 수 없었지만 이것도 통의부 시절에 비하면 축소된 것이다. 통의부 의용군은 5개 중대가 있었는데 중대당 전성기 병력은 각 500명에서 900명[98]으로 총병력은 2000~3000명 정도였다.

참의부의 전신은 광복군 사령부인데, 훗날 참의부 참의장이 되는 김승학은 약식 자서전 「망명객행적록」에서 1920년 8월 상하이에서 240여 정의 무기와 탄환 수만 발을 천신만고 끝에 구입해 참리부 독립군에게 나누어주자 불과 3~4개월 만에 일제 기관에서 발표한 것만으로도 교전 78회, 주재소 습격 56회, 면사무소와 영림서 소각 20개소, 일제 군경 사살 95명의 혁혁한 전과를 올려 압록강 연안과 평안남북도 지역이 일시 전쟁터로 변해 일제가 크게 당황했다고 적었다.[99] 또한 참의부는 1924년에는 함경도 혜산을 순시하고 압록강을 따라 신의주로 내려오던 조선총독부의 사이토 마고토[齋藤實] 총독의 배에 수백 발의 총탄을 퍼부어 혼비백산하게 만들기도 했다.[100] 이 사건에 대해 임시정부에서 발행한 『독립신문』은 이 사건을 1면 톱기사로 보도했다. 제목은 '적괴敵魁(적의 괴수) 제등齋藤(사이

---

97) 김병기, 「참의부연구」, 2005년, 82쪽.
98) 김병기, 같은 글, 68~69쪽.
99) 김승학, 「망명객행적록」.
100) 김승학 외, 『한국독립사』, 1964년, 400쪽.

토)을 습격'이었다.

> 적괴敵魁 제등齋藤, 환산丸山 등 일행은 국경 방면을 정탐하려고 지난 5월 초순에 경성을 출발하여 압록강 상류 지방을 회탐回探 중이던 바 지난 5월 19일 오전 9시 5분에 평북 고산진 하류 위원군 마시馬嘶 지방을 통과할 때 우리 독립군 10여 명의 정예 군사가 대안對岸에 잠복하고 이를 고대하고 있다가 적선敵船에 몰사격沒射擊을 행하였으나 적선은 응사하면서 도망하여 피차에 총상을 입었다 한다. 아군 측에서는 (빠른) 속도로 달아나는 적선을 추격치 못하고 귀영歸營했다고 하는데…… 전기 독립군은 남만 의용군 제1중대의 군인들인 듯하다더라.
>
> - 『독립신문』 제175호, 1924년 5월 31일

이때 사이토 마고토 저격에 나섰던 참의부 제1중대 제1소대장 이의준李義俊(별명 한권웅)은 2년 후 일경에게 체포되어 평양형무소에서 사형당했다. 1925년 3월에는 일제 군경이 집안현 고마령에서 회의를 하던 참의부를 급습해 치열한 접전 끝에 참의장 최석순 이하 29명이 전사하는 참변을 겪기도 했다.[101]

이런 사실에 대해 『국사 교과서』는 철저하게 외면하면서 일제시대의 발전상에 대해서는 자세히 서술한 것이다. 정의부도 마찬가지로 1925년 9월경 5개 중대 1개 헌병대 총 410명의 의용군을 보유하고 있었고,[102] 수많은 국내 진공작전을 전개했다.[103] 이중 정의부 의

---

101) 김승학 외, 같은 책, 400~401쪽.
102) 채영국, 「정의부연구」, 1998년, 99쪽.
103) 정의부의 국내 진공작전에 대해서는 채영국, 같은 글, 160~161쪽 참조.

용군 제1중대장, 제6중대장 등을 역임한 정이형의 국내 진공작전에 대한 일제 재판기록을 보자.

> 1925년 3월 18일 당시 통의부의 제6중대장이던 동 피고인(정이형)은 봉천성 관전현 하루하下漏河 약수동 거주 한인 김모 방에서 동 부(정의부) 제8중대장 김석하金錫夏, 6중대 제6소대장 김정호金正浩와 회합하여 1924년 중 다수의 독립단원이 초산楚山 경찰서의 경찰관에게 피살된 일을 복수하기 위하여 김석하는 동(초산) 경찰서 추목楸木 경찰관 출장소를, 김정호는 동 경찰서 외연外淵 경찰관 출장소를, 동 피고인(정이형)은 벽동 경찰서 여해如海 경찰관 출장소를 습격할 것을 계획하여 다음날 19일 오전 0시경 3대로 나누어 동소를 출발, 각 목적지로 향하였는데 동 피고인은 권총 2정을 휴대하고 총기와 탄약을 휴대한 부하 6명을 인솔하는 지휘자가 되어 결빙된 압록강을 건너……
>
> — 신의주 지방법원 판결문, 1928년 4월 20일

"다수의 독립단원이 초산 경찰서의 경찰관에게 피살된 일"이란 앞에서 말한 고마령전투를 뜻한다. 고마령전투에서 29명의 참의부 독립군이 피살된 것을 복수하기 위해 정의부에서 나섰던 것이다. 일제 재판기록을 더 보자.

> …… (정이형은) 동일 오전 5, 6시경 여해 경찰관 출장소 부근에 도착 동 소원所員(출장소 경찰관) 살해의 목적을 갖고 당시 경찰관 5명이 있는 동 출장소를 향하여 탄환을 난사, 순사 서천융길西川隆吉의 머리와 왼쪽 복부에, 동 임무林茂, 신현택申玄澤의 두부에 총창을 입혀 즉사케 했으며, 동 시동환철랑矢動丸鐵郎 순사의 좌

대퇴부에 총창을 입혔음에도 살해하지 못하자, 동 출장소 처마 끝에 석유를 부어 점화시켜 방화하여 동 출장소를 전부 소각하고 철수 도중에 경찰관의 사체 부근에서 38식 보병총 1정과 방한외투 한 벌을 횡령하였다.

― 신의주 지방법원 판결문, 1928년 4월 20일

이처럼 여러 차례 국내 진공작전을 전개했던 정이형은 1927년에 체포되어 사형을 구형받았다가 무기형을 언도받은 후 1945년까지 19년간 투옥생활을 하기도 했다.[104] 국경지대는 1920년대 중반에도 독립군들의 국내 진공작전으로 언제 전투가 벌어질지 알 수 없었던 초긴장 상태였다. 이런 국내 진공작전은 부지기수였다. 중국 쪽 당안관檔案館 자료에는 일일이 열거하기 어려울 정도로 많은 정의부의 국내 진공작전이 실려 있다.

또한 만주 북쪽에 있던 신민부는 사관학교인 사관양성소에서 장교들을 길러 결정적 순간을 기다리는 한편 일제의 주구가 된 친일파들을 처단하는 응징작업을 진행했다. 당시 일제는 만주 각지의 친일파를 모아

정의부 제1중대장 정이형. 정이형은 19년의 옥살이 끝에 해방과 동시에 석방되어 남조선 과도입법위원으로 친일파 처리 특별법 제정에 앞장섰으나 1956년 불우하게 세상을 떠났다.

---

104) 박환, 『잊혀진 혁명가 정이형』, 2004년, 133~134쪽.

조선인민회朝鮮人民會 등을 조직해 친일조직을 강화하고 정보를 제공받았다. 이런 조선인민회 등은 독립군 활동에 큰 위협 요소였으므로 각 독립군 조직에서는 여러 차례 응징하기도 했다. 신민부의 별동대장 황덕환黃德煥이 1924년 하얼빈의 친일조직인 '조선인거류민회'를 응징했는데, 그 내용을 살펴보자.

> 황덕환 이하 전원은 양복으로 갈아입고 하루빈(하얼빈) 시내로 들어가 백주에 자동차로 조선인거류민회를 습격하였다. 대원 2명은 밖에서 감시하고 다른 대원들은 대장을 따라 민회당에 돌입하여 권총을 빼어들고 정회장을 찾았다. 주구들은 공포 속에서 떨면서 책상 밑에 숨어 있었는데 회장이 어디 있느냐고 물으니 정이 벌벌 떨면서도 자기라고 자진하여 나왔으므로 총살만은 용서하고 곤봉으로 많이 때려 징벌하고 유유히 자동차를 타고 본부로 돌아왔다. 그 뒤 정가는 즉시 가족을 이끌고 귀국해 버리고 왜적의 희망도 드디어 무너졌다. 이러한 공작은 신민부가 존속하는 동안 끊임없이 계속되었다.[105]

하얼빈 조선인거류민회장 정씨가 가족을 거느리고 조선으로 도주한 데서 알 수 있는 것처럼 만주는 일제가 완전히 장악하지 못했다. 비록 전력에서는 열세였지만 독립군들은 국내 진공작전을 펼쳐 일제 군경을 사살하기도 하고 친일파를 숙청하기도 했다. 만주와 국경지대는 계속 전쟁 상태였던 것이다.

그러나 『국사 교과서』는 이런 사실은 일체 침묵한 채 1940년 임

---

105) 김승학 외, 앞의 책, 450쪽.

정 산하에 한국광복군이 창설되었다고만 서술했다. 한국광복군이 본격적으로 전투에 나서기 전 일제가 패망했기 때문에 학생들은 1920년의 청산리·봉오동 전투 외에는 별다른 무장투쟁 없이 연합국 승전의 부산물로 해방된 것으로 인식할 수밖에 없으며 실제로 대부분 그렇게 인식하고 있다.

독립운동사 연구가 금기가 되다 보니 정의부에 대한 박사학위 논문인 「정의부연구」가 나온 것은 1998년이고, 「참의부연구」가 나온 것은 2005년이다. 「참의부연구」는 그나마 참의장 김승학의 증손자가 만학으로 역사학에 투신해 거둔 성과이고 신민부는 아직도 박사학위 논문 하나 없는 형편이다.

해방 후 발생한 문제점

이렇게 된 근본원인은 해방 후 수립된 정부 성격이 민족정체성 수립과 거리가 있었던 데 있다. 독립유공자에 대한 표창과 친일세력들에 대한 정리작업이 이루어지지 못했다는 뜻이다. 정부 수립 후 과거사는 두 가지 방향에서 다루어졌어야 했다. 하나는 독립운동가에 대한 인적 표창과 친일파에 대한 인적 청산이고, 다른 하나는 일제가 만든 각종 식민지배 이론에 대한 청산작업이다. 양자는 동전의 양면처럼 떨어질 수 없는 관계다. 독립운동사를 광범위하게 연구해 정리해야 했고, 식민지배에 앞장섰거나 협조한 친일파를 조사해 처벌할 친일파와 사회 통념상 용인할 수 있는 친일파로 구분해

전자는 처벌하되 후자는 포용하는 역사 정리순서를 밟았어야 했다. 역사학계·국문학계·법학계를 비롯한 학계도 일제가 만든 각종 이론에 대한 종합적 검토작업을 통해 계승할 것과 단절할 것을 구분했어야 하지만 그렇게 하지 못한 것이 현재까지 사회 발전에 짐이 되고 있는 것이다.

김승학은 상하이 『독립신문』 사장도 역임했는데, 당시 임시정부 대통령 박은식의 『한국통사韓國痛史』·『한국독립운동지혈사韓國獨立運動之血史』 서술을 보조하기도 했다. 해방 후 그는 "『한국독립사』라는 나라를 찾은 웃음의 역사를 편찬하고자 굳은 맹약"을 하고 사료를 수집했다고 회고했다.[106] 김승학은 1929년 길림성에서 열린 삼부통합회의에 정의부 김동삼·이청천, 신민부 김좌진 등과 함께 참의부 대표로 참석했다가 일제에 체포되었다. 김승학은 『한국독립사』 「자서自序」에서 "불행히 왜경에게 체포된 후 수각手脚이 절골折骨되는 수십 차례 악형惡刑이 주로 이 사료수집 때문이었다"고 회상한 대로 일제는 그에게 사료의 소재지를 대라며 혹독한 고문을 가했다. 일제가 그토록 손에 넣고 싶어 했던 사료들은 이승만 정권에서는 무용지물이 되었다. 김승학과 동지들이 이 사료를 기초로 삼고, 생존 독립운동가들의 수기를 덧붙여 『한국독립사』를 펴낸 것이 1964년이다. 『한국독립사』 「자서」에서 김승학은 독립유공자 표창과 친일파 청산이 이뤄지지 못한 것에 대해 격렬하게 토로했다.

---

106) 김승학 외, 앞의 책.

무릇 한 국가를 창건하거나 중흥시키면 시정 최초 유공자에게 후중厚重한 논공행상을 하고 반역자를 엄격하게 의법 치죄하는 것은 후세 자손으로 하여금 유공자의 그 위국충정을 본받게 하고 반역자의 그 죄과와 말로를 경계케 하여 국가 주권을 길이 반석 위에 놓고자 함이다.

김승학은 또 "우리나라는 반세기 동안 국파민천國破民賤의 뼈저린 수난 중 광복되어 건국 이래 이 국가 백년대계의 원칙을 소홀히 한 것은 고사하고 도리어 일제의 주구로 독립운동자를 박해하던 민족 반역자를 중용하는 우거愚擧를 범"했다고 비판했으며 "(이것이) 전 초대 대통령 이승만 박사의 시정施政 중 가장 큰 과오이니 후일 지하에 돌아가 수많은 선배와 동지들을 대할까 보냐" 하며 피맺힌 토로를 했다. 김승학은 "이 중대한 실정으로 말미암아 이 박사는 집정執政 10년 동안 많은 항일투사의 울분과 애국지사의 비난의 적的이 되었었다"고 평가하기도 했다.[107]

친일세력이 청산되기는커녕 해방 후에도 사회 주도세력이 되었던 정치 상황이 학계에도 그대로 적용되었다. 역사학계는 조선 후기 노론과 일제 식민사학을 계승한 학자가 이른바 태두로까지 등극했다. 양명학자 고 민영규 선생은 『강화학 최후의 광경』에서 "나라를 빼앗긴 것은 노론이고, 빼앗긴 나라를 되찾겠다고 바위 위에 새우 뛰듯, 그저 뛰어다닌 것은 소론이었다"는 신익희 선생의 말을 전했다.[108] 노론사관과 식민사학 출신들이 역사의 붓대를 독점한 결과 소

---

107) 김승학 외, 앞의 책.
108) 민영규, 『강화학 최후의 광경』, 우반, 1994년, 49쪽.

론 명가 이회영 여섯 형제가 당시 40만원, 현재 금액으로 환산해 600억 원 이상에 달하는 전 재산과 다섯 형제의 생명을 독립운동에 바친 사실도 필자의 『이회영과 젊은 그들』이 나오기 전에는 아는 사람이 거의 없었다.

그간 한국 주류 사학계는 정체성론이니 타율성론이니 하는 총론으로 식민사관을 비판하며 식민사학을 청산한 것처럼 위장했지만 앞에서 여러 차례 논증했듯이 각론에서는 식민사관을 그대로 계승했을 뿐만 아니라 하나뿐인 정설로 만들었다. 그 결과 동북아역사재단의 누리집과 한일역사공동연구위원회의 보고서에서 보듯이 식민사학은 현재도 정설일 뿐만 아니라 시간이 갈수록 그 정도가 더 심해지는 가치관의 전도현상을 보이고 있다. 예를 들어 현행 중학교『국사 교과서』는 '국내의 민족운동'을 서술하며 "이병도와 손진태 등은 진단학회를 조직하고 진단학보를 발간하면서 한국사 연구에 힘썼다(289쪽)"면서 마치 이병도를 독립운동가처럼 서술한 것이다.

김승학의 말대로 해방 후 정부는 수립되었지만 독립유공자는 표창하지 않았다. 『대한민국 독립유공인물록(국가보훈처)』에 따르면 1949년 4월 27일 건국공로훈장령이 대통령령 제82호로 제정 공포되었는데, 그해 서훈자는 초대 대통령 이승만과 초대 부통령 이시영 단 두 명뿐이었다. 독립운동가들 사이에서는 이승만 대통령 혼자 받으면 비난이 일 것 같아 이시영 부통령을 끼워 넣은 것이라는 말까지 돌았다. 이후 이승만 정부는 1960년 4·19혁명으로 무너질 때까지 단 한 사람의 독립유공자도 표창하지 않았다. 김승학의 말대로 "도리어 일제의 주구로 독립운동자를 박해하던 민족 반역자를 중용"해 "많은 항일투사의 울분과 애국지사의 비난"만 들끓었으니 표창을 바라는 것 자체가 난망한 일이었다.

  5·16군사쿠데타 이듬해 군사정권이 부족한 정통성 보완을 위해 독립유공자 포상계획을 수립할 때까지는 안중근 의사나 김좌진·홍범도 장군, 이봉창·윤봉길 열사 등 그 누구도 독립유공자가 아니었다. 1962년에 비로소 독립유공자 표창이 시작되었는데 이 시기의 독립유공자 선정과 관련해 독립운동가들 사이의 유명한 일화가 있다. 1962년도의 문교부 독립운동유공자 공적조사위원회에는 조선사편수회 출신들도 위원으로 들어가 있었다. 1963년에는 이 업무가 문교부에서 내각 사무국으로 이관되었고 김승학·김학규·김홍일·오광선 등 독립운동가들도 위원으로 참여했는데 이들이 조선사편수회 출신 위원들에게 "임자들이 독립운동에 대해서 뭐 암마?"라고 묻자 그들은 얼굴만 붉힐 뿐 아무 대답도 하지 못했다는 것이다. 이처럼 독립운동에 대해 아무것도 모르는 이들이 역사학계를 장악하면서 독립운동사는 말살되었고 고대사는 일제 식민사관이 정설이 되었으며 노론이 애국적 정당인 것처럼 서술되었다.

  살아 있던 독립유공자가 해방 후에도 박해받은 것보다 더 중요한 문제는 이름도 못 남긴 채 독립전선에서 죽어간 수많은 무명선열들의 존재다. 미국 버지니아 주 알링턴국립묘지의 무명열사묘지, 중국 천안문광장의 인민영웅기념비, 러시아 크렘린광장의 '무명용사를 기리는 꺼지지 않는 불' 등은 모두 그 나라의 정체성을 나타내는 상징물이다. 어느 나라나 새 나라 건국과정에서 죽어간 무명열사들을 기리는 것이 당연한 일이다. 이름도 남기지 못하고 죽은 무명전

독립운동자동인회 발기 총회 기념식. 독립운동자동인회 발기 총회 기념식은 1961년 11월에 열렸다. 맨 앞줄 오른쪽에서 다섯 번째 인물이 참의부 참의장을 역임한 김승학이고, 그 왼쪽 옆이 이강, 그 옆이 김창숙이다. 앞줄 오른쪽에서 두 번째가 김승학과 함께 1963년 독립유공자 공적 심사에 참여한 오광선이다.

사들을 기억하고 기리는 것 이상의 역사교육이 없는 것이다. 무명 열사들의 비 앞에서 돌아보는 자신의 인생만큼 진지한 것이 어디 있겠는가? 한국도 해방 직후 광화문 네거리에 무명열사탑을 세워 그분들의 희생으로 우리 후손들이 자유를 누리고 있음을 천명해야 했건만 김승학이 『한국독립사』 「자서」에서 말한 것처럼 역사가 거꾸로 흘러가면서 무산되고 만 것이다. 살아 있는 독립유공자도 표창하지 않는 세상에서 이름 없이 죽어간 무명열사들을 헌창하자는 발상이 나올 수 없었던 것이다.

현재 우후죽순 격으로 사방에서 터져 나오는 한국 사회의 여러 문제들은 이런 정신적 가치를 사장시킨 채 물질적 성취만 추구한 결과다. 이제 한국 사회가 질적으로 도약하기 위해서는 올바른 역사관을 확립하는 것이 첫 번째 과제가 되어야 한다. 이는 조선 후기 사대주의와 주자학 유일사상, 신분제의 고착화로 역사를 퇴행으로 몰아갔던 노론사관과 일제 식민사관이 현재까지 한국사의 주류행세를 하는 잘못된 현실부터 바로 잡는 데서 시작해야 할 것이다. 이제 한국사는 소수 당파적 역사가의 손에서 다수 국민의 품으로 돌아와야 한다. 이 문제는 더 이상 역사가들만의 문제로 국한시켜서는 안 된다. 동북아역사재단과 한일역사공동연구위원회의 예에서 보듯 국민세금으로 식민사학을 강화하고 동북공정을 지지하는 결과가 나오기 때문이다.

진정한 동북아 평화의 길

이 문제는 한국만의 문제도 아니다. 현재 동북공정의 주요 이론은 대부분 일제 식민사학에 그 뿌리를 두고 있다. 일제의 침략으로 큰 고통을 겪은 중국이 일제 식민사학을 패권주의의 도구로 사용하는 것 자체가 역사의 비극이지만 한 세기 전 일제 식민사학에 의해 공격받았던 한국사는 지금 중화 패권주의사학에 의해 다시 공격받고 있다. 양자 모두 침략적 성격을 갖고 있는 일란성 쌍둥이다. 일제가 역사를 침략의 도구로 사용한 것처럼 중국도 역사를 침략도구로 사용하고 있는 것이다.

동북공정뿐만 아니라 티베트와 위구르, 기타 소수민족들의 영토를 영구히 강점하기 위한 목적으로 만든 것이 서북, 서남공정이다. 동북아의 진정한 평화는 이런 침략적 역사관을 상호 호혜적인 평화적 역사관으로 전환하는 것에서 시작해야 한다. 팔레스타인이 독립국가가 되어야 하는 것처럼 동북아의 모든 소수민족들은 자신들이 원하는 독립국가를 세울 권리가 있다. 그리고 그것이 진정한 평화의 길이다.

이런 작업은 한국사를 바로잡는 데서부터 시작해야 한다. 일제 식민사학을 극복하면 동북공정은 자연히 무력화된다. 그런 토대가 구축되어야만 한·중·일 세 나라는 상호 호혜적인 평화적 역사관을 가질 수 있다. 현재의 식민사관과 노론사관을 극복하는 것이 국내적으로는 올바른 역사관을 확립하는 길이자 국외적으로는 동북아 평화체제를 구축하는 지름길인 이유가 여기에 있다.

찾아보기

가충언賈忠言 234
『간독검서교簡牘檢署攷』 150
갈로葛盧 142
강명길康命吉 303, 304, 305
강용휘姜龍輝 289
『강화학 최후의 광경』 337
강희제 276, 277
『건연집巾衍集』 271
경종 242, 262, 286, 292, 293, 304
계왕契王 229
「고구려와 신라 건국연대에 대하여」 234
고국양왕 135, 230
고국천왕 139, 188, 189, 190, 230
「고금도 장씨녀에 대한 기사」 301
『고려사』「지리지」 84
『고사기』 206, 207, 208, 211, 228

『고사기 및 일본서기의 신연구古事記及び日本書紀の新研究』 206
고서高誓 89
고선지 136
고이왕 176, 191, 192, 193, 194, 198, 224, 225, 227, 233
『고조선 사라진 역사』 29
『고조선사연구』 29
『고조선연구』 29, 68
『고조선은 대륙의 지배자였다』 20, 29
고흥 226
곡풍신谷豊信(타니 토요노부) 158
공손강 113, 124, 125, 127
공손공公孫恭 125
공손도公孫度 117, 124, 125, 126, 127, 128, 194
공손모 125

찾아보기 **343**

공손소公孫昭 127
공손수公孫遂 34
공손역公孫 126, 127
공손연公孫淵 125
공손포 187
공손표公孫豹 126
공자 51
『과정록過庭錄』 269, 270
곽박 45, 118
곽세건郭世楗 258
곽충郭充 141
관구검冊丘儉 59, 70, 71
『관제 서승도설官制序陞圖說』 265
관중 104
『괄지지括地志』 64, 65, 93, 97
광개토대왕 182, 230, 234
「광개토대왕릉비문」 182~183, 198, 200, 201, 217, 218, 234
광무제 66, 181, 184
광종光宗 306
광해군 241, 242, 252, 294
『구당서』「고종본기」 135
『구삼국사』 198, 199, 200
『구삼국사』「동명왕본기」 198
구태仇台 193, 194, 196
『국사 교과서』 21, 22, 56, 171, 172, 173, 174, 175, 178, 179, 181, 184, 188, 190, 193, 204, 205, 216, 217, 218, 234, 255, 256, 260, 261, 262,

266, 267, 274, 275, 324, 325, 326, 327, 328, 330, 331, 334, 338
『국사대관』 114, 243
「군국지」 113
권위權瑋 284
권유權裕 291
권중륜權中倫 305
권철신 310
근구수왕 229, 233
근초고왕 217, 226, 227, 228, 229, 231, 233
『금사金史』 215
기대승奇大升 255
기량杞梁 86
기자箕子 91
김달순金達淳 310
김대문金大問 219
김봉삼 336
김무력 136
김문순金文淳 285
김부식金富軾 181, 185, 186, 187, 197, 198, 201, 202, 203, 216, 232, 234, 235
김석하金錫夏 332
김승학 330, 335, 336, 337, 338, 339, 340
김유신 136
김육金堉 250
김일경 265, 292

김장생金長生 244, 246, 247, 248, 249, 251, 252, 253, 255
김정호金正浩 45, 84, 89, 90, 108, 110, 119, 161, 332
김정호金正浩(독립운동가) 332
김종수金鍾秀 283, 284, 287, 288, 297
김좌진 336, 339
김학규 339
김홍일 339
김희채金熙采 285

나가미 지요[那珂通世] 122
나카니시 요이치[中西要一] 232
『낙랑군시대의 유적』 27, 33, 41, 42
『낙랑문화연구』 172, 174
『낙랑문화연구』「낙랑 토성의 철기와 제작」 156, 157
「난정집서蘭亭集序」 120
「남명묘갈명南冥墓碣銘」 255
「남명행장」 255
내물왕 176, 204, 215, 216, 217, 218, 219, 235
노생 89
「논공장론工匠」 264
눌지왕 235, 237
뉴유紐由 70

단군왕검 22
『담헌서』 268, 269

『당육전唐六典』 85
『대동지지大東地志』 45, 84, 161
『대동지지』「방여총지」 89, 108
대무신왕 184, 189
대서지 218
『대한민국 독립유공인물록』 338
도리이 류조[鳥居龍藏] 41
『독립신문』 330, 331, 336
『동국여지승람東國與地勝覽』 45
『동국여지승람』「동명왕편」 198, 199, 200, 201
『동국통감』 21, 22
동리 142
동명東明 195, 198
『동북통사東北通史』 68
『동사강목東史綱目』「사군고四郡考」 123
동수冬壽 140, 141, 231
동천왕 70
동탁 126, 127
두로 189
두우杜佑 90
두헌竇憲 38

리순진 144
리지린 29

마리摩離 199
『만선역사지리연구滿鮮歷史地理研究』 26, 41, 46

찾아보기 **345**

『만주원류고滿洲源流考』 213, 214, 215
「망명객행적록」 330
맹강녀孟姜女 86
맹광孟光 142
『명의록明義錄』 291, 293, 297, 298
모본왕慕本王 179, 181, 182, 183, 188, 189
모용인 141
모용황 141
목호룡睦虎龍 292
몽염蒙恬 103, 104, 106
무령왕 203
『무릉서武陵書』 160
무제武帝 30, 31, 33, 61, 89, 91, 102, 107, 122, 168
문선제文宣帝 91
문성제文成帝 91
문영文穎 89
문정창 29
미천왕 58, 72, 73, 74, 75, 111, 135
미해 218
민영규 337
『민족문화대백과사전』 57, 58, 59
민중왕 188, 189

박영재朴英載 310
박영효 321
박우원朴祐源 271, 284
박은식 336

박제가 266, 269, 270, 271, 272, 273
박지원 266, 269, 270
박진욱 148, 149, 153
박치륭朴致隆 288
박필몽 265
박혁거세 204, 210
반고班固 38, 63, 118
반소班昭 38
발기拔奇 189
방종철方從哲 306
방현령房玄齡 87
배인 37
백고伯固(신대왕) 182
백남운 53
「백산학보」 213
백유양白惟讓 254
백이 105
「백제에 관한 일본서기의 기재」 227
범기량范杞良 86
범엽范曄 63
보과寶菓 196
보해 218
복기대 163, 164, 167
『봉니-발견과 연구』 150
부견 218, 219, 224
부소 106
『북사北史』 197, 212
『북학의北學議』 271

『사계집沙溪集』「율곡행장」 244, 248, 249
『사군지四郡志』 122
『사기史記』 32, 36, 38, 39, 63, 65, 87, 100, 104, 109, 123, 124, 202
「몽염열전」 103, 104, 106
「연소공세가燕召公世家」 101
「자객열전刺客列傳」 101
「장군표기열전將軍驃騎列傳」 35
「조선열전」 26, 30, 33, 35, 37, 68, 69, 98, 99
「진본기」 103
「진시황본기」 87, 89, 97, 102, 106
「태강지리지太康地理志」 78, 79, 86, 94, 96, 101
「하본기夏本紀」 77
「혹리열전酷吏列傳」 36
「회남형산열전淮南衡山列傳」 107
「흉노열전」 37
『사기색은史記索隱』 32
『사기정의史記正義』 32, 37, 64, 68, 69, 89, 93, 97, 103, 104
『사기집해史記集解』 37, 65, 77, 89, 93, 98, 101
사도세자 288, 289, 293, 298, 299, 300
사마염司馬炎 83
사마정司馬貞 32
사마천司馬遷 30, 36, 37, 63, 101, 107, 108, 109, 202
『사암선생연보』 295, 300
사이토 마고토[齋藤實] 330, 331
『사이토문서[齋藤實文書]』 318
사쿠오 200
『사학잡지』「진장성동단고秦長城東端考」 79
『산해경』 45, 118
「삼국사기 신라본기에 대하여」 205, 206, 209
『삼국사기』 58, 59, 70, 71, 128, 135, 142, 174, 176, 178, 179, 182, 184, 185, 186, 187, 189, 195, 196, 198, 199, 200, 201, 202, 203, 204, 205, 206, 207, 208, 209, 210, 211, 212, 216, 217, 218, 219, 225, 229, 233, 234, 235
「고구려본기」 58, 70, 71, 118, 137, 139, 179, 182, 184, 188, 198, 203, 234
「미천왕본기」 73
「백제본기」 118, 196, 198, 203, 224, 225, 228, 229, 233, 235
「신라본기」 204, 206, 209, 218, 235, 237
「잡지」 197
「최치원열전」 128
『삼국유사』 21, 22, 212, 219, 247, 218, 219, 237

「기이편」 219
「왕계」 64
「왕력표」 216
『삼국지』 63, 70, 166, 176, 183, 210, 211, 214, 215
　「공손도열전」 125, 127
　「관구검열전」 70, 71
　「동이열전」 175, 176, 183, 184, 211, 212
　「위서 동이전」 112, 124, 125, 165, 204
「삼한문제三韓問題의 신고찰新考察」 53
「삼한문제의 연구」 212
서광 93, 98, 101
『서기』 226
서명선徐命善 282, 283
서명응徐命膺 282, 283
서영徐榮 126, 127
서용보徐龍輔 284, 298, 308
서천왕 72, 223
서호수徐浩修 283
선문羨門 89
선제宣帝 209
선조 243, 244, 248, 252, 253, 254
『선조수정실록』 246, 252, 253
『선조실록』 246, 253, 254, 255
『설원說苑』 104, 105
섭하涉何 30, 31, 69
「성경지盛京志」 90

성명왕聖明王 228
성삼제 29
성운成運 255
성해응成海應 90, 91
『성호사설星湖僿說』「유선類選」 122
『성호사설』「천지문天地門」 27, 59
세키노[關野貞] 41, 42, 156
소벌공蘇伐公 204
소비蘇飛 107
소수림왕 224, 230
소왕昭王 166
소제昭帝 62
속고왕速古王 228
손보기 49
손진태 338
「송강 정철 행록松江鄭澈行錄」 251, 252
『송사宋史』 248
송상도宋相燾 321
『송서宋書』「오행지」 118, 120
송시열宋時烈 247, 248, 249, 255, 256, 257, 258, 259, 260
『송시열과 그들의 나라』 256
『송자대전』「정유봉사」 256, 257
송준길 255, 256, 257, 258
『수경水經』 31, 32
『수경주水經注』 31, 32, 78, 89, 106, 107
『수경주교水經注校』 31
『수경주소水經注疏』 31

『수서隋書』 92, 194, 196, 197
　「동이열전」 194
　「지리지」 92, 94, 95
숙제 105
숙종 242
순원왕후 김씨 312
순제順帝 74
순조 249
순종비 윤씨 321
순체 30, 33, 34, 35, 36, 168
『시경詩經』「소아小雅」 86
시라토리 쿠라키치[白鳥庫吉] 40, 53, 122
신가귀申可貴 304
신공황후 228
『신당서新唐書』「지리지」 96
신대왕 182
『신수 국사대관』 72, 132
『신수 한국사대관』 51, 131, 193
『신임변무록辛壬卞誣錄』 292
『신증동국여지승람』 80, 81, 82, 83, 84, 137, 162
신찬臣瓚 67
신채호 234, 235
신치운申致雲 265
실성왕 237
심규로 298
심인沈鏔 265, 301, 303, 304, 305, 306, 310

심환지沈煥之 271, 272, 277, 278, 280, 281, 282, 283, 284, 285, 286, 287, 288, 289, 291, 294, 295, 296, 298, 301, 302, 303, 304, 305, 306, 307, 308, 309, 310, 311, 312, 313
쓰다 소우키치[津田左右吉] 26, 27, 31, 40, 46, 52, 71, 112, 175, 176, 181, 182, 183, 184, 205, 206, 207, 208, 209, 210, 211, 212, 215, 224, 227, 228, 229, 231, 232, 235, 237

아계阿桂 213
「아계 이상국(이산해) 연보」 252, 254
『아방강역고我邦疆域考』 122
아신왕 229
「악대설화幄對說話」 257
안사고顔師古 38, 160
안정복安鼎福 123, 124
안중근 339
야쓰이 세이이치[谷井濟一] 43
양몽거楊夢擧 252
양복楊僕 30, 34, 35, 36, 168
양수경楊守敬 31, 123
양신楊信 37
양천회梁千會 254
엄우嚴尤 183
여포呂布 139
역도원酈道元 31, 32, 108
『역사란 무엇인가』 23

『연경재전집研經齋全集』「한이군고漢二
　郡考」 90
『연려실기술』 129
연비延丕 183
『열녀전列女傳』 86, 105
영제 125
영제靈帝 67
영조 249, 262, 265, 292, 293, 304
『영조실록』 265, 266
오광선 339
오오하시 유키히로[大橋幸泰] 52
오재순 284
온조왕 191, 192, 193, 194, 197, 198,
　202, 203, 233
왕국유王國維 31, 150
왕단王旦 248
왕망王莽 62, 69, 72, 76, 110, 122, 155
왕소王謂 66
왕준王遵 66
왕희지王羲之 120
요광姚光 186
『요사遼史』 74, 75, 76, 215
『요사』「지리지」 74, 75, 96, 111, 119
요시다 토우코[吉田東伍] 52
용단龍端 187
우거왕 30, 34, 69
『우서迂書』 263
우왕禹王 77
우태優台 196, 197

원소袁紹 139
원술袁述 139
위두衛頭 218, 219
『위략魏略』 165, 166
위만 65, 68, 98
위산衛山 33
유득공柳得恭 122, 123, 270, 271
유리왕瑠璃王 182, 183, 188, 218
유방 202
유봉휘劉鳳輝 262
유상운柳尙運 262
유성룡 244, 246, 248, 249, 250, 251,
　252, 254
유수원 262, 263, 264, 265, 266
유안劉安 107, 108, 109
유오劉媼 202
유한녕俞漢寧 304
유향劉向 86, 105, 107, 109
유형원柳馨遠 261
유희해劉喜海 150
윤가기尹可基 272
윤내현 29
윤덕영 321
윤봉길 339
윤영희尹永僖 286
윤택영 321
윤행임尹行恁 308
「율곡연보」 247, 248
『율곡전서』 249

을파소 190
읍소 67, 98, 111, 121, 122
「이 통제사 충무공 신도비명李統制使忠武公神道碑銘」 250
이가작李可灼 306
이가환李家煥 271, 286, 287, 310
이공윤李公胤 304
이규보李奎報 198, 199
이긍익 129
이기백 51, 72, 121
이길 252, 253
이나바 이와기치[稻葉岩吉] 53, 79, 80, 91, 97, 122
이덕무 269, 270, 271
이마니시 류[今西龍] 43, 44, 45, 46, 53, 54, 122, 156
이면응 285
이명연李明淵 302, 303
이발李潑 251, 252, 253, 254
이병도 22, 32, 46, 51, 52, 53, 54, 55, 71, 72, 73, 74, 79, 80, 81, 82, 84, 85, 86, 87, 91, 97, 112, 114, 115, 116, 117, 118, 119, 121, 123, 124, 128, 129, 132, 137, 161, 191, 192, 193, 196, 212, 218, 219, 225, 227, 235, 243, 249, 338
이병모李秉模 308
이봉창 339
이사李斯 102

이산해 253
이상룡 329
이상李尙 107
이서구 270
이석하李錫夏 287
이성계 161
이성모李聖模 282
이순신 250
이승만 337, 338
이승훈李承薰 284, 285, 310
이시영 338
『이십오사二十五史』 63
이연수李延壽 87
이완 256
이율 289
이의준李義俊 331
이이 243, 244, 246, 247, 248, 250, 255
이익李瀷 27, 59, 71, 122, 261, 286
이인좌 265
이인채李寅采 307
이잠李潛 286, 310
이재각 321
이재완 321
이재호 248
이지린 68
이청천 336
이케우치 히로시[池內宏] 40, 53
이태李泰 64, 65

이항림李恒林 286
이항李沆 248
이해승 321
이해창 321
이회영 329, 338
『이회영과 젊은 그들』 338
인선왕후 258
『일본 고전의 연구』 228
『일본서기』 206, 207, 208, 212, 228, 229, 231, 232, 233, 234
『일본서기』「응신기應神紀」 228
『일한고사단日韓古史斷』 52
「임둔태수장 봉니를 통해 본 한사군의 위치」 163

자의대비 258
『자치통감資治通鑑』 141, 186
『사치봉삼』「신기씁記」 141
장무이張撫夷 137, 230, 231
장수왕 32, 65, 73, 142
장수절張守節 32, 37, 64, 65
장안張晏 65
장창 125
장현광 296
장희빈 242, 292
전담 122, 183
선소田韶 127
전흥문田興文 289
정개청鄭介淸 254

정구 296
정순왕후 304, 305, 307, 308, 309, 310, 312
정약용丁若鏞 122, 123, 261, 286, 294, 295, 300, 301, 310
『정약용과 그의 형제들』 289
정약종 310
정언신鄭彦信 253
정여립 253, 254
「정의부연구」 335
정이형 332, 333
정인보 53, 68, 156
정조 242, 271, 272, 278, 279, 280, 281, 282, 283, 284, 285, 286, 287, 288, 289, 291, 293, 294, 295, 296, 297, 298, 299, 300, 301, 302, 303, 306, 307, 308, 309, 311, 312, 313
『성소실록』 280, 283, 286, 287, 288, 297, 299, 302
『정조어찰』 294, 295, 296, 297, 301
『정조어찰첩正祖御札帖』 276, 277, 278, 279, 280
정철 251, 252, 253, 254
정철조鄭喆祖 270, 271
정치달 293
정후겸鄭厚謙 293, 296, 297
제등齋藤 330, 331
조고趙高 102
조비曹丕 72

『조선고고연구』「물성 분석을 통하여 본 점제비와 봉니의 진면모」 48
『조선고고학연구朝鮮考古學研究』 44
『조선귀족약력朝鮮貴族略歷』 318
『조선귀족열전朝鮮貴族列傳』 318
『조선반도사 편성 요지 및 순서』 55
『조선사 3대 논쟁』 248
『조선사대관』 51, 191, 192, 193, 216, 218, 243
『조선사연구朝鮮史研究』 68
『조선사의 길잡이』 54
『조선역사지리』 112, 209
『조선왕독살사건』 277, 303
『조선왕조실록』 267
조식曺植 255, 296
조조曹操 72, 91, 139
조현명趙顯命 264
『좌전左傳』 86
「죄인에게 형을 더하는 것을 반대하는 차자[請勿罪人加律箚]」 259
주몽朱蒙(추모) 182, 188, 191, 199, 200
『주서周書』 193, 194
주자(주희) 257
줄리어스 시저 133
『중국 동북지방의 유적발굴조사』 147
『중국역사지도집』 68, 70, 74, 76, 79, 82, 85, 89, 95, 103, 106, 179
지증왕 219
진개秦開 165, 166

「진대장성지소기秦代長城之所起」 80, 82
진사왕 229, 231, 233
『진서晉書』 83, 87, 117
 「동이열전」 87
 「지리지」 82, 117, 123
진수 63, 210, 211, 214
진시황 86, 87, 89, 91, 97, 101, 103, 104, 106
진종眞宗 248
진탕 133, 134
진흥왕眞興王 162
질제 113

차대왕 182
「참의부연구」 335
채옹 179
채제공蔡濟恭 271
채풍蔡諷 186, 187
책계왕 118, 196
『책부원귀冊府元龜』 197
철종 321
첨해왕 218
「청구도靑邱圖」 119
『청금록靑衿錄』 285
『청사고淸史稿』 213
『청회전淸會典』 108
최석순 331
최영경崔永慶 254
최인 119

최치원崔致遠 128, 129
추모왕 183, 198, 199, 201
『친일진상사료집』 318
침류왕 226

크라수스 133

탈탈脫脫 74
탈해왕 237
태조왕 134, 176, 179, 181, 182, 183, 184, 186, 187, 188, 189, 203, 224, 235
『통전通典』 90

『평양일대 락랑무덤에 관한 연구』 144
폼페이우스 133
푸블리우스 133
『풍속통의風俗通義』 67
풍홍馮弘 142
풍환馮煥 186, 187

하백 199, 200, 201
『한국고대사신론』 29
『한국고대사연구』 51, 54, 55, 122
　「낙랑군고」 79, 80
　「진번군고」 115, 116, 118, 119
『한국독립사』 336, 340
『한국독립운동지혈사韓國獨立運動之血史』 336

『한국사대관』 243, 244, 249
『한국사신론』 50, 51, 72, 121
『한국통사韓國痛史』 336
『한배달』 49
『한서漢書』 26, 38, 39, 63, 66, 100, 102, 108, 124
　「가연지열전賈捐之列傳」 107
　「무제본기武帝本紀」 37, 38, 89
　「서역열전」 103
　「설선열전薛宣列傳」 76
　「오행지五行志」 38
　「왕망열전」 155, 183
　「지리지地理志」 38, 43, 44, 45, 60, 61, 66, 67, 69, 76, 90, 98, 99, 108, 110, 111, 112, 113, 120, 122, 160
　「진탕열전陳湯列傳」 133
　「천문지天文志」 38
　「8표表」 38
　「흉노열전」 166
『한서선漢書選』 300
「한일병합조약문韓日倂合條約文」 318
『한일역사공동연구보고서』 223, 224, 225, 226, 229, 230, 231, 235, 237, 238
『한중록』 280
한진서韓鎭書 122
한치윤 196, 197
『해동고기海東古記』 197

『해동역사』「제사・묘제」 196
『해동역사海東繹史』「지리고」 122
허목 259
헌제獻帝 72, 113
현종 242, 258, 276, 277
협보陜父 199
형가荊軻 101
혜경궁 홍씨 280
홍계능洪啓能 281282
홍대용 266, 267, 269, 270, 274
홍범도 339
『홍범오행洪範五行』 105
홍복영 289
홍억洪檍 267
홍역 267
홍이섭 213
홍인한洪麟漢 281, 293, 296
화기華耆 120
『화랑세기』 219
화완옹주和緩翁主 293, 296, 297, 298

화제和帝 37
환제 113, 125
황덕환黃德煥 334
황현黃玹 322
『회남자淮南子』 107
『회남자』「시측훈時則訓」 107
『회명헌고晦明軒稿』 123
효종(남송) 257
효종(조선) 242, 246, 255, 256, 257, 258, 259, 260, 276, 277, 304, 323
후지무라 신이치[藤村新一] 146
후지타 료사쿠[藤田亮策] 44
『후한서』 45, 63, 77, 100, 114, 116, 179, 181, 187
「광무제본기光武帝本紀」 66
「군국지」 118
「동이열전」 62, 113, 162, 179, 211
「최인열전」 77, 119
흑치상지 136